J. SAURIN

ET LA

PRÉDICATION PROTESTANTE

JUSQU'A LA FIN DU RÈGNE DE LOUIS XIV

PAR

E. A. BERTHAULT

Pectus est quod disertos facit.

PARIS

J. BONHOURE ET CIE, ÉDITEURS

48, RUE DE LILLE, 48

1875

J. SAURIN

ET LA

PRÉDICATION PROTESTANTE

PARIS. — IMPRIMERIE DE E. MARTINET, RUE MIGNON, 2

J. SAURIN

ET LA

PRÉDICATION PROTESTANTE

JUSQU'A LA FIN DU RÈGNE DE LOUIS XIV

PAR

E. A. BERTHAULT

Pectus est quod disertos facit.

PARIS

J. BONHOURE et Cⁱᵉ, ÉDITEURS

48, RUE DE LILLE, 48

1875

INTRODUCTION

La littérature française est si riche que plusieurs de
ses représentants les plus considérables ont été laissés
dans l'oubli. Tant d'autres attiraient sur eux l'admiration du monde entier; tant d'autres suffisaient aux
études de la jeunesse, aux recherches des savants, aux
loisirs des hommes intelligents!

Cette injustice a une autre cause qui est spéciale à
notre sujet. L'histoire, il faut l'avouer, a ses préférences.
Elle est complaisante plutôt pour les splendeurs que
pour les misères; elle écrit pour les vainqueurs, elle
oublie les vaincus. Le triomphe de la religion catholique en France a rejeté dans l'ombre tout ce qui
touche au sort et à la littérature des protestants qu'elle
a persécutés. Exilés sur la terre étrangère, ceux que
frappait la piété de Louis XIV n'ont excité qu'un intérêt fugitif dans leur temps, secondaire dans le nôtre.

Quelques-uns de leurs fils ont seuls gardé comme un saint héritage le souvenir de leur gloire et de leur malheur.

L'homme dont nous évoquons le souvenir fut le plus grand des prédicateurs protestants et le rival des plus illustres prédicateurs catholiques. Mais son nom que la foule ignore n'est pas même familier aux érudits. Et non-seulement il est peu connu; par un destin plus injuste encore, il est mal connu. En vain, ces temps derniers, plusieurs études sérieuses ont été faites sur son œuvre et sa vie; des erreurs étranges qui avaient été propagées par Voltaire, Maury, Villemain et Lamennais subsistent encore aujourd'hui. Il est incroyable, et il est vrai pourtant, que ces auteurs n'ont pas lu celui qu'ils prétendaient juger. Passons donc sous silence leurs allégations frivoles, soit dans leur propre intérêt, soit dans l'intérêt de Saurin; car, disait celui-ci, « il y a des erreurs qui se perpétuent par la seule raison qu'on insiste à les réfuter ».

Le présent livre renfermera, sans polémique religieuse ou littéraire, un résumé de la vie de Saurin, une analyse des conditions de la prédication protestante depuis son origine jusqu'au XVIIIᵉ siècle, enfin une étude sur l'éloquence de Saurin lui-même que nous aurons occasion de comparer plus d'une fois avec Massillon, Bourdaloue et Bossuet.

PREMIÈRE PARTIE

———

BIOGRAPHIE DE SAURIN

BIOGRAPHIE DE SAURIN

CHAPITRE PREMIER

L'EXIL

Jacques Saurin (1) naquit à Nîmes, le 6 janvier 1677. A l'âge de neuf ans, quand l'édit de Nantes eut été révoqué, son père l'emmena avec lui hors du royaume. Il leur fallut courir bien des périls; car, tandis qu'à l'intérieur, ils étaient

(1) Il ne faut pas confondre Jacques Saurin avec plusieurs personnages du même nom. Citons dans le Dauphiné Élie Saurin (1639-1703), pasteur à Utrecht, surnommé le fameux Saurin; il n'est plus connu que par ses controverses avec Jurieu et ses *Réflexions sur les droits de la conscience*. Joseph Saurin, son frère (1655-1737), fut quelque temps pasteur à Vaud; il dut quitter ce pays pour des causes peu honorables; alors, et, pour se faire connaître par un nouveau scandale, il s'en vint à Paris abjurer entre les mains de Bossuet, à qui cette conversion ne coûta pas de grands efforts; habile mécanicien, il devint membre de l'Académie des sciences et eut l'honneur d'un éloge de Fontenelle. Son fils, Bernard-Joseph Saurin (1706-1781), se fit quelque réputation par une tragédie de *Spartacus*.

Il y avait dans le Languedoc une autre famille du nom de Saurin; elle compta plusieurs personnages considérables dans la chaire et dans les armes. On en connaît différentes branches, sous les noms de Blaquière, de Pomaret, de Calvisson; c'est à cette dernière qu'appartient Jacques Saurin.

Un de ses ancêtres avait été page du duc de Montmorency, puis colonel d'infanterie, gentilhomme ordinaire d'Henri IV et plus tard gouverneur de la ville et du château de Sommières. — Jean Saurin, père de l'orateur, exerçait à Nîmes la profession d'avocat; poëte de talent, il était en même temps secrétaire de l'Académie de la ville. A Genève, il se fit connaître par une raduction nouvelle des psaumes de David.

considérés comme des rebelles, à la frontière, des soldats les empêchaient de sortir; ils étaient contraints de fuir, et la fuite leur était défendue; leur religion était proscrite, et ils n'avaient pas le droit de l'abriter dans l'exil.

On retrouve dans plus d'un sermon de Saurin, notamment dans celui qu'il prononça, en 1726, pour la consécration du temple de Voorburg, l'ineffaçable souvenir de cette époque néfaste :

« Nous avions vu réduits en poussière les édifices où nous avions accoutumé d'entonner à Dieu des cantiques; nous avions entendu les enfants d'Edom, armés de cognées, criant sur ces maisons saintes : « Qu'elles soient rasées jus- » qu'aux fondements! » Nous ne pûmes survivre à la liberté de notre conscience; nous allâmes la chercher, dût- ce être dans les antres et dans les déserts. Le zèle donnait du mouvement au vieillard que les années avaient rendu comme immobile; les pères et les mères chargeaient sur leurs épaules des enfants qui ne pouvaient pas encore con- naître la grandeur du péril auquel on voulait les arracher, et chacun, *content d'avoir son âme pour butin*, ne de- mandait que cette précieuse liberté qu'il avait perdue...

» N'attendez pas que je cherche à rouvrir des plaies que le temps a déjà fermées. Puisse l'idée de ce torrent de maux dans lequel nous avons été plongés n'exciter dans les entrailles du Dieu miséricordieux que des mouvements de miséricorde! Puisse-t-il, en couronnant ceux qui les ont soufferts, faire grâce à ceux qui les ont fait souffrir!

» Je me borne à l'objet que la solennité de ce jour rap- pellerait à vos esprits, quand même j'entreprendrais de les en éloigner : je veux dire à la perte de nos temples et aux blessures qui ont été faites à la religion. Mille et mille coups furent portés à nos églises avant celui qui devait les réduire en poudre; et, s'il est permis de parler ainsi, on aurait dit que ceux qui s'étaient armés contre nous, non contents du plaisir de voir notre ruine, voulaient encore avoir celui de la savourer. Tantôt on publiait des édits contre ceux qui, prévoyant les maux qui allaient fondre sur nos églises et ne pouvant les détourner, allaient chercher la triste consolation de ne pas en être les témoins; tantôt contre ceux qui, ayant eu la lâcheté de renier leur religion, ne pouvaient soutenir les remords de leur conscience et se relevaient de leur chute. Tantôt on défendait aux pasteurs d'exercer leur discipline contre ceux qui avaient abjuré la vérité; tantôt on permettait aux enfants, dès l'âge de sept ans (1), d'embrasser une doctrine dans la discussion de laquelle on soutient que les adultes même sont incapables d'entrer. Tantôt on supprimait un collége; tantôt on interdisait une église. Quelquefois on nous interdisait l'impression de nos livres; quelquefois on nous enlevait ceux qui étaient déjà imprimés. Quelquefois on nous interdisait de prêcher dans un temple, et quelquefois sur les masures de ceux qui avaient été ruinés; quelquefois de louer Dieu en public (2). Quelquefois on nous chassait du royaume;

(1) Ce passage rappelle l'abjuration de madame de Caylus, arrière-petite-fille de Théodore d'Aubigné et fille du marquis de Villette. Madame de Maintenon éloigna ce gentilhomme de la cour pour lui enlever son enfant qu'elle conduisit à Saint-Germain. La petite, après avoir pleuré beaucoup, trouva le lendemain la messe du roi si belle qu'elle consentit à se faire catholique à condition qu'elle l'entendrait tous les jours et qu'on l'exempterait du fouet. « Ce fut là, dit-elle, toute la controverse qu'on employa et la seule abjuration que je fis. » (*Mémoires de madame de Caylus*.)

(2) Remarquez en passant cette expression sublime. *Louer Dieu*, en un tel moment! Saurin n'y paraît point prendre garde.

quelquefois on nous défendait sous peine de mort d'en sortir. Ici vous auriez vu des trophées dressés à la gloire de ceux qui avaient trahi leur religion; là vous auriez vu traîner dans les cachots, sur l'échafaud ou sur la galère ceux qui avaient le courage de la confesser; là des corps morts traînés sur la claie pour avoir expiré en la confessant. Ailleurs vous auriez vu un mourant, aux prises avec les ministres de l'erreur, partagé entre la crainte de l'enfer s'il persistait dans son apostasie, et la crainte de laisser ses enfants sans pain s'il employait pour s'en relever ces derniers moments que les trésors de la Providence et la longue attente de Dieu lui laissaient encore. Dans un autre endroit, des pères et des mères s'arrachaient à des enfants sur lesquels la crainte d'être séparés d'eux dans l'éternité leur faisait répandre des larmes plus amères que celle de s'en voir séparés pour cette vie...

» Quand est-ce que tant de chrétiens qui, tout lâches qu'ils sont, aiment encore la religion, pourront réparer les outrages qu'ils lui ont faits? Quand est-ce que tant d'enfants qui ont été enlevés à leurs pères leur seront rendus, ou plutôt quand seront-ils rendus à l'Église du sein de laquelle ils ont été arrachés? Quand est-ce qu'on verra dans notre patrie ce que nous voyons ici aujourd'hui, des chrétiens empressés à bâtir des temples, à les consacrer, à venir y rendre à Dieu les premiers hommages qui sont dus à sa majesté, et à y recueillir les premières grâces qu'il y accorde? O Éternel, Dieu des armées, jusques à quand résisteras-tu à la requête de ton peuple? »

CHAPITRE II

GENÈVE AU XVIIᵉ SIÈCLE

La famille Saurin atteignit Genève dans l'automne de 1686.

Libre et fière, la république, fille de Calvin, avait résisté glorieusement à toutes les convoitises qu'excitaient autour d'elle son heureuse position et sa prospérité toujours croissante. Ainsi, en 1602, elle avait repoussé une entreprise nocturne que le duc de Savoie avait dirigée contre elle ; plus tard, elle avait maintenu son indépendance en face des prétentions de Louis XIV qui aurait bien voulu agrandir la France à ses dépens.

Le gouvernement intérieur de Genève était une sorte d'idéal que bien des peuples au XIXᵉ siècle pourraient ambitionner. A l'époque où la guerre de Trente ans, la révolution de 1648 et la Fronde ensanglantaient l'Europe, le calme et l'ordre régnaient dans la petite ville, grâce à la sagesse de ses lois et à la prudence de ses magistrats. Les charges étaient à la portée de tous, des gentilshommes, des savants, des bourgeois, même des étrangers. Le clergé n'avait pas accès dans les conseils du gouvernement, mais il avait l'influence morale et il en usait de la manière la plus large et la plus digne. On le vit, au moment de la mort tragique de Charles Iᵉʳ, blâmer hautement ce grand crime, et l'indignation des ministres protestants se tut à peine devant l'interdiction des magistrats. (Archives de Genève, manuscrit de Gautier, t. IX, p. 315.)

L'histoire littéraire de Genève au xviie siècle compte peu de noms très-célèbres; « la lumière n'est pas éclatante, mais elle est égale. » On trouve dans la ville même un grand nombre de théologiens, de prédicateurs, d'érudits, de jurisconsultes qui ont eu de la réputation en leur temps. Jean-Alphonse Turretin et Bénédict Pictet étaient connus dans l'Europe savante et entourés d'élèves qui appartenaient à toutes les nations. Tandis que l'Angleterre, les armes à la main, au xvie et au xviie siècle, soutenait le protestantisme, Genève pacifiquement formait les docteurs de l'Évangile et les soldats du Dieu de paix; l'Angleterre aida Henri IV à monter sur le trône et Genève instruisit les peuples. Les jeunes étudiants y accouraient de toutes parts pour se former à la connaissance des langues hébraïque, latine, grecque et française, à la philosophie, à l'histoire, à la critique profane ou sacrée.

Genève était donc la capitale du monde protestant; elle était aussi la patrie de la tolérance. La liberté de la pensée était, pour ainsi dire, une loi de l'État. Ainsi, sans danger, Robert Chouet, professeur de philosophie, avait pris parti pour le système et la méthode de Descartes. Leibnitz entretenait d'intimes relations avec les philosophes genevois. Enfin, tandis que les églises étaient remplies presque tous les jours de la semaine d'un auditoire grave et pieux, les docteurs et les publicistes imprimaient leurs opinions sans contrôle, à la seule condition de respecter les lois et la morale.

Un épisode fâcheux des disputes théologiques de ce temps contribua particulièrement à affermir la tolérance en Suisse. Berne, Bâle et Zurich s'étaient entendues pour publier un formulaire du calvinisme qu'on appela le *Consensus*. C'était l'expression la plus dure de cette doctrine sévère. Le *Consensus* fut imposé dans la plupart des cantons; les pasteurs qui ne voulurent pas le signer furent exclus de leurs fonctions. Neufchâtel cependant s'opposa à cette tyrannie; Genève garda la neutralité, et le *Consensus* périt bientôt par ses propres excès. La vue même en fut salutaire aux peuples, aux gouvernements et aux églises. Saurin, en particulier, comprit qu'il est possible d'être orthodoxe et tolérant.

On conçoit aisément qu'après la révocation de l'édit de Nantes l'émigration française se soit dirigée en grande partie vers la Suisse. Au mois d'août 1687, on vit arriver dans la seule ville de Genève huit mille réfugiés; le 30 du même mois, on en compta huit cents. La ville s'ouvrit généreusement à eux: on leur prodigua les secours de toutes sortes; on facilita leur passage dans le reste de la Suisse, en Allemagne et en Hollande. Mais le gouvernement n'osa leur accorder le nom d'habitants, il évitait même de leur donner des billets de logement, car il était forcé de ménager Louis XIV.

C'est là peut-être une des raisons pour lesquelles, après avoir commencé ses études à Genève, Saurin quitta cette ville à l'âge de dix-sept ans pour se lancer dans les aventures guerrières.

CHAPITRE III

En 1694, une grande coalition s'était formée contre Louis XIV ; son orgueil toujours inquiet, son ambition jusqu'alors heureuse, les conquêtes qu'il avait faites en pleine paix, les cruautés par lesquelles Turenne, dans le Palatinat, avait signalé sa conversion, réunirent dans un même parti la Hollande, l'Angleterre, la Suède, le Danemark, l'Autriche, l'Empire, l'Espagne, la Savoie et le pape. Les dragonnades soulevèrent en France même les paysans des Cévennes. Enfin, parmi les réfugiés protestants, les uns s'armèrent par colère ; les autres, plus nombreux, dans l'espoir d'imposer la tolérance au roi qui les avait proscrits. Un régiment de volontaires se forma ainsi en Savoie ; leur chef était le marquis de Ruvigny, créé lord Galloway par Guillaume III. Sans compromettre Genève, ce seigneur y leva un grand nombre de jeunes gens. Les magistrats de la cité demeurèrent dans une prudente neutralité ; ils se bornèrent à inscrire sur leurs registres « des compliments de bonne amitié pour milord Galloway qui fait un séjour à Rolle ». L'opération d'ailleurs fut vite terminée ; les fils des réfugiés s'enrôlèrent avec enthousiasme et se dirigèrent rapidement sur Chambéry.

Nous ne prétendons pas les justifier. La persécution de Louis XIV, l'indifférence ou l'animosité des catholiques français ne sont pas une absolution pour ceux qui prirent alors les armes. Mais il faut beaucoup pardonner au malheur, sous peine d'être injuste. Il faut plaindre plus que blâmer ceux dont les pasteurs ramaient sur les galères, dont les pères gémissaient en prison, dont les sœurs étaient jetées dans les couvents ou livrées à la prostitution, dont les enfants, élevés dans une religion ennemie, apprenaient l'ingratitude et le mensonge.

Il est encore une raison qu'il est utile d'exposer ici.

Reportons nos regards en arrière : faisons réflexion que la religion s'imposait plus qu'aujourd'hui aux hommes du XVIᵉ et du XVIIᵉ siècle ; rappelons-nous que l'Europe offrait alors au point de vue chrétien deux grandes divisions nettement tranchées : la région protestante et la région catholique. Les mœurs en étaient profondément différentes ; de même pour les besoins, les tendances et les destinées. De là deux patries qui réclamaient l'amour des hommes ; de là tant d'épisodes singuliers de notre histoire, et la France vit longtemps les Allemands, les Anglais, les Espagnols, les Italiens marcher sans distinction de race, sous la bannière du pape ou sous celle de la réforme. Personne alors ne condamnait ces excès du zèle religieux. C'est par suite du même principe que Louis XIV traita les protestants en étrangers ; ils agirent comme tels. Jugeons-le et jugeons-les avec indulgence. D'ailleurs, avons-nous le droit aujourd'hui d'être bien sévères, puisque aujourd'hui encore les partis politiques ou les théories sociales se mettent en dehors et au-dessus de la patrie ?

Il paraît probable que Saurin partit malgré la volonté
de ses parents. Un auteur hollandais raconte qu'à son retour il se réconcilia avec sa famille. La noble mère du
jeune homme, patiente et résignée, ne dut pas lui apprendre, elle surtout, la vengeance et la colère. Un biographe
nous la fait voir qui, « après avoir travaillé tout le jour
aux soins de son ménage, sans regret pour sa prospérité
passée, pour sa maison détruite, pour sa patrie perdue, le
soir, assise auprès de la croisée, le saint livre sur ses genoux, la figure ombragée de ses longues coiffes blanches,
oubliait les misères du présent pour songer aux promesses
de l'avenir. » Elle méritait certes que son mari lui donnât
charge en son testament « d'entretenir et élever ses enfants selon leur condition, et principalement de les faire
instruire dans la religion pure réformée et dans les autres
connaissances vertueuses auxquelles ils seront propres. »
Ce n'est pas cette chrétienne, type vénérable des anciennes
huguenotes, qui prêcha la révolte à son fils; il faut accuser
la jeunesse de Saurin, l'ardeur méridionale de son caractère, le sang guerrier que ses ancêtres lui avaient transmis,
enfin et surtout ses illusions.

Quoi qu'il en soit, Saurin montra dans cette guerre la
plus grande valeur. En 1695, il s'empara d'un drapeau sur
le champ de bataille et fut nommé enseigne par le colonel
Regnault. Mais passons sur les exploits militaires, et disons
qu'au milieu du relâchement des mœurs et du bruit des
camps, les volontaires de Ruvigny conservèrent les habitudes religieuses des vieux soldats de Coligny; le culte public ne fut jamais négligé; Saurin, spontanément, ou dési-
gné par ses camarades, fit souvent des lectures pieuses et

des prédications ; milord Galloway lui en témoigna sa satisfaction, et plus tard, en Angleterre, Saurin trouva en lui
un ami plein de bonté.

Les adversaires catholiques de Saurin lui ont eux-mêmes
rendu justice. Voici ce qu'on peut lire dans une *Réponse
aux réflexions critiques de M. Saurin sur l'état du christianisme en France :* « Vous avez esté homme de guerre
comme moy ; je vous ay veu en Piedmont ; vous estiez un
grand grivois ; vous aviez du cœur comme un lyon, etc. »
Le *Dictionnaire* de l'Académie (édition de 1778) éclaire ce
que ces mots pourraient avoir d'obscur : « *Grivois*, substantif masculin, se dit d'un drille, d'un soldat qui est éveillé
et alerte. Exemple : *C'est un grivois, un bon grivois.* —
Grivoise, substantif féminin, se dit d'une cantinière. » Il
ne faut donc pas se tromper sur l'ancien sens de ce substantif, dont nous avons fait un adjectif compromettant.

Les biographes protestants de Saurin n'ont parlé d'aucun désordre dans sa conduite. En admettant leur partialité, ils auraient au moins essayé de combattre des bruits
fâcheux.

Au bout de trois ans, en 1697, lorsque le duc de Savoie
eut quitté la coalition, la paix de Ryswick fut signée ; mais
les princes protestants ne purent obtenir aucune faveur
pour leurs malheureux coreligionnaires.

Toute espérance était perdue ; il ne fallait plus songer à
revenir en France par la force ou l'amnistie. Saurin re-
tourna à Genève et y reprit ses études sous Tronchin, Pictet, Léger et Turretin.

CHAPITRE IV

ÉTUDES THÉOLOGIQUES

Mais, au sortir d'une vie si agitée, Saurin fut un peu dérouté. Sans tomber dans la dissipation ou dans le scepticisme, il est certain qu'une lutte s'engagea dans cette âme ardente et naïve ; d'un côté, les souvenirs de batailles, les aventures de la guerre ; de l'autre, les rigoureux devoirs du ministère, les graves méditations, les austères pensées. Aussi, tout en étudiant avec succès et de tout son cœur, le jeune homme avait-il de la peine à quitter l'habit militaire.

Un jour, il se présentait à la sainte cène. La coutume, chez les protestants, est que le pasteur officiant, en offrant le pain et le vin de la communion, prononce un passage des Écritures qui sert d'exhortation générale aux fidèles ou qui se rapporte, s'il est possible, à leur position particulière. Saurin, revêtu de l'uniforme de son ancien régiment, s'approchait à son tour ; le pasteur Bénédict Pictet, qui connaissait le fond de son âme (aussi bien ne le cacha-t-il jamais), le regarda avec douceur et lui dit : « Jeune homme, réjouis-toi : suis le regard de tes yeux !... mais sache que, pour ces choses, Dieu t'appellera en jugement ! »

Saurin, frappé au cœur, sentit, à partir de ce jour, quelle était sa véritable vocation.

La lumière et la paix se firent peu à peu en lui, et, au lieu de maudire personne, il bénit dès lors la Providence de sa sévérité comme de ses bienfaits.

« Chemins de Sion, » disait-il plus tard, en mars 1714, dans un langage ému mais pacifié, avec douleur mais avec espoir, « chemins de Sion couverts de deuil depuis près de trente années, vierges dolentes, sacrificateurs sanglotants, corps jetés à la voirie comme de l'eau, confesseurs, forçats, qui gémissez ou dans la puanteur des cachots ou sous le poids insupportable de la rame; et vous, qui êtes dignes de larmes plus amères encore, faibles chrétiens apostats; et vous, enfants enlevés à vos pères, vous excitez des idées plus tristes encore; mais ne nous donnez-vous pas aussi des consolations? La vengeance de Dieu ne sera-t-elle pas satisfaite? Tant de douleurs, tant de souffrances, tant de périls n'émouvraient-ils pas ses compassions?

» O portion de Joseph, que Dieu a frappée d'un fléau si formidable, nous ne cesserons jamais d'être malades de ta tribulation. O masures de nos sanctuaires, pierres, cendres, poussières, si chères à notre souvenir, nous faisons des vœux continuels au ciel pour vous ranimer!...

» Que les voix de notre douleur atteignent jusqu'aux entrailles de ce Dieu qui nous a frappés d'une si grande plaie! Toi qui es le pasteur d'Israël, prête l'oreille! toi qui mènes Joseph comme un troupeau et qui es assis entre les chérubins, fais reluire ta splendeur, réveille ta puissance! O Éternel, Dieu des armées, jusques à quand ta colère fumera-t-elle contre la requête de ton peuple? Tu les as abreuvés de pleurs à pleine mesure! O Dieu des armées, reviens, je te prie! »

C'est ainsi qu'on trouve souvent dans plusieurs discours de Saurin un souvenir tendre, ou une douleur inguérissable, sans y trouver jamais de plainte ni d'imprécation; et, s'il forme des vœux pour la Hollande, il ne blasphème jamais le nom de la France; ce nom même, il ne le prononce pas; c'était un souvenir à la fois trop amer et trop doux.

« Peut-être que, de cette nuit ténébreuse qui enveloppe aujourd'hui une partie de l'Église, va s'élever la lumière. Peut-être que ceux qui parleront après nous sur la Providence auront lieu de mettre dans le catalogue de ses profondeurs la manière dont Dieu aura délivré la vérité opprimée dans un royaume où elle fleurissait avec tant d'éclat, et que ces coups redoublés qu'on porte contre les réformés ne serviront qu'à affermir la réformation. »

Le sermon sur l'amour de la patrie déborde pour ainsi dire d'une émotion que l'orateur s'efforce en vain de contenir.

« *La ville qui est le lieu du sépulcre de nos pères demeure encore désolée, ses portes sont encore en feu!...* Malheureux comme les anciens Juifs, beaucoup plus malheureux encore, il n'y a pour nous aucune espérance de retour. Point de consolateur qui fasse revenir le courage! Point de voix qui crie dans le désert : Réparez les chemins, dressez les sentiers! Toutes les vallées seront comblées, tous les coteaux seront abaissés, tous les lieux tortus seront aplanis! Point de Cyrus auquel Dieu prenne la main droite afin de terrasser les nations par son bras, afin que devant lui les portes ne soient point fermées! Point d'Artaxerxès qui prête son autorité, et, ce qu'il y a de plus déplorable,

point de Néhémie qui puisse la demander avec succès!
Quand nous serions les patriotes les plus zélés et les plus
fidèles, quand nous aurions pour notre patrie tout l'amour
que Néhémie eut pour la sienne, nous ne pourrions le produire au dehors comme lui...

» Ah! souffrez, heureux habitants de ces provinces, souffrez que, pouvant si peu pour les villes où sont les sé-
pulcres de nos pères, nous fassions ce qui est en notre
pouvoir! souffrez que de tristes objets fassent quelque diversion à la part que nous prenons à votre prospérité!
souffrez que notre visage pâlisse pendant que la ville qui
est le lieu du sépulcre de nos pères demeure désolée et que
ses portes sont en feu! souffrez que nous vous conjurions
de prier pour la paix de Jérusalem! souffrez qu'au milieu
d'un peuple comblé des faveurs du ciel et d'un peuple que
nous aimons comme nous-mêmes, nous fassions éclater ce
cri, interprète de nos douleurs : « Jérusalem, si je t'oublie,
que ma dextre s'oublie elle-même! Que ma langue s'attache
à mon palais, si je ne me souviens de toi et si je ne te
mets pour le premier chef de ma réjouissance! »

Hélas! l'exilé partout est seul! et, au milieu de la Hollande si calme, si prospère, les protestants pleuraient souvent en silence. Les yeux tournés vers la patrie absente,
ils aimaient encore à dire qu'ils en étaient les enfants :

« Le troisième ministre du Dieu des vengeances qui
nous prêche la sensibilité, c'est la peste qui ravage un
royaume voisin (1). Vos provinces ne se soutiennent point
par elles-mêmes, elles ont une relation intime avec tous les

____

(1) La peste de Marseille.

États de l'Europe, et telle est leur constitution, que non-seulement elles souffrent de la prospérité de leurs ennemis, mais même de leur adversité. Mais que dis-je, de leurs ennemis? Les peuples que Dieu visite aujourd'hui de ce terrible fléau ne sont pas nos ennemis; ce sont nos alliés, ce sont nos frères, ce sont nos compatriotes. Ce royaume sur lequel Dieu appesantit son bras d'une façon si terrible, c'est le royaume qui vit naître quelques-uns de nous et qui renferme encore des personnes auxquelles nous sommes unis par les liens les plus tendres. Chaque coup qu'il reçoit réfléchit sur nous, et il ne saurait tomber qu'il ne nous écrase sous ses ruines. »

Tels furent les fruits de douceur et de patience que Saurin recueillit de ses études religieuses. De sa vie militaire on ne trouve même pas un souvenir dans tout ce qu'il a écrit; un seul mot peut-être rappellerait le bouillant courage de ses jeunes années : « Qui fera, dit-il, comprendre à une âme lâche et rampante qu'on trouve des délices à chercher la gloire à travers le fer et le feu, en bravant des périls certains, en affrontant une mort presque inévitable? » On pourrait même trouver un regret dans le passage suivant : « Les lauriers que nous devons souhaiter ne sont pas ceux qui se cueillent sur le champ de bataille; l'élévation à laquelle nous devons prétendre n'est pas celle où l'on arrive par des chemins jonchés de corps morts; les acclamations que nous devons aimer ne sont pas celles qu'excitent les guerres et le bruit des guerres, le son bruyant des instruments belliqueux et l'effroyable rumeur des armées. »

Dès ce temps, on pouvait deviner dans Saurin le grand

orateur qu'il fut depuis. Ses exercices oratoires attiraient une foule nombreuse à laquelle, un jour, il fallut ouvrir les portes de la cathédrale. Ses travaux en théologie n'étaient pas moins brillants, et, quand il passa ses derniers examens, il obtint de ses professeurs le témoignage « fort honorable », qui était le plus élevé et qui était très-rare.

Tant de succès ne portèrent pas atteinte à sa modestie. Nous en avons la preuve dans l'amitié que lui avaient accordée ses camarades et dans les honneurs qu'ils lui décernèrent; le 23 septembre 1699, ils le nommèrent leur préteur, c'est-à-dire leur représentant auprès des autorités.

Enfin, en 1700, Saurin fut consacré pasteur et partit pour la Hollande où il était appelé par des amis de sa famille.

CHAPITRE V

En Hollande, le jeune pasteur fut bien vite distingué; mais, soit qu'on doive en accuser la jalousie, soit qu'il n'y eût pas de chaire vacante, il ne put obtenir de place à Amsterdam et partit pour l'Angleterre.

Là aussi son talent ne tarda pas à se faire connaître. La petite église de Leicestersfield et celle de Treadneedle street, à Londres, ne pouvaient contenir la foule de ses auditeurs, et sa naissante renommée lui valut l'amitié de Tillotson, archevêque de Cantorbéry. Cet illustre théologien était aussi un excellent orateur; Voltaire dit qu'il était le plus éloquent prédicateur de son temps. La clarté de son style, l'habile disposition de ses idées, la logique de son raisonnement furent un modèle utile pour Saurin. Celui-ci lui garda toujours une profonde affection; il l'appelait son maître, comme il appelait Turretin son père. Dans un de ses sermons, il ne s'exprime pas avec moins d'éloges : « Un des plus beaux génies de notre communion, dit-il, l'incomparable Tillotson. »

Saurin se maria en 1703 avec une demoiselle Catherine Boitout dont il eut trois fils : le premier qui mourut en bas âge; les deux autres qui se nommaient Philippe et Antoine.

Cette union, déterminée par un mutuel amour, ne fut pas cependant très-heureuse; la jeune femme était d'une humeur difficile qui créa au grand orateur ces tristesses mesquines où peut périr le génie; elle força la mère de Saurin, sa sœur Marie-Anne, ses deux frères Louis et Marc-Antoine, à quitter le domicile qu'il leur avait offert près de lui. Enfin elle avait peu d'ordre et d'économie; par sa faute, la situation financière du ménage fut souvent embarrassée.

C'est pendant ce séjour en Angleterre que Saurin perdit son père, le 15 janvier 1705. Ce malheur raviva le désir qu'il avait de retourner à Genève, où cependant il ne devait pas exercer son ministère.

Sa santé souffrait du climat de Londres; d'autre part, il se trouvait, pour ainsi dire, seul dans ce pays; car le Refuge d'Angleterre n'a pas été considérable, malgré la révolution de 1688, malgré la liberté religieuse et politique dont on jouissait; il ne semble même pas que la nation anglaise ait montré pour les réfugiés autant de bienveillance que les autres pays protestants. Enfin le théâtre n'était pas assez vaste pour le génie de Saurin. « Il avait de l'ambition, mais sans orgueil », dit un de ses biographes. C'était l'ambition de bien faire et d'être utile. Or, son église était petite, son troupeau peu nombreux; en outre peu d'Anglais savaient le français ou le savaient insuffisamment.

Voici ce qu'il écrivait à sa parente, mademoiselle de Saint-Véran de Montcalm (1) : « L'éloignement des Anglais

___

(1) Mademoiselle de Saint-Véran de Montcalm, citée dans le Dictionnaire de Moréri, est l'auteur anonyme d'un livre fort goûté des philosophes du temps, *La Recherche de la Vérité*.

pour tout ce qui est étranger, le bruit de Londres, la délicatesse de mon tempérament et *diverses autres considérations*, me feraient désirer un autre séjour, si j'étais maître de moi-même. »

Mademoiselle de Saint-Véran avait des amis influents parmi les réfugiés de la Haye. On témoigna au jeune et brillant orateur le désir de l'entendre. Il quitta Londres en octobre 1705 et arriva bientôt à la Haye.

CHAPITRE VI

LA HOLLANDE AU XVIIe SIÈCLE

Les protestants d'aujourd'hui, et il faudrait dire les Français d'aujourd'hui, ne semblent pas avoir gardé un souvenir assez reconnaissant de ce que fit pour leurs ancêtres la Hollande au XVIIe siècle. Rappelons ce souvenir, s'il est oublié; exprimons-le, s'il est vivant.

L'histoire de la Hollande prend une grande importance depuis le moment où la Réforme y pénétra, l'an 1523. La nouvelle religion, accueillie avec faveur par la nation, avait été aussitôt proscrite par le sinistre Philippe II, roi d'Espagne, qui possédait alors les Pays-Bas. Nous ne parlerons pas de la ligue des Gueux (1559), de l'arrivée du duc d'Albe (1567) et des cruautés qu'il commit, du Conseil des troubles, que l'histoire appelle le Tribunal de sang, et qui condamna plus de dix-huit mille personnes en trois ans. Disons seulement qu'un gouvernement national fut établi par l'Union d'Utrecht, en 1579, sous le nom de République des Sept Provinces Unies; les Provinces, libres chez elles, envoyaient des représentants à une assemblée chargée du gouvernement général sous l'autorité d'un Stathouder, qui fut le prince Guillaume d'Orange. En 1648, le traité de Westphalie consacra cette révolution. Mais deux partis alors se disputaient la prépondérance : celui des républicains et celui des partisans du stathoudérat. En 1650, le stathoudérat fut aboli et les provinces élurent un Grand Pensionnaire qui fut Jean de Witt (1650-1672). Elles soutinrent à cette époque plusieurs guerres glorieuses contre l'Angleterre et la Suède; puis, pour se mettre en défense contre les projets ambitieux de Louis XIV, elles conclurent en 1668 avec ces deux puissances le fameux traité de la Triple Alliance. Abandonnées presque aussitôt à elles-mêmes, elles furent attaquées et envahies. Elles crurent alors trouver le salut dans le stathoudérat, qui fut rétabli en 1672, en faveur de Guillaume III, prince d'Orange, depuis roi d'Angleterre (1689-1702). Ce prince habile et infatigable chassa Louis XIV de la Hollande et profita de ses succès pour faire déclarer le stathoudérat héréditaire dans sa famille (1674). Mais, à sa mort, les choses changèrent encore et Heinsius fut nommé Grand Pensionnaire (1702). Cependant la province de Frise élut Guillaume IV pour stathouder particulier; plus tard la province de Groningue (1718) et celle de Gueldre (1722) donnèrent le même titre à ce prince qui enfin fut nommé stathouder de toutes les provinces en 1747. Il recouvra, au traité d'Aix-la-Chapelle, tout ce que la République avait perdu dans les guerres du temps, sous la condition de raser ses places fortes. Il mourut en 1751, laissant le pouvoir à son fils Guillaume V sous qui recommencèrent les discordes, jusqu'au moment où la Hollande fut conquise par les Français en 1795 et devint la République Batave.

Comme on le voit par ce rapide résumé, la vie politique de la Hollande fut souvent agitée; il en fut de même, un instant du moins, pour sa vie religieuse que menacèrent,

au xviiᵉ siècle, les querelles théologiques. La plus terrible
fut celle des Gomaristes et des Arminiens; les premiers
maintenaient dans toute sa rigueur l'idée calviniste de la
prédestination; les autres l'adoucissaient par celle de l'efficacité universelle de la Rédemption. Le fameux Barnevelt
penchait vers les Arminiens; le prince d'Orange, par ambition, vers le parti contraire. En 1618, s'ouvrit le grand
synode de Dordrecht, auquel prirent part les protestants des
Sept Provinces, ceux d'Allemagne, de Suisse et d'Angleterre; il condamna les doctrines des Arminiens. De cruelles
rigueurs furent exercées contre eux; leurs ministres furent
expulsés; leur protecteur Barnevelt, accusé de trahison,
monta sur l'échafaud; les vaincus, qui avaient essayé des
remontrances et qu'on appelait Remontrants, se virent
privés de l'exercice public de leur culte, exclus des em-
plois, frappés de grosses amendes. Mais cette persécution,
si contraire à l'esprit même de la Réforme, ne pouvait durer longtemps; six ans après, les Arminiens obtenaient la
tolérance, et leurs malheurs servirent du moins à consacrer
la liberté.

Aussi Descartes à ce moment vint-il chercher en Hollande
une retraite sûre qui abritât sa philosophie nouvelle. Ses
idées, si indépendantes, si hardies pour l'époque, excitè-
rent de grandes discussions parmi les érudits qui peuplaient
la Hollande; mais, si quelques théologiens firent éclater
trop haut leur étonnement et leur hostilité, on ne doit attribuer qu'à eux seuls et à quelques dupes les ennuis légers
que le philosophe dut essuyer. Si le professeur Voët réussit
par des calomnies à indisposer le magistrat d'Utrecht contre
le *Discours de la méthode*, si Descartes fut cité devant le

tribunal comme coupable d'athéisme et de sédition, il faut
se rappeler que les états de la province mirent fin d'autorité à cette ridicule affaire. Plus tard ce fut Descartes qui
cita devant le magistrat de Groningue l'auteur d'un libelle
injurieux; celui-ci fut condamné par sentence du sénat
académique et dut rétracter ses accusations. Les considé-
rants méritent d'être cités : « d'autant qu'il n'est pas hon-
neste de mespriser et de rejeter avec injures ce que les
grands hommes taschent d'inventer pour l'embellissement
et la perfection des sciences. » Enfin, si Descartes quitta
la Hollande, il faut reconnaître qu'à ce moment toute hostilité contre lui avait cessé depuis longtemps.

D'autres exemples, celui de Locke, celui de Bayle, celui
de Jurieu, pourraient montrer de quels droits la pensée
jouissait en Hollande. Et comment pouvait-il en être autrement dans une République si jalouse de sa liberté, où la
sécurité et la richesse donnaient tant de loisirs à l'intelligence, où tant de savants, de lettrés, de critiques remplissaient les Académies de la Haye, de Leyde, de Franeker,
de Groningue et d'Utrecht? On ne saurait dire la quantité
d'écrits qui furent publiés sur la liberté de conscience et
sur la tolérance, en même temps que s'imprimaient une
foule de livres sur tous les sujets d'érudition ou de philosophie.

Les plus remarquables écrivains de cette époque furent
des réfugiés que la révocation de l'édit de Nantes avait
chassés de la France. Remarquons à ce propos qu'un
double courant porta ces infortunés vers la Suisse et vers
les Provinces-Unies. En Suisse arrivaient ceux qui, plus
attachés peut-être au sol de la patrie, voulaient s'en éloi-

gner moins. La Hollande attirait plutôt les indépendants, les hommes d'affaires, les philosophes.

Remarquons encore que le chemin de la Hollande (comme du reste celui de Genève) n'était pas nouveau pour les protestants français. L'émigration date des guerres de religion; elle fut considérable après l'édit de 1585; elle recommença à la chute de la Rochelle sous Louis XIII, puis se continua sans interruption depuis les premières rigueurs de Louis XIV, en 1668. Le bourgmestre d'Amsterdam, van Beuningen, déclara dès 1682 que la cité donnerait à ceux qui lui demanderaient un asile le droit de bourgeoisie, l'exemption des impôts et la maîtrise franche, c'est-à-dire le droit d'exercer librement leurs métiers. On leur promit même des avances d'argent et l'achat de leurs marchandises pendant tout le temps qu'ils en auraient besoin. Les États de Frise et de Hollande, puis tous ceux des Sept Provinces, suivirent bientôt ce généreux exemple et affranchirent de tout impôt pendant plusieurs années les réfugiés qui s'établiraient dans ces provinces; on leur donna des priviléges et des terres; des quêtes publiques pourvurent à leurs premiers besoins.

L'indignation que les cruautés de Louis XIV provoquaient dans toute l'Europe fut si vive en Zélande que les États de cette province fermèrent les églises des catholiques par représailles, chassèrent les prêtres et bannirent un grand nombre de familles. Non-seulement cet acte barbare ne trouva pas d'imitateurs, mais les catholiques expulsés trouvèrent un asile bienveillant dans le reste des Provinces-Unies, notamment à Rotterdam et à Amsterdam, malgré le dévouement que ces deux grandes cités professaient pour le protestantisme. Mais, en même temps, elles témoignaient une sympathie croissante aux fugitifs dont elles partageaient la croyance. Aux trois prédicateurs français qu'elles avaient entretenus jusqu'alors il fallut en ajouter cinq autres en 1685, pour suffire aux besoins toujours croissants du culte.

Quand eut paru l'édit de Louis XIV, le 22 octobre 1685, les représentants des Sept Provinces, réunis en assemblée générale, ordonnèrent un jeûne public pour le mercredi 21 novembre 1685, et tous les citoyens furent invités à des prières solennelles. Leur zèle ne se borna pas à cette grande démonstration; des pensions furent allouées aux pasteurs réfugiés (elles étaient de 400 florins pour ceux qui étaient mariés, de 300 pour les célibataires). Sur la proposition du prince d'Orange, les officiers furent incorporés dans les régiments nationaux avec des soldes avantageuses qui montaient à une dépense de 180 000 florins par an. Les femmes trouvèrent une protectrice généreuse dans la princesse d'Orange; elle en attacha plusieurs à sa personne, plaça les autres dans des maisons de refuge à Harlem, à Delft, à la Haye, à Harderwick, et pourvut à l'éducation des jeunes filles.

On évalue à 75 000 âmes le nombre des protestants qui se retirèrent alors dans les Provinces-Unies. La province de Hollande en reçut encore plus que les autres, et Bayle l'appelait avec raison *la grande arche des fugitifs*. Après que la reine Anne eut donné aux réfugiés des lettres de naturalisation, en 1709, les États de Hollande et de West-Frise suivirent la même année cet exemple, et les États Généraux adoptèrent cette mesure en 1715, lorsque

Louis XIV se fut de nouveau refusé à toute concession religieuse.

Les réfugiés exercèrent en Hollande une puissante influence sur la politique, la guerre, l'industrie, le commerce, la littérature profane ou religieuse. Les églises nationales admettaient les pasteurs français, comme l'armée admettait leurs officiers, comme les villes admettaient leurs citoyens. Beaucoup d'églises nouvelles furent fondées par eux; on en compte jusqu'à soixante-deux. Ces églises contribuèrent puissamment au maintien de la langue française; elles devinrent une sorte d'académie où se pressait l'élite de la société. La pureté du style des nouveaux ministres, leur éloquence vive et hardie, leur débit animé captivaient les Hollandais habitués jusqu'alors à une prédication lourdement dogmatique. Les magistrats, les nobles, les riches, tous ceux à qui la langue française était connue ou qui avaient le loisir de l'apprendre, écoutaient assidûment les pasteurs réfugiés.

CHAPITRE VII

LA PRÉDICATION DE SAURIN

Devant cet auditoire brillant et difficile, la prédication de Saurin eut un succès prodigieux. Les premiers personnages de l'État, Heinsius, Van-Haren, Wassenaer, la noblesse, la bourgeoisie, le peuple, furent unanimes dans leur admiration, et, comme il n'y avait aucune vacance à l'Église wallonne, le Grand Pensionnaire créa pour le jeune orateur uné nouvelle charge ecclésiastique avec le titre de ministre des nobles. Saurin devait l'exercer jusqu'à sa mort, pendant vingt-cinq ans, et allait révéler pendant cette période un des plus beaux génies oratoires dont on doive garder le souvenir.

La foule qui se pressait à ses discours était telle que quinze jours à l'avance les places étaient retenues. On dressait des échelles le long des murs pour y grimper quand l'église était pleine. Le célèbre Abbadie (1) se demandait : « Est-ce un homme, est-ce un ange qui parle ? » Le savant le Clerc, auteur d'un grand nombre d'écrits con-

---

(1) Abbadie, moraliste et pasteur, réfugié en Prusse ; il a composé un *Traité sur la Vérité de la Religion chrétienne* dont madame de Sévigné disait : « C'est le plus divin de tous les livres. » Il a composé aussi un *Traité sur la divinité de Jésus-Christ*, et un ouvrage d'une grande valeur et d'une grande réputation, *l'Art de se connaître soi-même*.

sidérables, avait refusé longtemps de venir aux sermons de
Saurin ; plein des idées sévères de son temps, il ne trouvait pas bon qu'un prédicateur chrétien eût égard à l'art
oratoire, et il se défiait des effets produits plutôt, disait-il,
par une vaine éloquence que par la force des arguments.
Un jour, ses amis l'entraînèrent ; mais, pour ne pas céder
à la séduction de cette voix harmonieuse, de ce geste rapide
et puissant, il eut soin de se placer derrière la chaire, de
manière à ne pas voir Saurin. A la fin du discours, il fut
surpris de s'apercevoir qu'il avait changé de place, qu'il
était saisi d'admiration et qu'il avait les larmes aux yeux. Il
raconte lui-même cette anecdote dans sa *Bibliothèque
choisie*, t. XXV, p. 179. Il y compare Saurin à Démosthènes
pour l'action.

A la fin du sermon *sur l'aumône*, les assistants versèrent
dans les troncs tout l'argent qu'ils portaient sur eux ; les
dames se dépouillèrent de leurs bijoux ! On raconte qu'un
officier, jouant le soir une partie de cartes et voulant mettre l'enjeu, ne trouvait plus sa bourse ; il se frappa le
front : « Ah ! dit-il, c'est ce voleur de Saurin qui me l'a
prise ! » Ce succès rappelle celui de Bossuet faisant pleurer
des courtisans.

Tous les témoignages du temps sont unanimes à consta-
ter la puissance persuasive de Saurin. La sérénité de son
noble visage, la clarté de sa voix sonore et vibrante, ce mélange de ferveur religieuse et d'ardeur méridionale, contribuaient également à transporter les auditeurs qui af-
fluaient à ses sermons.

« A un extérieur tel qu'il le fallait pour prévenir son auditoire en sa faveur, M. Saurin joignait une voix forte et

sonore. Ceux qui se souviennent de la magnifique prière (1) qu'il récitait avant le sermon n'auront pas oublié non plus que leur oreille était remplie des sons les plus harmonieux. Il aurait été à souhaiter que sa voix eût conservé le même éclat jusqu'à la fin de l'action ; mais nous avouerons que souvent il ne la ménageait pas assez (2). »

Il aurait été plus exact de dire qu'il ne pouvait pas la soutenir, et qu'une maladie la lui avait gâtée ; c'était une maladie de poitrine. Il souffrait déjà en Angleterre ; en 1715, sur les instances d'amis justement inquiets, il avait dû se rendre aux eaux d'Aix-la-Chapelle, dont il se trouva ou crut se trouver mieux. Il se proposait d'y retourner, mais ses devoirs de pasteur l'en empêchèrent, et c'est cette maladie qui l'emporta.

La réputation de Saurin s'étendit rapidement dans toute l'Europe. Les prélats catholiques des Flandres et du nord de la France l'admiraient, quoique protestant, et parlaient beaucoup de lui. On raconte que l'un d'eux, l'évêque de Lille, lui demanda, pendant un voyage qu'il fit sur la frontière du royaume, de vouloir bien s'arrêter dans son palais ; pour le fêter, il donna un grand repas, mais, en même temps, le pria de garder un strict incognito. Les dignitaires présents furent frappés de l'esprit, de la voix et de l'éloquence de l'inconnu. Lorsqu'il se fut retiré, l'évêque, prié de satisfaire la curiosité générale, déclara son nom. Là-dessus, chacun de s'écrier ; quelques-uns regrettaient qu'on eût perdu une si belle occasion de controverse. « Allons,

____

(1) Cette prière se trouve dans les notes à la fin du volume.
(2) *Bibliothèque française*, t. XXII, part. II, p. 288.

allons, messieurs, répondit le prélat; les chandelles ne disputent pas avec le soleil. »

Certains auteurs catholiques, voulant reporter sur leur église une partie de la gloire de Saurin, ou jeter sur sa mémoire une sorte de tache, publièrent que le pasteur de la Haye avait fait partie de la communion romaine. « Quoique né dans le sein du protestantisme, Saurin se fit d'abord catholique; il prit le petit collet et prêcha plus d'une fois à Montpellier, bien qu'il fût dans la plus extrême jeunesse. Mais les protestants ne négligèrent rien pour le recouvrer. Ils y réussirent et, grâce à leurs instigations, Saurin sortit du royaume et fut à la Haye, où, ayant continué ses études, il embrassa le ministère (1). »

Et voilà comme on écrit l'histoire!

Du moins, les prédicateurs ou moralistes catholiques ont-ils souvent imité ou copié Saurin.

L'abbé Pichon publia en 1768 une brochure intitulée : *Principes de la religion et de la morale extraits des sermons de Saurin.*

Le père Pacaud, jésuite, les prêchait dans la chaire de Notre-Dame de Paris. Dans un exemplaire du catalogue de la bibliothèque de la maison professe des ci-devant soidisant jésuites, publié à Paris en 1793, volume in-8° de 448 pages, et qui a appartenu au savant abbé de l'abbaye de Prémontré, général de l'ordre, Jean-Baptiste le Cuy, à la page 146, sous le numéro 2389, avec ce titre, *Sermons sur divers textes de l'Écriture sainte*, par J. Saurin, pasteur à la Haye, 1708, etc., on trouve en renvoi cette note

---

(1) Ménard, *Histoire de Nîmes.*

manuscrite de l'abbé le Cuy, écrite à la marge : « Ils ont
été prêchés à Notre-Dame de Paris par le père Pacaud, jésuite, mot à mot, sans y rien changer. » La confirmation
de ce plagiat bizarre ressort de quelques mots de Roquefort,
auteur du *Dictionnaire biographique des prédicateurs*, publié en 1824; il dit à l'article PACAUD, relativement au caractère un peu spécial de ses sermons, que «l'on crut y reconnaître des erreurs ».

Saurin n'avait publié ses discours qu'après une modeste
hésitation. Voici ce qu'il écrit à Turretin :

« Vous lèverez les épaules quand vous apprendrez que je
vais publier un volume de sermons. Auriez-vous assez
bonne opinion de ma sincérité pour croire sur ma parole
que j'ai des raisons indispensables de le faire? Cela est ainsi
pourtant. Une des principales, c'est que nous sommes dans
un pays où l'Évangile est défiguré presque autant que dans
aucun lieu du monde. Les Coccéiens ont le dessus et veulent qu'on ne parle en chaire que de types, que de minuties. Ils écoutent nos sermons avec un esprit de mutinerie
et publient que notre morale (1) est ou pernicieuse ou inutile. Plusieurs personnes de considération veulent que j'en
appelle au public. »

A ces motifs se joint un autre motif bien naturel, le désir
de faire du bien.

En effet, la publication des sermons du grand orateur
n'était pas utile seulement en Hollande, où elle combattit
des erreurs et servit de modèle; elle le fut aussi en France.

---

(1) Par ce mot de *morale*, il faut entendre le côté pratique des sermons
de Saurin. Nous reviendrons sur cette question.

Les églises, privées de leurs pasteurs, écoutaient avec joie cette voix lointaine qui leur parlait encore d'un Dieu fidèle et juste. Cet écho de l'Évangile qui résonnait dans les assemblées furtives du désert était la consolation, l'espoir, le bonheur; c'était le lien secret qui unissait les exilés avec les martyrs. Aussi, malgré toutes sortes de difficultés, en faisait-on parvenir dans le royaume quelques exemplaires sous les yeux mêmes de la police. Un jour, 225 de ces exemplaires furent brûlés publiquement à Beaucaire, aux acclamations de la populace.

Dans les pays étrangers, on peut dire encore que les sermons de Saurin produisirent d'heureux effets. La prédication allemande, par exemple, avait été longtemps lourde et pénible; on y remarquait une dogmatique excessive, une argumentation scolastique, à la fois puérile et obscure, une rhétorique de mauvais goût. Plus tard, il est vrai, les Piétistes avaient adopté une manière plus simple; ils employèrent habilement les textes de l'Écriture et agirent directement sur la conscience; mais leur langage était peu cultivé et on y remarquait une prolixité désagréable. Lorsque parurent les sermons de Saurin, ils devinrent un sujet de lecture et d'étude. Rosenberg en traduisit dix volumes en 1759, et Heyer publia les sermons sur la Passion en 1772. La sympathie des Allemands fut sérieuse et durable. Mosheim dirigea l'école qui puisa ses inspirations dans l'exemple de Saurin, et manifesta dans la chaire chrétienne une éloquence imitée de lui, c'est-à-dire remarquable pour la forme autant que pour le fond. Enfin, dans notre siècle, un des plus célèbres prédicateurs allemands, Reinhards de Dresde, a franchement rapporté à l'illustre modèle que la France lui avait donné les succès glorieux de sa carrière oratoire.

En Angleterre parurent de nombreuses traductions qui sont la meilleure preuve d'estime qu'un étranger puisse recevoir.

A Genève, où les sermons de Saurin furent accueillis dès l'abord avec enthousiasme, l'influence de sa prédication a duré jusqu'à nos jours.

En France, nous avons vu la réputation dont il jouissait parmi les catholiques eux-mêmes. Lorsque enfin les persécutions eurent cessé contre les protestants, par lassitude sous Louis XV, par tolérance sous Louis XVI, par la reconnaissance de leur droit en 1789, lorsque la parole leur eut été rendue, Saurin devint un maître utile pour les nouveaux pasteurs et forme encore des disciples.

CHAPITRE VIII

La lecture du tome cinquième des sermons de Saurin fit une si vive impression sur Georges Ier, roi d'Angleterre, qu'il voulut aussitôt donner à l'auteur un témoignage de son estime. Connaissant la modicité de sa fortune, le monarque institua en sa faveur une pension viagère que Saurin finit par accepter. Il répondit noblement à cette générosité par un travail resté inédit sur l'éducation des princes et, en particulier, composé pour celle du prince de Galles. La mère du jeune prince déclara qu'elle voulait acheter cet ouvrage, et envoya à l'auteur une généreuse rétribution.

Ces secours étaient bien utiles, vu le désordre qui régnait dans la maison de Saurin par la faute de sa femme; nous dirions presque par la sienne, car il poussait le désintéressement jusqu'à son extrême limite. C'est ainsi qu'il renonça à un riche héritage qui lui avait été laissé par un de ses admirateurs nommé Lambert. La famille de celui-ci, qui était composée de gens de la pire espèce, intenta un procès qu'elle perdit; mais, satisfait de l'évidence de son droit, Saurin partagea tout entre les membres de cette famille et les indigents.

Voici un autre trait de son caractère que nous avons

trouvé dans une de ses lettres : « Mon ami M. de Wassenaer m'offrit un présent de 3000 livres, une pension
annuelle et une maison. Je ne sais si vous connaissez suffi-
samment mon cœur pour savoir ce que j'ai répondu à cette
générosité. »

Il écrit à mademoiselle de Saint-Véran : « A propos de
grâces que vous me faites, faut-il que je réponde à un endroit de votre lettre où vous me parlez de je ne sais pas
quelle honnêteté que vous voulez me faire ? Je refuse toute
sorte de libéralité de votre part. »

Dans une autre lettre à mademoiselle de Saint-Véran, il
lui dit encore : « Il n'a tenu qu'à moi, ma chère cousine,
de rétablir mes affaires domestiques. L'Église d'Amsterdam
a voulu me faire l'honneur de m'appeler avec des appoin-
tements considérables; on devait débuter par un présent
de 25 000 florins; on me faisait entendre qu'on le porterait
jusqu'à 30 000 florins. Je n'ai consulté personne : j'ai cru
que ce serait une flétrissure éternelle à mon ministère, si
l'on pouvait soupçonner que le désir du gain m'avait fait
sacrifier le genre de vie que je mène à la Haye, les amis et
la liberté que j'y ai, — je n'ose dire l'édification que je
donne. Il n'a pas plu à Dieu de réparer les brèches faites
à ma fortune par les désordres passés de mon ménage;
j'espère que la Providence me procurera quelque jour
les moyens d'y parvenir. »

Il y parvint en effet, grâce à l'affection que lui portaient
Heinsius et quelques amis puissants. Les travaux qu'il fit
sur la Bible méritaient d'être considérés comme un monu-
ment national; l'État s'y intéressa, et la vente du livre pro-
cura une petite aisance à l'auteur.

Quelle que fût au reste sa fortune, il mena toujours une vie simple, loin des grandeurs et du bruit. La méditation et le silence habitaient sa maison. Il se cachait avec plus de soin que d'autres ne veulent se montrer. « J'ai, dit-il lui-même, commencé durant les prémières années à voir beaucoup de monde ; toutefois, reconnaissant bientôt que l'éparpillement des idées produit par ce genre de vie me nuisait fort, j'ai restreint le cercle de mes relations et consacré mes loisirs autant que possible à la société de mes amis particuliers. Je m'arrange pour avoir du temps à moi ; je me lève matin ; je ne fais pas de visites inutiles, mes études ne reçoivent aucune diversion par le désir de sortir ; je ne vois mes amis que lorsque ma tête ne peut plus súpporter la méditation ; grâce au ciel, le plaisir auquel je suis le plus sensible est celui de travailler. »

Il y a dans un sermon sur *la vie des courtisans*, un tableau où il semble avoir peint son idéal : « Une condition privée, un revenu modique, des amis éprouvés, un cercle choisi, peu de relations, assez d'occupations pour tenir l'esprit en haleine, non pour le fatiguer ; une solitude ménagée, des études modérées, la médiocrité, l'indépendance, mes frères, voilà ce qui serait digne de notre choix, si Dieu laissait à notre choix le genre de vie que nous devons suivre et s'il n'avait plus souvent dessein, en nous mettant sur la terre, d'exercer notre patience que de consommer notre félicité. Délicieuse indépendance, inestimable médiocrité, je vous préférerais au sceptre le plus redouté, au trône le mieux affermi, aux couronnes les plus brillantes ! Que sont les postes éminents dont la plupart des hommes sont si avides ? De belles chaînes, des croix pompeuses, un esclavage brillant. Heureux celui qui, ayant reçu de la Providence de quoi fournir à la bienséance de sa condition, satisfait de sa fortune, loin de la cour et des grandeurs, attend tranquillement la mort, en jouissant des plaisirs innocents de la vie, et sait faire de l'éternité sa grande étude et sa principale occupation ! »

L'éloignement de Saurin pour les grandeurs et pour le monde était, au fond, de la timidité. De là, dans les relations de la société, un air froid qui le fit parfois accuser d'orgueil.

Certes Saurin ne pouvait ignorer son mérite; mais un homme modeste n'est pas celui qui s'ignore, c'est celui qui se rend une justice exacte.

S'il faut juger de lui par ses œuvres, certainement il ne connaissait pas l'orgueil. Il se faisait une grande idée du ministère, mais il reconnaissait d'une manière éclatante la faiblesse humaine et sa propre faiblesse.

« Vos ministres doivent être les imitateurs des apôtres, comme les apôtres ont été les imitateurs de Jésus-Christ. Je me les représente, ces ministres, humiliés de leurs fautes, convaincus de leur faiblesse, implorant les miséricordes divines sur les taches de leur ministère, mais pourtant paraissant devant Dieu avec cette humble confiance que ses miséricordes nous permettent, et disant : Nous voici avec la doctrine que nous avons prêchée, avec les esprits que nous avons éclairés, avec les errants que nous avons ramenés, avec les cœurs que nous avons échauffés de ton amour.....

» C'est l'Éternel qui parle par la bouche de ses serviteurs; il leur a confié ses trésors; il a mis en eux *le minis-*

tère de réconciliation. Il est vrai que ces trésors sont dans *des vaisseaux de terre;* mais ce sont les trésors du salut, et tout ce qui regarde le salut vous intéresse. Il est vrai que ce sont des ministres faibles; mais ce sont les ministres du souverain, et tout ce qui vient de sa part vous doit être vénérable. Quand nous censurons le pécheur, quand nous faisons résonner dans ces auditoires nos anathèmes, nous excitons les plaintes et les murmures. Mes frères, qu'on nous renvoie dans nos cabinets et dans nos écoles, si nous voulons mettre la main au gouvernail de l'État et pénétrer dans les secrets de votre politique; qu'on nous note comme des hommes suspects et dangereux, si nous cherchons, sous prétexte de piété et de religion, à nous ingérer dans vos familles. Mais quand nous sommes dans cette chaire, quand nous ne vous proposons d'autre parole que celle qui est émanée de la bouche de Dieu même, ni d'autres lois que celles qui viennent de son trône, ne trouvez pas étrange si nous vous disons : Écoutez avec respect, écoutez avec attention; nous sommes les ambassadeurs de Christ. »

Il semble impossible qu'un homme qui a tenu un pareil langage puisse être possédé de la triste manie de s'admirer soi-même.

Que dire enfin de cet autre passage?

« L'amour du prochain est lié avec la plupart des vertus que le christianisme nous prescrit. Il n'est pas possible d'avoir de l'orgueil quand on a une charité parfaite pour son prochain. Comment un homme qui aime son prochain pourrait-il se résoudre à le fouler et à le braver? »

Le *Journal littéraire de la Haye,* tome XXI, pages 280 et 282, achève de peindre en ces termes le caractère de

Saurin : « Son commerce était gracieux et aisé. On ne trouvait en lui qu'un seul défaut qu'on prenait pour de la fierté ; mais ceux qui le connaissaient bien savaient que ce qu'on appelait de ce nom n'était tantôt qu'une franchise éloignée de toute cérémonie, tantôt qu'une distraction à laquelle ses grandes occupations le livraient quelquefois. »

La franchise ! dangereuse qualité, qui fait bien des ennemis ! Joignez-y une vivacité méridionale qui ajoutait un nouveau charme à tant de solides vertus, et l'on ne s'étonnera plus de voir tant de médiocrités vaniteuses acharnées contre un homme de génie.

Le journal déjà cité ajoute : « C'était un cœur droit. Il avait une douceur qui charmait. Sa vivacité l'empêchait, il est vrai, d'être insensible aux maux auxquels il pouvait être exposé ; mais il était incapable d'aucune aigreur. Il était patient par principe. Il avait une piété gaie ; elle était officieuse. Il ne se servait de la bienveillance dont les grands l'honoraient que pour être utile à ses prochains. »

Le soin des pauvres l'occupait sans cesse. Il se servait de ses hautes relations pour organiser les secours qui étaient nécessaires aux indigents, nationaux ou réfugiés. Frappé des inconvénients que présente toujours l'exercice individuel de la bienfaisance, et persuadé que le pasteur isolé ne peut agir d'une manière efficace au milieu d'une grande ville, Saurin organisa une vaste association de charité, sous la présidence de M. de Wassenaer. Des diacres institués spécialement multiplièrent les secours intelligents et réguliers et dirigèrent de véritables missions intérieures dont les services furent d'un grand prix.

Empruntons encore quelques souvenirs à Chauffepié,

dans son supplément au *Dictionnaire* de Bayle, tome IV, p. 180 :

« Jamais homme ne fut pénétré d'un plus profond respect pour la Divinité et n'en parla d'une manière plus judicieuse et plus noble; mais il ne connaissait guère les hommes. Quand il était question de les dépeindre en chaire, il démêlait avec une précision admirable les illusions qu'ils se forment, les ressorts qu'ils remuent et les passions qui les agitent. Il faisait de fidèles portraits, mais dont il voyait les originaux dans la société sans les reconnaître... Il était accoutumé à une vie douce et tranquille, aimait son cabinet, avait le cœur excellent et assez peu d'expérience du monde ou d'idée de la malice qui y règne. Le soupçon le gênait et la haine lui était à charge. Avec de pareilles dispositions, on aime mieux hasarder un jugement favorable que de s'armer de fierté et de défiance : imprudence dont on a ordinairement occasion de se repentir dans la suite. En un mot, M. Saurin n'avait aucun talent pour se démêler des piéges qu'on aurait voulu lui tendre. »

L'histoire des dernières années de Saurin montre bien la vérité du jugement que nous venons de rapporter.

Une jalousie toujours croissante s'était manifestée à propos de tous ses sermons et de tous ses écrits, mais surtout quand parut son grand ouvrage sur la Bible.

Un seigneur des Provinces-Unies, Van den Marck, avait fait dessiner et graver à grands frais par d'excellents maîtres des estampes qui représentaient les principales scènes de l'Histoire Sainte. Il pria Saurin de composer la légende explicative. L'ouvrage parut sous le titre de *Discours historiques, théologiques et moraux sur les événe-*

ments les plus mémorables du Vieux Testament. On trouve dans cet ouvrage une sincérité, une raison, une largeur d'idées admirables en tout temps et surtout peut-être en ce temps-là, où la théologie n'admettait guère la liberté. On y reconnaît l'ancien étudiant de Genève qui unissait l'orthodoxie de Pictet à la tolérance de Turretin, l'habitant de la Hollande indépendante qui sut respecter la tradition calviniste et pratiquer l'examen libre du savant. Il avoue franchement les difficultés, les choses inexpliquées, les mystères insondables qui se rencontrent dans les Écritures. Ainsi, analysant la mission de Samuel, il expose les circonstances dans lesquelles se trouve le prophète lorsque Dieu lui donne l'ordre de sacrer David, du vivant même de Saül. Samuel hésite devant le danger. Alors Dieu lui permet de cacher le vrai motif du voyage qu'il va faire et de parler seulement de l'accomplissement d'un sacrifice. Le théologien se trouva embarrassé devant ce passage. L'action de Samuel, dit-il, est un mensonge, et Dieu le lui permet; or Dieu ne peut pas se tromper : le mensonge est-il donc permis dans certains cas?

A cette question, il ne faisait pas de réponse.

Le pasteur Armand de la Chapelle attaqua Saurin dans les journaux avec une extrême violence. La grossièreté des mots était en rapport avec l'atrocité des accusations. La persécution dura deux ans, de 1728 jusqu'en 1730, c'est-à-dire jusqu'à la mort même de Saurin. Une lettre de celui-ci nous révèle ses impressions intimes; elle est du 19 septembre 1730 :

« Depuis mon retour d'Angleterre, j'ai vécu dans le tumulte. Un libelle infâme, que vous pouvez avoir lu et qui

est intitulé *Bibliothèque raisonnée*, en a été l'occasion. Cet
ouvrage est unanimement attribué à un de mes collègues
nommé la Chapelle, qui ne l'avoue ni ne s'en défend. Il
attaque en furieux ma dissertation sur le mensonge et, à
cette occasion, tout ce qui me concerne. Il dit qu'il n'y a
point de milieu, qu'il faut que nous passions, ou lui pour
calomniateur, ou moi pour blasphémateur. Quelques ministres ont soulevé leurs Églises contre moi, et cru avoir trouvé
l'occasion qu'ils cherchent depuis longtemps, celle de m'é-
loigner. Je leur aurais même donné satisfaction, si j'avais
suivi mon penchant. J'avais déjà fait et à peu près exécuté
le projet d'être ici sur le pied de chapelain du roi (1), et de
sacrifier ma pension de ministre français. Un autre projet
qui m'a sincèrement roulé dans la tête, c'est d'aller finir
mes jours à Genève. Tout cela a été impraticable. Il a fallu
essuyer la fureur de deux synodes où ma doctrine sur le
mensonge a été examinée et peinte sous les plus noires
couleurs par quelques esprits. J'avais pour moi le gouvernement, le peuple, la partie la plus nombreuse et la plus
saine du clergé. Les autres ont été obligés de céder, et,
n'ayant pu avoir le plaisir de me perdre, ils prétendent à
la gloire de m'avoir sauvé. Toute cette affaire vient de se
terminer dans un synode à la Haye, où il y a eu des fraudes
et des cabales dont je n'avais pas même l'idée. Grâce au
ciel, j'ai triomphé de tout cela, et j'ose vous dire que jamais
mon ministère n'a été si respecté et ma personne si chérie.
Il est vrai pourtant que si, dans ce temps-là, vous m'aviez
offert une retraite auprès de vous, je crois que je l'aurais

(1) Le roi d'Angleterre.

acceptée. Je déteste tout ce qui sent l'inquisition, et il ne tient pas à quelques ecclésiastiques d'en rétablir le tribunal dans ces provinces... Je vous assure que, si je n'avais pas deux fils dont l'établissement doit me retenir ici, j'irais mourir à Genève. »

On peut remarquer à la fin de cette lettre un peu de découragement. En effet, les persécutions n'étaient pas finies. En vain le gouvernement hollandais, lassé de ces disputes stériles, fit savoir officieusement aux synodes que si l'affaire ne se terminait pas, on prendrait des mesures sévères. En vain Saurin déclara-t-il qu'il avait rapporté historiquement les opinions diverses au sujet de Samuel, sans prétendre donner de décision ; que le mot de mensonge devait être pris dans son sens le plus doux (1) ; enfin que si, contre son intention, les mots dont il s'était servi pouvaient donner la moindre atteinte aux perfections divines, il les désavouait ; les attaques n'en continuèrent pas moins.

Un incident les aggrava. A la suite des calomnies scandaleuses du journal de la Chapelle, un Français, nommé Bruys, voulut entreprendre la défense de Saurin ; il vint le trouver en lui demandant de lire sa brochure et de l'aider de ses conseils. Saurin refusa de recevoir ses confidences et ne le revit plus. Bruys néanmoins fit paraître son ouvrage qui contenait des paroles vives contre les ennemis de Saurin. Ceux-ci accusèrent aussitôt ce dernier d'être l'auteur du pamphlet ; il protesta de son innocence. Ils déclarèrent alors que l'honneur de son ministère exigeait qu'il publiât

______

(1) Celui de dissimulation, sans doute, et en effet ce serait le mot propre.

cette protestation dans les gazettes. « J'aurais pu, dit Saurin, demander à M. de la Chapelle une semblable dénégation touchant les invectives de son journal; mais je ne fis aucun incident là-dessus, et je donnai la déclaration voulue. »

Le pasteur Huet ne tint aucun compte de la parole de Saurin et continua d'être son ennemi. On le vit, au lit de mort du grand prédicateur, l'insulte à la bouche, troubler ses derniers instants par l'éclat de sa vanité et l'acharnement de ses insultes.

Telle fut la récompense de cet homme si doux et si modéré, qui évitait avec tant de soin les disputes théologiques, qui savait si bien respecter toutes les opinions, et qui, « en dépit de l'exemple, alliait la tolérance avec le zèle et distinguait entre des injures et des arguments. »

Dans la vie de famille, Saurin ne montrait pas moins de vertus. Sa douceur et sa patience ne se démentirent jamais dans un intérieur qui cependant n'était pas heureux. On ne saisit pas dans ses lettres une trace de colère, une parole de plainte.

Sa tendre affection pour son père, sa mère, ses enfants, n'est pas, si l'on veut, un mérite; mais, ce qui en est un, c'est la force d'âme qu'il montra quand les objets de cette affection furent menacés ou ravis. Ses lettres nous en ont conservé l'admirable témoignage. Voici ce qu'il écrivait de Londres à Turretin, en 1704, après la mort de son premier-né :

« Le trouble où je suis me laisse à peine la liberté de vous raconter mon chagrin. Je perdis hier ce cher enfant pour lequel vous formiez des vœux si obligeants, et il me semble que j'ai perdu avec lui tout ce qui me pouvait donner de la joie dans cette vie. Mon père et ma mère seront sans doute très-sensibles à cette triste nouvelle, et je ne connais personne plus propre que vous à la leur faire recevoir avec patience et résignation. Donnez-vous la peine, monsieur et très-honoré père, de leur apprendre ce coup dont la Providence me frappe; apprenez-leur en même temps à voir sans impatience cette nouvelle plaie qu'il plaît à Dieu de faire à notre famille... La parfaite soumission que j'ai pour la volonté de Dieu ne m'empêche point de sentir la pesanteur de son bras, mais je reconnais dans cette mort que je pleure sa bonté envers une âme innocente qu'il retire à soi, et sa justice à l'égard d'un père qu'il châtie en le privant d'un bien si précieux. Londres, 16 janvier 1704. »

C'est bien le même homme qui plus tard s'écriait dans un élan de foi enthousiaste :

« Non, non, révolutions des siècles, bouleversements des États, séditions intestines, complots extérieurs, maladies contagieuses, morts inopinées, vous n'êtes que les ministres de ce Dieu dont je suis la créature favorite. Si vous exécutez de sa part quelque ordre qui m'épouvante, c'est pourtant un ordre qui me console, parce qu'il n'est donné que pour mon bonheur. Troublez cette paix que je goûte; peut-être qu'elle allait m'être fatale. Enlevez-moi ces prospérités qui semblaient faire ma gloire : peut-être qu'elles m'allaient devenir funestes. Rompez ces douces liaisons qui avaient tant d'influence sur le bonheur de ma vie : peut-être qu'elles allaient devenir mes idoles. Arrachez-moi ces yeux, coupez-moi ces bras : peut-être qu'ils allaient me faire broncher et m'ouvrir les précipices de l'enfer. Attachez-moi à la croix, pourvu que ce soit à la croix de mon Sauveur. Tranchez le fil de ma vie, pourvu que ce soit pour m'ouvrir les portes de l'Éternité ! » (*Sermon sur le véritable objet de la crainte.*)

Est-il besoin de parler de sa piété ? Ce qui précède suffirait à en donner une preuve éclatante ; ses sermons en sont remplis. « Il sentait ce qu'il prêchait, dit Chauffepié ; on le voyait pénétré de la religion qu'il annonçait. » Quelle belle épitaphe dans ces simples mots !

La mort de Saurin fut le couronnement d'une si belle vie. Abreuvée d'amertumes, elle n'en fut pas moins sereine.

L'infatigable pasteur avait pendant longtemps donné des soins religieux à une personne qui était poitrinaire ; comme il était lui-même d'une complexion très-délicate, il subit aisément l'influence de la maladie. Il ne s'en inquiéta pas. « J'ai eu, dit-il, pendant trois mois une amie malade du poumon ; à force d'assiduités, j'avais pris quelque impression de son mal ; il a fallu faire des remèdes dans les formes et m'abstenir de prêcher pendant deux mois... Mon amie est morte, et Dieu m'a rendu la santé. » Ceci se passait en 1726. Saurin se faisait illusion sur son état ; deux ans après, il fut repris d'une violente attaque ; il dut passer plusieurs mois sans prêcher, et, malgré son dévouement, il fut obligé, jusqu'à la fin de sa vie, de suspendre souvent ses fonctions pastorales ; ses études même devinrent intolérables par suite de bourdonnements perpétuels dans la tête. Enfin, le 30 décembre 1730, une crise dangereuse se déclara ; la poitrine s'embarrassa. « O Dieu, dit-il, et ce furent ses dernières paroles, fais-moi voir ta gloire ! Que je contemple ta face ! »

DEUXIÈME PARTIE

———

CONDITIONS

DE LA

PRÉDICATION PROTESTANTE

A L'ÉPOQUE DE SAURIN

Trois sortes d'influences devaient agir et ont agi en effet sur le génie de Saurin : les traditions de la prédication protestante, le caractère général de son siècle, les exigences de son public.

Nous allons dans cette *Seconde Partie* développer ces trois idées, nous réservant, dans la *Troisième Partie,* de montrer par l'étude spéciale des sermons de Saurin jusqu'à quel point il se soumit à ces conditions premières de la prédication protestante, jusqu'à quel point il fut indépendant.

CONDITIONS

DE LA

PRÉDICATION PROTESTANTE

A L'ÉPOQUE DE SAURIN

CHAPITRE PREMIER

LA PRÉDICATION AVANT SAURIN

TITRE PREMIER

CARACTÈRE GÉNÉRAL DE LA PRÉDICATION PROTESTANTE

La prédication protestante avant Saurin comprend deux siècles, le XVIᵉ et le XVIIᵉ. Elle est marquée d'un sceau indélébile qui caractérise tous les orateurs d'une si longue période, quels que soient d'ailleurs leur naissance, leur condition, la nature de leur esprit, leurs études, les accidents de leur existence et le milieu où ils ont vécu. On peut résumer en deux mots le jugement qu'il faut porter sur eux : dédain volontaire de la forme, soin scrupuleux du fond; ce dédain poussé jusqu'à la négligence, ce soin poussé jusqu'à la minutie.

Il en fut ainsi et il ne pouvait pas en être autrement.

Les Réformateurs ont pris ce nom parce qu'ils ont voulu ramener le christianisme à la pureté de son origine, soit au point de vue du dogme, soit au point de vue de la discipline. Ont-ils eu tort ou raison? ont-ils réussi? ont-ils échoué? Ce sont des questions que nous ne voulons pas traiter ici. Il nous suffit de connaître quelles furent leurs intentions pour en conclure quelle dut être la nature de leur enseignement.

Pouvaient-ils attaquer le despotisme, l'injustice, le luxe, l'ignorance, la corruption qu'ils voyaient dans la papauté, dans la hiérarchie, dans le clergé, dans les cloîtres, dans l'Église, partout enfin, sans prêcher en même temps l'austérité, la pureté, l'humilité? On peut même dire qu'ils exagérèrent leur principe et que les calvinistes en particulier devinrent bientôt des puritains.

Nul exemple n'est plus frappant que celui de Genève, au moment de la révolution religieuse, sous la main de Farel et de Calvin.

Plus de bals, de théâtres, de jeux publics. Le divertissement le plus innocent ne retardait-il pas l'homme dans la voie du salut? Le luxe, les plaisirs de la table, furent proscrits. La pratique de la religion était la seule chose nécessaire; il fallait que la vie entière passée sous le regard de Dieu fût une préparation sérieuse à l'éternité. *Recherche premièrement le royaume de Dieu et sa justice, et toutes les autres choses te seront données par-dessus.* De ce principe, Calvin, l'implacable logicien, faisait dériver toutes les lois sociales. Après le travail de la journée, le seul plaisir qui fût permis, était la lecture de la Bible, la méditation et la prière. Quiconque ne suivait pas assidûment le service divin était mal famé, cité dans la ville pour un homme sans mœurs et fui par tous les honnêtes gens. On ne le distinguait pas des malfaiteurs et il était censuré publiquement.

Et ces idées n'étaient pas celles de Calvin seul; c'étaient celles de tous les calvinistes. Aussi commet-on une grave erreur en accusant Calvin de despotisme; la doctrine était despotique, mais non pas celui qui n'eut jamais et ne voulut jamais avoir que le titre de pasteur. Ses lois ont été librement suivies et elles sont en effet d'une nature à ne pouvoir pas être imposées.

Si l'on veut entrer un instant dans ces idées, on comprendra facilement que la législation comme l'opinion aient été sévères pour tous ceux qui, par leur inconduite ou leurs doctrines pernicieuses, pouvaient nuire à la religion. C'est ainsi que fut condamné Michel Servet, pour avoir élevé des doutes sur un dogme fondamental du christianisme. Il est vrai aussi qu'un motif politique contribua à cette rigueur extrême; on se souvenait de la terrible guerre des anabaptistes, et Genève ne voulait pas qu'elle recommençât dans ses murs à la voix d'un aventurier espagnol.

En France, les caractères de la Réforme sont les mêmes. Les mœurs des protestants furent dès le premier jour sévères et graves. Au sein des villes riches et industrieuses de cette époque, au milieu d'une cour somptueuse et élégante, dont la vie était si facile et les habitudes si légères, dans un siècle où la Renaissance étalait toutes les splendeurs des arts et brillait de tout l'éclat profane des lettres antiques, on vit paraître tout à coup des hommes pour qui l'élégance, la parure, le bien-être devinrent des superfluités condamnables; le seigneur arracha les plumes de son chapeau et les dorures de son pourpoint; le bourgeois assombrit la couleur de sa bure; l'écolier ne chanta plus dans les rues de Paris les joyeux vaudevilles; le soldat, quittant la cuirasse brillante, préféra le justaucorps de cuir et la lourde rapière. Dédaigneux de la terre, ces hommes n'avaient des yeux que pour le ciel et pour la Bible.

Cette Bible même était la traduction sévère, sèche, pour ainsi dire inculte, de l'hébreu des prophètes et du grec des apôtres. Nul souci de l'élégance et de la correction; les barbarismes, les solécismes y abondent; les plus vieux mots s'y retrouvent sous leur forme rude, avec leur sens démodé. Qu'importait? c'était la voix de Dieu et, dans ces ténèbres du style, l'idée resplendissait.

Les temples où retentissait la parole sacrée n'étaient pas plus ornés qu'elle ne l'était elle-même. C'étaient des maisons nues avec des bancs de bois; sur les murs blanchis à la chaux, nul vestige de peintures ni d'images; ou encore, au temps de la persécution, c'étaient des granges à moitié remplies de foin, comme celle qui fut témoin du massacre de Vassy; c'étaient des cachettes hérissées de broussailles; c'étaient des montagnes affreuses au milieu de la neige ou des torrents.

A toutes ces circonstances, se joint enfin l'influence du temps même où naquit la Réforme. C'était le XVIe siècle, véritable âge de fer, retentissant du bruit des armes et du choc des idées. Sa grande image nous apparaît, après tant d'années, couverte de pleurs et de sang; sous l'éclat trompeur de sa littérature et des arts, on retrouve encore toute la barbarie du moyen âge avec toutes les horreurs des guerres civiles.

Ces influences multiples firent de la prédication protestante quelque chose d'austère, de rude même qui peut rebuter au premier abord un littérateur habitué à d'autres genres de beauté. Mais, qu'on y regarde de plus près, on trouvera sous cette froideur du style la chaleur de la conviction, sous cette négligence une foi scrupuleuse et, parmi ces orateurs oublieux de la réputation, des hommes qui n'oublient jamais le devoir.

Les premiers prédicateurs de la Réforme, gentilshommes ou manants, savants docteurs ou fils du peuple, semblent avoir poussé même à l'excès ces qualités et ces défauts. Pour n'être pas étonnés de leur génie hardi jusqu'à la violence, âpre jusqu'à l'insulte, rappelons-nous qu'ils persévéraient jusqu'au martyre dans la charité et dans la foi. Animés par l'amour de la vérité, ils n'ont reculé devant rien pour en assurer le triomphe; foulant aux pieds les obstacles, tantôt bafouant leurs adversaires, tantôt les conjurant de penser à leur salut, les faisant périr ou mourant pour les baptiser de leur sang, ils oubliaient parfois cette liberté qu'ils revendiquaient, ils violaient à leur insu l'Évangile qu'ils prêchaient; étrange contradiction qui, chez ces hommes plus grands que nature, nous fait voir encore la petitesse de l'homme!

TITRE II

LA PRÉDICATION CATHOLIQUE JUSQU'A BOSSUET

L'âpre grandeur de l'éloquence protestante paraît peut-être encore davantage si on la compare à l'éloquence catholique du même temps.

La chaire de l'orthodoxie était occupée par deux sortes de prédicateurs : les uns, hommes diserts, doctes littérateurs, rhéteurs fleuris, qui allaient chercher dans l'antiquité les anecdotes curieuses et les allusions fines, qui empruntaient aux païens les principes de la morale chrétienne et les preuves de la religion; qui, mêlant les préceptes de Sénèque à ceux des apôtres, comparant Erasme à saint Paul, Mucius Scévola à saint Étienne et Régulus à Jésus-Christ, déshonoraient le christianisme par un bavardage niais et corrompaient les mœurs par l'exemple de leur frivolité; hommes également prêts à faire un sermon ou un triolet, à distribuer les sacrements ou à figurer dans un bal de la cour, et plus préoccupés des riches bénéfices que de la conversion des hérétiques. Les autres, moins coupables, parce que ces préoccupations personnelles leur étaient étrangères, étaient des parleurs populaires qui prêchaient au hasard en style grotesque, mêlant la bouffonnerie aux exhortations morales, lançant contre les incrédules de gros jurons qu'ils croyaient orthodoxes et se retirant satisfaits s'ils avaient excité dans l'auditoire autant de rires que de larmes. Leurs sermons sont un mélange ridicule de français et de latin où l'on trouve tout, excepté la décence. On a pensé, il est vrai, que le fond des discours de Maillard et de Menot était français; qu'on les traduisit en latin pour les publier, laissant en français les passages intraduisibles. Cette supposition, qui est si raisonnable, ne contredit pas ce qui vient d'être dit et il faut conclure que les prédicateurs de la cour ruinaient la religion en l'accommodant au goût du beau monde, tandis que les harangueurs de la Ligue la ruinaient aussi en l'accommodant au goût de la foule.

Le livre de M. Jacquinet sur les prédicateurs du xviiᵉ siècle avant Bossuet renferme de curieux exemples de l'une et l'autre éloquence. Notons celui de saint Vincent Ferrier, qui comparait les opérations de la grâce à celles du médecin, par *vomissement, cautère et lavement*. Notons celui de Jacques de Lausanne, qui comparait la mort de Jésus-Christ à celle d'un chapon que l'on met à la broche. Notons celui de Valladier, qui apostrophait ainsi les riches inhumains : « Vaches grasses, qui estes au mont de Samarie, les jours viendront sur vous et on fera bouillir vos membres en des marmites bouillantes. Vous estes gras de chair, gras de lard, gras de plaisir, tant mieux pour le diable ! bon pour la marmite du diable ! vos reliques bouilliront ès marmites bouillantes, c'est-à-dire la charongne de vostre corps qui reste après que l'âme en est séparée. » C'est le même qui s'écriait dans un sermon sur l'adultère : « O si on les bruslait, qu'il faudrait de bois pour brusler toutes celles de France ! Les forests d'Ardennes n'y suffiraient pas. »

A ces excentricités burlesques se mêlent contre les hérétiques les invectives les plus grossières, même après l'édit de Nantes ; ainsi, dans une controverse qu'il soutenait avec des pasteurs, Pierre de Besse les appelait *loups, pestes, furies, ministres de Satan ;* le père Gontier, *vermines et canailles ;* Valladier, *exécrables menteurs, cerveaux démontés, satrapes de l'Enfer*, et, se demandant où ils avaient pris leurs erreurs, il ajoutait : « L'hérésie contre les sacrements, ils l'ont puisée de Judas ; mais l'impiété contre les morts, ils l'ont prise de Calvin ; et, de faict, de *Calvin*, il faut oster peu de chose pour y trouver *Caïn*. »

Mais, nous le répétons, ces excès du langage des Halles nuisaient moins à la Religion, ils étaient au fond plus innocents que les vanités oratoires des prédicateurs du bel air.

Veut-on savoir, dit M. Jacquinet, dans quel goût on prêchait sur la Passion?

L'orateur ne sachant comment trouver des paroles qui répondent à l'affliction des âmes en ce triste jour, compare son embarras à celui qu'éprouva le célèbre Timanthe, lorsqu'il voulut représenter la douleur d'Agamemnon sur la toile où il peignait le sacrifice d'Iphigénie...

Puis il passe en revue divers événements douloureux de l'histoire sacrée ou profane, pour conclure que nulle affliction n'est comparable à celle qui règne ou devrait régner aujourd'hui parmi les chrétiens.

Premier exemple : David et le peuple juif en larmes aux obsèques d'Abner.

Second exemple : Jacob déchirant ses habits à la vue du vêtement de *son petit mignon* Joseph.

Troisième exemple : Les amis de Job stupéfaits au spectacle de ses misères.

Quatrième exemple : Les Romains furieux de douleur aux funérailles de Jules César.

Comment décrire et à quoi comparer le calme de Jésus au milieu de ses bourreaux?

« Voicy, ô profanes, ce Scévola qui, pour mettre sa patrie en liberté et oster la vie à ce tyran des enfers (appelez-le Porsenna, si vous voulez) ne craindra pas de mettre, non pas le bras seulement, mais tout le corps dans les flammes d'une Passion. Voici ce fidèle Zopyre, qui pour rendre cette

rebelle Babylone du monde entre les mains de son Père,
sera blessé, mutilé, navré, couvert de mille playes. Voicy
ce Codrus qui, pour rendre la paix, non pas à la Grèce
seulement, mais généralement à tout le monde, a changé
d'habit, de Dieu se faisant homme, afin de mourir pour sa
patrie, et, par sa mort, faire mourir les guerres, etc. (1).»

Voici ce qu'un autre prédicateur célèbre disait à Marie
de Médicis dans la préface d'un volume de sermons intitulé
Saincte philosophie de l'âme.

« Madame,

«Le divin amoureux, chastement passionné des parfaictes
beautez de l'espouse, s'occupant doucement à l'admiration
des merveilles que la nature a le plus enrichies en l'archi-
tecture admirable de vostre sexe, me licentie de les relever
d'un grand estage plus haut jusqu'au couronnement du
frontispice de l'âme; c'est tout le project de cet ouvrage
que je présente à Votre Majesté, ou je vay costoyant les fe-
melles beautez d'une dame parfaicte, en parallèle des
agréables pourfils de la substance immortelle qui anime ce
corps, source originaire de toutes les beautez passagères et
esvanouissantes. Je le vois, se mirant ores dedans les
agréables rapports et linéamens d'un visage attrayant, tan-
tost haut louant l'artifice de cette poictrine jumelle, ouvrière
artiste de la liqueur nourricière des vivants; puis admirant,
avec un chaste, mais éloquent silence, la divine fécondité
du sein et du jardin maternel, ouvrier émerveillable de la

1. En marge, on lit : *Belles histoires profanes rapportées à Jésus-Christ.*

propagation de notre espèce. Ce sont comme les trois estages de cette structure et de ce palais royal que la saincte Triade, architectrice de l'univers, bastit de la coste d'Adam, puisque le répertoire sacré de la Genèse saincte nous dit signamment que Dieu bastit la femme comme un beau palais. Le Père effigia sa Providence en la structure de la poitrine nourricière; le Fils, sa sapience en la perspective raccourcie des sens éminents de la face; le Sainct-Esprit, sa bonté en la fécondité du parterre plantureux où germent les humains, comme arbres renversez en la philosophie platonicienne. Ce visage albastrin, aux yeux de colombe, à la tresse crespée de mille crespillons, en guise de troupeaux qui repaissent errants et comme ondoyants et vagabonds aux costeaux de Galaad; aux deux rangées de perles orientales, blanches comme les ouailles qui sortent du lavoir; aux joues verecundes et vermeilles comme la fente d'une grenade; aux lesvres déliées et empourprées, comme un filet de soie cramoisie, d'où découle le miel avec l'ambre et le baume, est vraiment le séjour agréable où Pindare le poëte faisait asseoir les Graces Charites, etc. »

Et le prédicateur, continuant à amalgamer Salomon, Ronsard et Platon, poursuit jusqu'aux plus incroyables détails cette description saintement voluptueuse.

Le bon Bertaut, évêque de Séez, plus connu par les vers de Boileau que par les siens (1), appartenait à la même école que Valladier. Pour varier nos citations, nous transcrirons quelques fragments de ses poésies.

---

1. Boileau dit que l'exemple de Ronsard, *trébuché de si haut, rendit plus retenus Desportes et Bertaut.*

Le premier appartient à un sonnet sur un baiser refusé, puis donné.

> Au moins, rendant la vie à mon esprit transi,
> Me remplis-tu le cœur de tant de douces flammes,
> Que, si l'on baise au ciel, je croi qu'on baise ainsi!

En voici un autre du même genre, à propos du jour des Cendres; on y rencontre le même mélange de galanterie et de dévotion.

> Ce cœur, ce pauvre cœur, qui, souffrant jour et nuit,
> Depuis tant de saisons, brusle pour vous, Madame,
> Vaincu finalement des ardeurs de sa flâme,
> Se trouve maintenant en cendres tout réduit.
>
> La braise du désir qui sans cesse le cuit,
> Et vos rigueurs qu'encor nulle pitié n'entame,
> Sont causes de sa fin : ô dure et cruelle âme,
> De trop aimer vos yeux, voilà quel est le fruit!
>
> Las! au moins par pitié, recueillez-en la cendre
> Pour la faire aujourd'hui sur votre tête espandre,
> En vous ressouvenant de vostre cruauté.
>
> Mais non ! n'en faites rien, déesse que j'adore :
> Vous iriez de ce poil (1) consumant la beauté;
> Car bien qu'il soit en cendre, il est bruslant encore.

Ces poésies, on le voit, ressemblent bien à la prose qu'on a lue plus haut; les sonnets ont beaucoup de rapports avec les sermons (2). Sans croire que les hommes qui écrivaient ainsi fussent des débauchés, il faut bien avouer que leurs ouvrages n'étaient point propres à l'édification du public.

----

(1) C'est-à-dire : vous pourriez brûler vos cheveux, puisque la cendre est encore chaude.

(2) Ces exemples de l'éloquence catholique rappellent cette relique de Tours qui était un morceau du bois de la vraie croix enchâssé entre une Vénus, un Mars et un Cupidon.

Nous n'insisterons pas sur la comparaison de l'éloquence protestante et de l'éloquence catholique; ce qui précède suffit à montrer combien l'une était supérieure à l'autre. Ce qui va être dit maintenant de chacun des orateurs calvinistes les plus célèbres achèvera du reste de prouver la thèse que nous avons avancée.

TITRE III

GUILLAUME FAREL

Guillaume Farel naquit en 1489 à Gap en Dauphiné. Ardent, sincère et naïf, il se détacha lentement de l'Église Romaine, mais enfin embrassa avec ardeur les idées de la Réforme. Obligé de fuir de ville en ville, puis de quitter la France, il arrive en Suisse et là recommence sa vie errante et fugitive. A Bâle, où il s'arrête d'abord, son zèle fougueux et emporté excite bientôt le mécontentement; il échappe avec peine et à travers les coups de feu, les coups de poignard, les émeutes, toujours infatigable, toujours confiant, sans pain, sans asile, sans argent, il poursuit la vie aventureuse à laquelle il semblait voué. Chassé une première fois de Genève, il y revient après que cette ville se fut affranchie définitivement du joug de son évêque et mise en garde contre l'ambition de la Savoie. Là il engage une lutte de tous les instants avec le clergé catholique, les indifférents, les incrédules, les bourgeois, les artisans, les magistrats; tantôt vainqueur, tantôt vaincu, souvent insulté, parfois lapidé. Calvin passe par hasard à Genève. Farel, au nom de Dieu, le somme de rester pour l'aider. Les deux amis recommencent de nouveaux efforts; il ne s'agit de rien moins que de fonder la révolution religieuse, morale et politique. La victoire est longtemps indécise ; un jour, elle semble perdue : ils sont bannis. Calvin alors se retira à Strasbourg, Farel à Neufchâtel. Dans cette ville, ses succès sont plus heureux et, en mourant, il put y voir la Réforme établie. A soixante-seize ans, le 13 septembre 1565, il rendit l'âme et goûta son premier jour de repos.

L'éloquence de Farel était ardente comme une bataille, impétueuse comme un assaut, agressive comme les discours que prête Homère à ses guerriers. « Sa voix de tonnerre, dit Théodore de Bèze, faisait trembler tous ses auditeurs et ses prières étaient si ardentes qu'elles élevaient les cœurs jusqu'au plus haut des cieux. » Sa charité enflammait les timides, sa véhémence domptait les rebelles. Nul ne pouvait rester insensible à sa voix. Quel spectacle, d'ailleurs, pour les peuples, dans cette lutte grandiose qui éclatait entre le catholicisme tout-puissant, accepté ou défendu par les rois, et cette doctrine nouvelle que prêchaient quelques inconnus avec une audace qui étonnait, avec une foi qui imposait le respect. Il y avait là quelque chose de surhumain qui ébranlait les âmes et remuait ces intelligences que la Renaissance avait réveillées, que les découvertes de l'industrie, la naissance de la science et les progrès de l'art avaient troublées profondément. Enfin la religion même qui se présentait au monde était bien faite aussi pour l'émouvoir et le bouleverser : la prédestination, la damnation éternelle, le péché, la mort, faisaient tressaillir les peuples endormis doucement sur l'oreiller des indulgences.

A tant de causes générales qui expliquent le retentissement de la voix des Réformateurs se joint une puissance qui leur était personnelle : la foi. Qu'on partage leurs idées ou qu'on les combatte, il faut reconnaître leur sincérité, leur désir de faire le bien, leur dévouement à l'humanité, leur respect de la parole divine. Cette parole était comme un rocher auquel ils se cramponnaient ; ils en serraient le sens, ils en pressaient les conséquences, ils n'en détachaient pas leurs yeux ; ils voulaient sur cette base élever le christianisme jusqu'aux cieux d'où il est descendu. Le lecteur pourra trouver dans leur parole des traits vigoureux, des mots éloquents ; mais tout cela est, pour ainsi dire, le fruit d'un heureux hasard, une bonne rencontre qu'ils n'ont pas évitée.

Farel en particulier ne connut point l'art, ou, pour mieux dire, il le dédaigna. On sait qu'il avait poussé jusqu'au bout les fortes études dont se nourrissait le XVIᵉ siècle ; rien dans les lettres anciennes ne lui était étranger ; s'il n'a point imité Isocrate, Démosthènes ou Cicéron, c'est qu'il ne s'en souciait guère. Il parlait comme les apôtres, obéissant à l'inspiration intérieure, ne songeant pas à orner la vérité.

La préoccupation littéraire est si peu dans l'esprit de Farel qu'il n'a rien écrit de ses sermons ; il les improvisait et les oubliait. Les seuls livres qu'il ait imprimés ont rapport à la théologie et tiennent peu de place dans la littérature, n'ayant pas les qualités que réclament les amateurs. En effet, quoiqu'on y trouve de la force, de l'ampleur et une certaine naïveté piquante, la phrase est presque toujours rude, hérissée, barbare, embrouillée, diffuse. Vainement Calvin lui recommandait-il de soigner un peu mieux ce qu'il destinait au public : « Je ne puis répond Farel, venir à bout de mes figures ; mon style aura barbarisme et solécisme, et nulle clarté (1). »

« La prédication improvisée répondait mieux que la composition à son ardeur impatiente et il ne savait pas supporter la petite gêne d'un travail de plume. » Il n'écrivit jamais que par dévouement, et parce que l'insuffisance de ses forces lui créait le devoir de répandre ainsi ses idées. Mais, alors même qu'il n'avait pu se soustraire au vœu de ses amis, ou au besoin des fidèles, il éprouvait encore la nécessité de témoigner sa répugnance :

« Que personne ne pense que je fasse cecy comme n'ayant autre chose à faire ou comme estant esmeu par aucune légèreté, comme plusieurs qui ne se peuvent contenir, mais, par une affection par trop débordée, enragent d'escrire et mettent leur nom en avant. Car jusques à présent, cela ne m'est point advenu, car je n'ay rien escrit que par grande contrainte et même, quand j'ai escrit, je ne vouloye point que mon nom y fust mis. Car je désiroye plus que point d'autres que ce que j'écrivoye fust considéré en soi et que, pour mon nom, il n'en fust ne plus ne moins. (*Du vray usage de la croix de Jésus-Christ. 1560.*)

De ces écrits théologiques, tous anonymes, il n'est resté souvent que le titre. Ce sont : *le Sommaire ou Briefve déclaration d'aucuns lieux fort nécessaires à un chacun chrestien pour mettre sa confiance en Dieu et ayder son prochain*, *le Glaive de la Parole de Dieu*, et le traîté *Du vray usage de la croix de Jésus-Christ.*

Nous ne parlons de ces ouvrages que pour mémoire.

---

1. « Figuras meas profligare non possum ; barbarismum et solecismum et lucem nullam admittet sermo meus. »

Remarquons cependant que, dans le *Sommaire*, qui est un traité d'éducation chrétienne, Farel regarde l'instruction comme une compagne nécessaire de la religion, et la culture des lettres comme inséparable de la lecture des livres saints. Remarquons encore que les Réformateurs ont tous été du même avis : nous verrons Calvin, à côté de son église, bâtir un collége et une académie dont Théodore de Bèze fut le recteur, dont Mathurin Cordier (1) fut un des professeurs les plus distingué s.

TITRE IV

JEAN CALVIN

Jean Calvin, fils d'un tonnelier, naquit le 10 juillet 1509. Dédaignant les avantages qu'il pouvait espérer dans la carrière ecclésiastique et qu'il avait même obtenus (dès l'âge de douze ans il était chapelain, à dix-huit il était curé), il se dévoua à la tâche qui consuma sa vie. Il étudia avec Olivetan et Wolmar (2) les saintes Écritures et prêcha à Paris les doctrines nouvelles qui déjà bouleversaient le monde chrétien. Obligé de s'enfuir, il passa en Suisse et y publia en *latin* son *Institution chrétienne*, qui fut le fondement de la Réformation en France et qu'il traduisit en

1. *M. Cordier*, par J. Bonnet (*Nouveaux récits du* XVIᵉ *siècle*). *M. Cordier et l'Enseignement chez les calvinistes*, par E.-A. Berthault.

2. Olivetan naquit à Noyon vers la fin du XVᵉ siècle et mourut à Ferrare en 1538. Ce fut lui, dit-on, qui engagea Calvin, son parent, à examiner les questions de controverse débattues par les théologiens allemands. Sa traduction de la Bible date de l'an 1535 et parut à Neufchâtel. Th. de Bèze assure qu'il fut aidé par Calvin, dont une lettre latine précède cette édition.

Melchior Wolmar ou Wolkmar naquit à Rothweil en Suisse et étudia à Paris sous Jacques Lefèvre d'Etaples, à Bourges sous Alciat, et en Allemagne à l'université de Tubingue. Vers la fin de sa vie, il se retira à Eisenach, où il mourut en 1561. Jurisconsulte et helléniste, il a composé un certain nombre d'écrits dont il ne reste que peu de chose, comme l'*Epistola nuncupatoria* et un commentaire sur les deux premiers livres de l'Iliade.

français quelques années plus tard. Après un court voyage en Italie, où il espérait de la duchesse de Ferrare un appui qui lui manqua, il dut encore quitter ce pays. En passant par Genève, il fut retenu par Farel qui voulait l'associer à ses efforts. Il se mit donc à l'œuvre, sans compter les obstacles ; ils grandissaient à mesure qu'il marchait.

Genève avait été longtemps habituée à une licence morale dont la cour de l'évêque avait donné le funeste exemple ; puis, quand elle s'était affranchie, elle était tombée dans une licence politique non moins dangereuse. Un réformateur des mœurs et des lois devait donc être l'ennemi public ; ajoutons qu'un Français devait être haï encore plus par les enfants d'une cité jalouse de son nom.

Mais plus il y avait de haines et de dangers, plus aussi Farel et Calvin étaient fermes ou exigeants. Le jour de Pâques de l'année 1538, ils déclarèrent ne pouvoir célébrer la Cène dans une ville impie, et le lendemain ils reçurent l'ordre de quitter dans trois jours le territoire de la République. Mais leur prédication avait porté ses fruits. D'ailleurs le parti des *libertins* ou *indépendants*, fier de sa victoire passagère, n'était pas de force à se gouverner lui-même, et, l'anarchie succédant à un pouvoir trop fort, dès 1540, le décret de bannissement était révoqué ; Calvin fut rappelé avec instance.

Retiré à Strasbourg où il s'était marié, il aspirait au repos ou, pour mieux dire, à la solitude silencieuse de l'étude et de la méditation. Il redoutait les luttes terribles qu'il avait traversées et il écrivait à Viret : « Quand je pense aux misères que j'ay subies à Genève, je ne peux m'empescher de frémir tout entier, et je redoute plus que tout mon rappel. Je ne peux oublier de quelles tortures fut travaillée ma conscience, quelles tempestes de soucis l'assaillirent; pardonnez-moy si je crain ce séjour comme la mort... Autant monter sur une croix. Mieux vaudroit périr une fois que subir tant de tourmens (1). »

La voix du devoir, les exhortations de ses amis, les prières de Genève le décidèrent enfin. Une soumission complète l'attendait; il en profita pour faire agréer des lois disciplinaires et une sorte de théocratie qui semblent impraticables et qui cependant furent réalisées.

Ce n'est pas qu'après les premiers moments de la soumission, la résistance n'essayât pas quelquefois de se réorganiser. Pendant neuf ans encore, il fallut une surveillance exacte; mais peu à peu une génération formée sous l'influence de Calvin remplaça l'ancienne génération, et un grand nombre de réfugiés français vinrent donner à leur compatriote et à leur docteur une aide morale dont il avait encore besoin. Enfin, quand mourut Calvin, le calvinisme était fondé.

Nous ne parlerons pas ici de l'*Institution chrétienne*, des *Commentaires*, des écrits théologiques et des lettres de Calvin (2); ce n'est pas notre sujet. D'ailleurs, quelque nom-

---

(1) « Quoties memoria repeto quam misere illic habuerimus, fieri non potest quin toto pectore exhorrescam, ubi agitur de me revocando... Dum cogito quibus tormentis cruciata fuerit mea conscientia et quibus curis æstuarit, ignosce si locum illum veluti mihi fatalem reformido... Cur non potius ad crucem? Satius enim fuerit semel perire quam illa carnificina iterum torqueri. »

(2) Remarquons seulement qu'il ne parle jamais de Luther; on l'a accusé pour ce fait de jalousie, de haine, etc. La vérité est au contraire que, plein de respect pour Luther, mais souvent fort éloigné de ses idées, Calvin a préféré garder le silence, plutôt que le combattre. Ce silence, qui a dû coûter à ses convictions, semble à nos yeux la preuve d'une héroïque charité.

breux que soient tous ces ouvrages, ils nous étonnent encore moins que le nombre de ses sermons. Il en reste environ deux mille, qui se rapportent à un intervalle de onze années, 1549-1560. Dans ce nombre ne sont pas comptés les discours populaires qu'il répandit en France avant de s'exiler, ni les sermons qui ont précédé 1549 ou suivi 1560 ; on peut bien les évaluer à mille environ.

Il est à peine besoin d'ajouter ce que Th. de Bèze nous dit de Calvin qu'il « parlait quasi tout ainsi qu'il écrivait et qu'il improvisait en chaire et dans ses leçons ». Ses discours étaient recueillis de sa bouche par un sténographe, Denis Raguenier, qui écrivait à l'église ; de là des copies s'en répandaient dans tout le monde protestant, soumises à bien des inexactitudes et des incorrections ; c'est à peine si Calvin, dans certaines circonstances, en a revu quelques-uns.

Ceux mêmes qu'il a revus ne portent pas la trace d'un soin laborieux. Ils ne doivent pas avoir subi beaucoup de retouches et l'on y trouvera les défauts que comporte l'improvisation, notamment l'excès de preuves, la répétition d'arguments semblables et un style parfois traînant.

Ce style cependant a plus de mérites encore qu'il n'a de défauts ; il est plus souvent rapide, incisif ou spirituel (1). Mais l'esprit de Calvin est un esprit qui s'échappe en s'ignorant lui-même ; Calvin l'eût dompté s'il s'en fût aperçu. Bossuet a exagéré en disant que c'était un génie triste ;

---

1. « Il y a des gens, dit-il, par exemple, qui veulent moyenner entre Dieu et le diable, qui viennent jusque-là de quitter la messe ; mais ils voudraient bien retenir quelques autres lopins de ce qu'on appelle service de Dieu, afin de n'estre point tenus du tout pour gens profanes ; ils viennent au temple, et puis vont aux vespres, flairer l'odeur des encensoirs. » Combien d'autres passages ne pourrait-on pas citer !

nous savons que, malgré de continuelles souffrances, des soucis terribles et des occupations accablantes, sa conversation avec ses amis était pleine d'une bonté et d'une confiance qu'il tenait de la nature. Mais, quand il s'agissait d'écrire ou de prêcher, il était grave et sévère; désireux de convaincre, il ne voulait pas émouvoir, et il était homme à mépriser, s'il l'eût connue, l'éloquence de Bossuet.

Il ne faut donc pas chercher en lui les grâces de la sensibilité ou de l'imagination; il ne faut pas lui demander les émotions qu'éveille une éloquence pathétique. Sa seule ambition, nous dirions presque sa seule vanité, fut d'être un bon logicien. Il le fut en effet; il y a dans l'abondance et l'enchaînement de ses preuves, dans la clarté de ses principes, dans la suite invincible de ses conséquences, une force qui subjugue, il y a aussi une conviction qui s'impose et une ardeur qui échauffe.

Avant Pascal il s'était dit : « Travaillons à bien penser : voilà le principe de la morale. »

TITRE V

PIERRE VIRET

Un jour, dans sa course aventureuse à travers le pays de Vaud, Farel avait rencontré un jeune homme d'un caractère doux, ferme et grave, que les idées de la Réforme travaillaient en silence et en qui il pressentit un nouveau soldat de la nouvelle Religion. C'était Pierre Viret, fils d'un tondeur de draps. Il se fit bientôt connaître et si bien redouter des catholiques, qu'à Genève où Farel l'avait appelé avec Calvin, les chanoines lui firent donner du poison. Il échappa à la mort, mais avec une constitution ébranlée. En 1536, il se fixa à Lausanne, où il joua le même rôle que Calvin à Genève. Il avait les mêmes idées sur la réforme des mœurs et n'en voyait la garantie que dans une discipline sévère exercée d'un commun accord par l'Église et par l'État; tous ses efforts tendirent à réaliser ce programme.

Mais la violente opposition que Calvin rencontrait à Genève et Farel à Neufchâtel, Viret la rencontra à Lausanne. La lutte eut la même conséquence et Viret fut expulsé. Il alla à Genève, à Nîmes, à Montpellier, à Lyon, à Orange et en Béarn, où il mourut en 1571, âgé de soixante ans, après une vie pleine de tristesse, de fatigue et de danger.

Capable, comme tous les autres réformateurs, d'être un grand écrivain et de laisser des monuments durables de son génie, Viret, dédaigneux de la gloire, n'a pris la plume ou la parole que dans l'intérêt du moment; son œuvre, si utile alors, a tombé pour ainsi dire avec lui.

C'est affaire de simple curiosité que de lire son *Instruction chrétienne*, vaste recueil sous forme de dialogue, où il a réuni tout ce qu'il avait écrit et publié sur la théologie, la morale et la philosophie.

Cependant, « à côté des négligences et des défauts nécessaires d'une composition hâtive et comme improvisée, on ne peut méconnaître dans les œuvres de Viret la touche d'un écrivain habile et original. » Un caractère qui le distingue spécialement des autres réformateurs du même temps, c'est qu'il a écrit et voulu écrire sous la forme de la satire. Le sarcasme est une arme qu'il a maniée par principe, et cet homme grave s'est donné un style qui « peut-être, dit-il, semblera mal séant à un théologien »., mais qu'il a cru nécessaire d'employer contre le catholicisme. Il a donc composé un grand nombre de pamphlets qu'il publia sous des titres bizarres : *Cosmographie infernale*, etc. etc. Il a souvent de l'esprit : « Si les âmes des trespassés ne sont délivrées jusqu'à ce que la messe qui se dit pour elles soit finie, les plus courtes sont les plus profitables. Par quoy les pauvres ont ici plus d'avantages que les riches ; car on leur dépesche un petit *Requiem* à la légère qui vous les porte en paradis comme en poste, au lieu que les riches y sont portés à petits pas avec de longs *Requiem*, en litière. »

Souvent aussi, son allure est sans grâce et sans fermeté ; le tissu de sa phrase est lâche, sa pensée est développée à l'excès. Calvin trouvait sa manière d'écrire trop prolixe ; lui-même il en convient. « Je suis orateur assez lourd... Je ne parle pas le langage attique ne fort orné, ne rhétorique ; ainsi m'advient souvent que je retombe en mon patois. »

Ce patois, Viret y a recours plus d'une fois. Ce n'était pas seulement une habitude de son enfance ; c'était une nécessité de sa prédication. En effet, ni à Genève, ni dans la contrée voisine, le français n'était la langue familière, et la bourgeoisie elle-même avait son patois national. Viret, dont les allures sont populaires, y a fait de nombreux emprunts.

« Cognoissant la portée du païs auquel je suis, j'ay quelques fois usé expressément d'aucuns mots qui ne seraient pas receus de ceux qui s'étudient à la pureté de la langue françoise ; mais je fay cela pour condescendre à la rudesse et capacité des plus grands ignorants qui entendent mieux ces mots prins de leur languatge que des aultres plus exquis. »

« Les qualités et les défauts de Viret le rendirent populaire, dit M. Vinet, si bien qu'on ne rencontre plus que très-difficilement ses ouvrages. La plupart, fatigués et usés par la lecture, ont succombé, faute de repos. » Peu importe qu'ils ne soient pas arrivés à la postérité : Viret n'écrivait pas pour elle.

TITRE VI

THÉODORE DE BÈZE

La vie de Théodore de Bèze, 1519-1605, a été aussi agitée que celle des trois grands personnages que nous venons de nommer. Son enfance se passa près de Wolmar à Orléans et à Bourges. Quand ce savant homme se fut retiré en Allemagne, Bèze, laissé à lui seul, sembla avoir perdu le goût du travail et des choses sérieuses. Les haines religieuses ont répandu de nombreuses calomnies sur cette époque de sa vie ; on a fait des crimes de ses fautes, et des fautes de ses erreurs. Quel bruit n'a-t-on pas mené autour de ses poésies, qui cependant montrent plus d'érudition que de passion, plus de souvenirs classiques que de véritable originalité. Ne l'accusons pas plus de libertinage que nous n'en avons accusé Bertaut et ses confrères, qui, en composant des vers légers, respectaient mieux peut-être que certains dévots les vœux ecclésiastiques. Les procédés littéraires des uns et des autres se ressemblent beaucoup : il serait par exemple curieux de comparer la *Mort de Ronsard* et le *Noël* de Bertaut avec le *Noël* ou Natalia de Bèze ; même mélange de profane et de sacré, de divinités païennes et de divinités chrétiennes. Ils ne sont pas meilleurs poëtes l'un que l'autre ; en revanche, ils ne sont pas plus coupables.

Le seul reproche sérieux qu'on puisse adresser à Théodore de Bèze est son alliance secrète avec une dame de la cour, sur une simple promesse de mariage. Encore pourrait-on citer bien des circonstances atténuantes, et l'on n'a pas le droit de douter de la parole de Bèze quand il écrit à Wolmar, son confident et son ami, que, s'il se livra à cet amour passionné, mais unique, ce fut pour se fortifier contre les plus dangereuses attaques du Satan parisien. Cette faute fut bientôt réparée ; Bèze, quittant sa patrie, ses parents, ses amis, l'espoir des dignités ecclésiastiques dont un oncle lui avait fait la promesse, partit pour Genève et se maria avec celle qui avait reçu sa parole.

De Genève, il se rendit à Lausanne, où il professa neuf ans ; là, il obtint une si haute estime qu'il fut député à la diète de Worms et à la cour des princes d'Allemagne, dont il demandait l'appui en faveur des protestants de France persécutés par François Ier.

Quant Viret fut obligé de quitter Lausanne, Bèze, avec plusieurs autres collègues du réformateur, donna sa démission et revint à Genève. De là il fut délégué au colloque de Poissy, en 1561 ; mais les discussions théologiques que soutinrent devant la cour les docteurs catholiques et protestants ne pouvaient avoir de résultats. Bientôt les guerres civiles éclatèrent. Les chefs de l'armée protestante y retinrent Théodore de Bèze, qui ne voulut point prendre l'épée et qui exerça les fonctions de trésorier et d'aumônier. Cette période de sa vie a encore été attaquée vivement ; il a répondu aux calomnies avec une chaleur de sincérité qu'il faut laisser parler ici. Voici la véhémente réplique qu'il adressait à l'apostat Baudouin :

« Tu as assisté à mes presches dans Paris, je le sçay. Eh

bien ! si, devant tant de milliers d'auditeurs, tu peux me montrer un seul homme de bien qui ait entendu sortir de ma
bouche une syllabe qui respirast la sédition, si je n'ay pas
de vive voix ou par écrit et de toutes les manières exhorté
les nostres à la modération et à la patience, si je ne me suis
pas jeté au milieu des traicts pour appaiser la sédition pro-
voquée à dessein par nos adversaires dans l'église Sainct-
Médard, et pour faire rentrer les espées dans le fourreau,
alors, Baudouin, je consens à estre puni des derniers supplices réservez aux séditieux... Et enfin, puisqu'il faut te
dévoiler ma vie entière, des prestres et des moines te ra-
conteront que, non-seulement je ne les ay pas exposés à la
juste fureur des soldats, mais que je les ay arrachez aux
dangers, ceux-cy par mes prières, ceux-là par mon autho-
rité, ceux-là encore par mon argent. »

Il repoussa avec non moins de force les insinuations
odieuses qui le chargeaient de l'assassinat du duc de Guise
commis par Poltrot de Méré ; tout le récit authentique qu'il
a laissé à ce propos dans son *Histoire ecclésiastique* prouve
que les chefs du parti sont aussi purs que lui de ce crime
inutile.

Il profita de la courte paix qui suivit la bataille de Dreux,
pour revenir à ses études et à ses fonctions dans la ville de
Genève. Il y devint le successeur religieux et politique de
Calvin.

La réforme était accusée de n'être pas une doctrine, mais
un instrument de destruction et la négation de toute religion. Il fallait prouver que, si elle employait le libre examen, elle n'aboutissait pas au scepticisme, et que, pour
raisonner la vérité religieuse, elle n'y était pas moins at-

tachée; il fallait fonder la discipline des églises protestantes
en affirmant l'unité de leur foi. C'est à cette grande tâche
que Bèze consacra toute sa vie, et l'on peut dire qu'il n'é-
tait guère moins difficile de consolider l'œuvre de Calvin
que d'en jeter les fondements. Par ses efforts et à sa voix,
au synode de La Rochelle, en 1571, les églises confirmèrent
leur confession de foi, et, l'année suivante, à Nîmes, après
sept jours de débat, elles maintinrent leur discipline vivement attaquée de plusieurs côtés.

Tandis qu'il dirigeait ainsi le monde protestant par ses
conseils, il consolait les prisonniers, les affligés, les malades, les pauvres, par ses visites ou ses lettres; il gouver-
nait Genève, malgré les habitudes indépendantes des habitants et l'esprit rebelle des réfugiés français. Aucune question ne lui était étrangère; il fallait tout faire, tout prévoir,
surveiller tout.

Calvin, en 1559, avait institué un collége et une académie où devaient être professées les belles-lettres, la philosophie et la théologie. Bèze, recteur et professeur, se
délassait de ses autres travaux en instruisant la jeunesse.
Pendant la guerre que Genève soutint contre le duc de Savoie, 1589-1591, l'État obéré fut obligé de cesser ses allo-
cations aux professeurs; Bèze gratuitement pendant deux
ans se chargea seul de tous les cours.

Sa santé robuste, son esprit infatigable, sa mémoire merveilleuse, son énergie indomptable semblaient ne pas s'u-
ser dans la lutte. Mais enfin Bèze, qui, comme Vespasien,
aurait voulu mourir debout, s'éteignit dans son lit, sans
douleur, « après avoir rempli quatre-vingt-six années, au
milieu des tempêtes du plus orageux de tous les siècles ».

Outre ses poésies de jeunesse, Bèze a laissé une tragédie du sacrifice d'Abraham et des psaumes qui sont également faibles. Il a composé aussi un Traité de la prononcia-
tion française, une version du Nouveau Testament, une Vie
de Calvin, une Histoire Ecclésiastique depuis l'origine de la
Réforme en France jusqu'à la fin de la première guerre de
religion, des écrits théologiques sur la Prédestination et sur
la Cène, des controverses, une épître satirique au président
Lizet, très-estimée par de Thou, etc., etc. Il n'a publié
qu'une centaine de sermons ; les autres n'ont même pas été
recueillis.

Rien, pour ce qui est du fond même de la prédication,
ne distingue Bèze de Calvin ; il marche exactement sur les
traces de son maître, comme il s'en vante lui-même. On
retrouve en lui la même sévérité de morale, la même rigueur de dogme, le même appareil de science théologique.
S'il ne s'agissait plus en effet de convertir les peuples, il
fallait encore les fortifier dans la connaissance de la nouvelle doctrine, dissiper les derniers doutes, affermir la confiance, combattre les erreurs. Les auditeurs n'avaient pas
seulement le besoin d'un enseignement clair et minutieux ;
ils en avaient le goût ; sans parler des étrangers curieux de
théologie, des docteurs réfugiés ou des pèlerins qui pas-
saient à Genève, le troupeau lui-même réclamait la discussion exacte et minutieuse des Écritures ; « devant cet auditoire, dit Bèze, on ne pouvait lâcher quelque erreur ou
sottise qui ne fust aisément apperçue par les foibles eux-
mêmes. » Ainsi s'expliquent le choix de sujets souvent
arides et le luxe d'une argumentation souvent minutieuse.

Quant à la forme, le langage de Bèze est, comme celui

de Calvin, insouciant et négligé. Il a moins de rigueur, mais plus de souplesse ; il est ample et facile, rapide et animé, surtout dans l'invective et dans l'ironie ; il atteint l'éloquence dans les discours qui ont pour sujet l'histoire de la Passion et la sépulture de notre Seigneur et qui furent prononcés pendant le siége de Genève, au milieu de la crainte, du trouble et de la tristesse. Jamais ce vieillard de soixante-dix ans ne fut mieux inspiré. C'est que la lutte était son existence même et celle de ses pareils ; c'est que les grands périls font les grands courages et les grandes choses font les grands hommes.

TITRE VII

LES PRÉDICATEURS PROTESTANTS DU RÈGNE DE LOUIS XIII

Après Farel, Calvin, Viret et Bèze, c'est-à-dire à la fin du XVIe siècle, le calvinisme était fondé. Comme un enfant que sa mère ne peut nourrir et qu'elle confie à une étrangère, la doctrine nouvelle, française d'origine, avait grandi en Suisse. Revenue en France, elle ne perdit pas son premier caractère ; ce qu'elle avait été à son commencement, dans ses orateurs, ses mœurs et ses idées, elle le fut pendant tout le cours du XVIIe siècle.

L'austérité primitive se trouvera donc encore dans les orateurs que nous allons apprécier ; elle se marquera encore dans leur examen froid des textes, dans leur logique sévère, dans leur style grave et nu. Dédaigneux de plaire, occupés seulement d'instruire, les prédicateurs protestants du XVIIe siècle sont complétement en dehors des progrès littéraires qui se manifestaient en France, à leur époque,

sous leurs yeux; mais leurs yeux étaient ailleurs. Fidèles à
la tradition des idées de Calvin, ils conservent en même
temps tout ce qu'ils peuvent du langage du xvi⁰ siècle, comme
vénérable et consacré par la foi de leurs pères. On ne croirait pas à les lire qu'ils étaient contemporains de Balzac,
de Voiture, de Pascal et de Descartes.

Pierre Dumoulin (1568-1658), fut ministre et professeur à l'académie protestante de Sedan; il est l'auteur de
plus de soixante-quinze ouvrages de controverse ou de circonstance, car ce n'était pas un homme qui écrivît pour son
plaisir ou pour celui des autres. « Il n'y a ni art, ni apparence d'onction dans ses discours; mais les idées, l'observation abondent; le style rude et nerveux est plein de trait.
Plus de soixante ans après la publication de son livre *De
la vocation des pasteurs*, Fénelon le jugeait digne d'une
réfutation en règle. »

Il a laissé dix décades de sermons. Dans la dédicace de
sa huitième décade, qu'il adresse à ses fils, comme lui pasteurs, il leur donne des conseils qui caractérisent bien sa
méthode :

« Je ne fay pas consister le vray sçavoir à élaborer et
embellir son language de beaucoup d'ornemens. Nostre devoir est non pas de chatouiller les oreilles, mais de poindre
les consciences. La simplicité est plus persuasive et a plus
d'efficace. Les paroles qui ont plus de lustre et d'éclat ont
ordinairement moins de solidité. La vraie éloquence s'apprend de Celui qui est la Parole mesme, assavoir du Fils
de Dieu qui a parlé en toute simplicité. Un père auroit
mauvaise grâce, qui exhorteroit et tanceroit ses enfants en

termes figurez et avec fleurs de rhétorique. Or, nous devons parler au peuple que nous instruisons comme un père parle à ses enfans, et estre touchés envers luy d'une affection paternelle. Vous devez avoir pour but, non pas de vous faire admirer, mais de sauver les âmes qui vous sont commises et former les cœurs à l'obéissance de Dieu. »

Dumoulin fut le plus populaire des orateurs protestants de son époque, et il méritait de l'être par les sentiments qu'il vient de nous exprimer lui-même, par le bon sens, par la franchise, par la bonhomie, par les qualités d'un style qui était vif, pressé, rapide, incisif, souvent spirituel ; ses saillies ne sont jamais cherchées ; le langage est toujours digne, grave, sérieux ; et si la familiarité se trouve chez lui, c'est l'aimable familiarité d'un maître et d'un vieillard qui mérite le respect.

Michel Lefaucheur (1587-1657) avait étudié sous Théodore de Bèze et fut son disciple fidèle. Ses sermons se composent invariablement et essentiellement de l'explication d'un texte commenté minutieusement à grand renfort d'érudition. Ses savantes dissertations sont encore aujourd'hui intéressantes ; mais nous sommes plutôt habitués aujourd'hui à une application pratique qui parfois est absente dans Lefaucheur ou qui se trouve rapidement exprimée à la fin de son discours ; et, en effet, à cette époque de théologiens, il importait beaucoup de savoir ; à cette époque de martyrs, il importait peu d'être exhorté. S'il exhorte quelquefois, c'est avec une rudesse et une vigueur singulières : « Vray Dieu ! s'écriait-il, où est le temps qu'on cognoissoit un homme de la religion, comme à une marque infaillible,

à ce qu'il ne juroit ni ne renioit point? Un certes tenoit en
sa bouche lieu de tout jurement. » (Exhortation à repen-
tence faite à l'église de Montpellier le 10 octobre 1618.)

Cette brusquerie paternelle a du mouvement et de la
chaleur. Ajoutez à cela une méthode pleine de justesse et
d'intelligence, des plans naturels et simples fournis par le
texte même qui est suivi de verset en verset, un développement rare, mais toujours heureux, une marche rapide
qui ne laisse pas à ceux qui écoutent le temps de s'arrêter,
et vous aurez une idée de l'éloquence du vieux prédicateur. Son traité de l'*Action de l'orateur* montre qu'il a
étudié à fond la théorie de son art; mais cet art ne se
montre jamais chez lui : il l'a caché ou négligé.

Jean Mestrezat (1592-1657) eut de son temps une grande
réputation. Ce qui le distingue, c'est d'abord une connaissance approfondie de la religion; ce sont des pensées larges
et élevées, enfin une hauteur de vues qu'on ne trouve pas
d'ordinaire chez ses contemporains.

« Comme ses devanciers et plus qu'eux encore, il suit
l'Écriture pas à pas; sa prédication est une analyse exacte,
sans subtilité d'ailleurs, mais sans mouvement et sans vie.
C'est un commentaire; le sentiment oratoire semble lui
manquer et il a l'air de penser que la vérité se suffit toujours à elle-même.

» Son style a des défauts qui se rattachent à ceux-là; il
est grave, mais inculte et pesant; sa manière d'écrire est
vénérable, mais rien de plus. »

Jean Daillé (1594-1670) est plus connu comme controversiste que comme prédicateur. Cependant, dans les vingt volumes de sermons qu'il a laissés, on trouve beaucoup de qualités remarquables.

Il a d'ailleurs les défauts de ses prédécesseurs, c'est-à-dire qu'on rencontre chez lui de longues discussions scientifiques et une théologie ardue. Cependant point de roideur ni de pédanterie. Élevé dans la maison de Duplessis-Mornay, il avait gardé quelque chose de la dignité et de la grâce de son protecteur; son langage est poli; son style ne sent pas l'école; il est coulant, net et communicatif.

Moïse Amiraut (1596-1664) fut pasteur et professeur à l'académie protestante de Saumur. Cette ville, dont le collége avait été fondé en 1596 et dont l'académie fut instituée en 1607, était, comme Sedan, une sorte de séminaire où se formaient les ministres protestants; c'est de là que sortirent Amiraut, Cappel, de la Place, etc.

Les sermons d'Amiraut sont des dissertations dogmatiques, où l'on trouve peu de mouvement oratoire, beaucoup de froideur, un langage suranné, une phrase embarrassée.

Sa *Morale chrestienne* est le premier ouvrage complet et systématique qui ait paru sur cette matière dans le sein de l'Église Réformée; c'est un ouvrage original où se trouve une dialectique habile et intelligente, une sagacité rare et une analyse profonde. Malheureusement le style en est incolore et traînant.

Charles Drelincourt (1595-1666), à Paris, excellait dans la prédication populaire. Dans ses sermons, qu'on peut lire encore, il y a de l'élan, de la chaleur, de l'imagination, un style pur et facile ; bien que l'ensemble soit monotone et la chaleur trop uniforme, ses discours, prononcés d'une belle voix et avec l'accent d'un cœur tendre, ont dû produire beaucoup d'effet.

Alexandre Morus (1616-1670), à Paris, attira la foule par un genre tout nouveau ; il diffère en effet très-sensiblement de ses prédécesseurs par le soin qu'il donnait à la forme de ses discours. Comme nous l'avons dit, il ne semblait pas permis alors à un prédicateur d'employer l'éloquence et, pour défendre une cause divine, d'employer des armes humaines ; mais le succès de Morus ne s'en imposa pas moins. Peut-être a-t-il trop cherché la parure et l'éclat ; cependant on doit lui accorder une place considérable dans l'histoire de la prédication protestante, soit pour son talent en lui-même, soit pour la tentative de révolution oratoire dont il est l'auteur.

Son imagination est riche, son intelligence rapide, son style ample et facile ; il a de la grandeur, de la grâce, de l'harmonie. C'est un véritable tempérament d'orateur ; mais il lui a manqué parfois la mesure et le goût.

Son oraison funèbre du prince d'Orange, père de Guillaume III, prêchée à La Haye en 1650, mérite d'être comparée à celle de la duchesse d'Orléans par Bossuet ; celui-ci, qui connaissait très-bien la littérature protestante, s'est évidemment souvenu de Morus et en a reproduit plusieurs idées ; quelquefois même l'expression est semblable.

Voici un passage de ce discours :

« Les grands morts parlent haut et d'un ton extraordinaire, d'une voix semblable à celle des grosses eaux, d'une voix qui brise les cèdres du Liban. Salomon fut roi et prêcheur durant sa vie; il fit de son trône une chaire, mais tous les rois et tous les princes le deviennent dès qu'ils sont morts; ils prêchent à toute la terre : Vanité des vanités! tout est vanité!...

» Hélas! pourquoi fallait-il que ce jeune héros nous fût ravi? Il n'était jeune qu'à compter les années, il était mûr et c'est pourquoi Dieu l'a cueilli...

» O Dieu! étant tel en sa première aurore, quelles lumières, quels rayons devions-nous attendre de son plein midi? Son printemps ayant été si beau et si prospère, quels fruits, quelles richesses eussions-nous recueillis de son automne? Mais alors sa voix n'eût pas crié comme elle le fait : La gloire n'est que la fleur d'un champ! Qui vous peut garantir que vous serez encore demain sur pied? — Ma jeunesse, direz-vous? ma santé, ma vigueur. — Mais qu'y avait-il de plus gai, de plus vif, de plus florissant qu'il était? Plein d'un beau sang et d'un beau feu, il était tout action et toute vie; il était comme Jonathas, vite comme un aigle, fort comme un lion. Mais ni sa vitesse, ni sa force ne l'a su délivrer. Allez maintenant, et sacrifiez à vos muscles, encensez votre agilité, comme si les athlètes ne pouvaient pas mourir ou comme si le verre nouvellement fait n'était pas aussi fragile que celui qui a duré longtemps? »

TITRE VIII

LES PRÉDICATEURS DU REFUGE

Claude (1619-1687) est surtout connu par la lutte qu'il soutint contre Bossuet; on sait qu'il n'était pas indigne de cet honneur. « Il me faisait trembler, dit Bossuet, pour ceux qui l'écoutaient. » C'était l'homme d'autorité dans l'Église Réformée ; il y tenait le même rang que son adversaire dans l'Église Gallicane. « Comme Bossuet, il avait le grand ordre et la majesté ; dans les assemblées des églises, son intelligence claire et prompte débrouillait les difficultés, et sa parole apaisait ou guidait. »

Tant de qualités lui valurent un honneur particulier lors de la proscription des ministres protestants en 1685 : ses collègues eurent quinze jours pour sortir du royaume, il n'eut que vingt-quatre heures.

Il avait en chaire les qualités du théologien plutôt que celles de l'orateur, et il se rattache à la tradition calviniste que Morus avait interrompue. Logicien habile, doué d'un jugement sûr et d'une présence d'esprit qui ne lui faisait jamais défaut, armé d'un style précis, net et prompt, il ne prétendait pas à l'éloquence et il y a atteint souvent.

Il a laissé peu de sermons, tandis que la liste de ses ouvrages de controverse est fort longue. Ce sont : une réponse au livre d'Arnauld intitulé *Perpétuité de la Foi sur l'Eucharistie*, une *Défense de la Réforme* contre Nicolle, auteur des *Préjugés légitimes contre les calvinistes*, une *Réponse* à un *Traité de l'Eucharistie* composé par Le Camus pour la conversion d'un protestant, la relation d'une controverse qu'il soutint contre Bossuet, sur l'invitation de mademoiselle de Duras, nièce de Turenne, etc., etc. (1).

____

1. Ces controverses étaient devenues une mode ; elles servaient aussi de prétexte aux conversions. Ce n'est pas qu'on doive attribuer à la faiblesse ou à l'intérêt tous les changements de religion qui précédèrent, accompagnèrent ou suivirent la révocation de l'édit de Nantes ; cette accusation dans

Pierre du Bosc (1623-1692) était moins savant que Claude, mais plus brillant. Bon philosophe d'ailleurs, solide théologien, critique judicieux, il était regardé par les églises de France comme leur plus grand prédicateur ; son intelligence était belle, lumineuse, ornée, rapide ; son langage avait de l'ampleur et de l'élévation. A ces qualités, il joignait des dons non moins essentiels à l'orateur ; il était grand, bien fait, avec un geste heureux et une voix tour à tour agréable ou forte.

« L'éloquence de sa parole facile et naturelle, sa pure et belle physionomie, avaient un si grand charme, que Louis XIV lui-même, assurément mal disposé, fut séduit. Lorsqu'en 1668 les Églises firent une démarche solennelle auprès du roi pour solliciter la maintenue des Chambres de l'Édit, du Bosc, admis seul à l'audience du monarque avec le député général, M. de Ruvigny, prit la parole et força le roi d'abord distrait à l'écouter. « *Madame*, dit Louis XIV à la reine après l'audience, *je viens d'entendre l'homme de mon royaume qui parle le mieux* ; et se tournant vers les autres assistants, il ajouta : *Il est certain que je n'avais jamais ouï si bien parler.* »

Le chancelier Michel le Tellier dit plus tard à du Bosc : « *Le roi a été fort content de vous. Il trouve que vous lui avez parlé de bon sens, en beaux termes et en honnête homme ; et Sa Majesté m'a commandé de conférer avec vous de vos affaires.* »

tous les cas ne pourrait pas être prouvée. Cependant la mise en scène dont on les entourait souvent donne le droit d'élever quelques doutes sur la sincérité de bien des gens. Une conversion sérieuse est le fruit de remords, d'aspirations, de doutes personnels ; elle n'est guère le prix d'un tournoi de théologiéns.

On redouta pour Louis XIV l'influence d'un homme qui parlait si bien, et lorsque, deux ans après cette entrevue, l'église de Charenton, appuyée par d'illustres personnages, appela avec instances Pierre du Bosc, on dit que l'archevêque de Paris alla jusqu'à trois fois dans la même semaine supplier le roi d'empêcher la nomination de ce dangereux orateur.

Et cependant sa polémique est pleine de modération et de décence. Il était rempli de douceur et d'humilité ; il sacrifiait volontiers ses intérêts particuliers à la paix et à la charité. Mais son talent, redouté des catholiques, lui attira les plus cruelles persécutions.

En 1684, on lui intenta un procès en même temps qu'à son Église ; on alléguait qu'il avait reçu des relaps à la communion : il était en effet permis de changer de religion pour être catholique, mais non pour être protestant. Il fut emprisonné, condamné à 400 livres d'amende, interdit du ministère avec défense de séjourner dans aucune ville de la province où l'exercice du culte eût été défendu. On avait même voulu d'abord lui faire faire amende honorable, le bannir à perpétuité et confisquer ses biens. Mais ses juges, qu'il toucha jusqu'aux larmes, n'osèrent pas prononcer une pareille sentence ; ils se bornèrent, pour ne pas désobéir aux ordres venus d'en haut, à l'arracher à son troupeau et à ses fonctions. Le temple de Caen, théâtre de son crime, fut démoli « aux fanfares des trompettes et des tambours, avec tant de fureur que l'on déterra les morts qui étaient dans le cimetière joignant le temple, pour jouer à la boule avec les crânes ».

A la nouvelle de cette disgrâce, l'Angleterre, la Hollande

et le Danemark se disputèrent l'honneur de posséder le condamné. Il accepta la charge de pasteur de l'Église française de Rotterdam, où il arriva à la fin du mois d'août 1685, quelques semaines avant la révocation de l'Édit.

Le contre-coup le fit périr en 1692.

Ainsi qu'il arrive souvent aux réputations oratoires, l'éloquence de Pierre du Bosc ne réalise pas à la lecture la haute idée qu'on doit s'en faire d'après le témoignage des contemporains.

Ce n'est pas en effet un orateur de premier ordre; il n'a pas les qualités, plus spécialement littéraires, qui plaisent à la lecture et qui garantissent la durée de l'éloquence. Comme ses devanciers, il a écrit sans vouloir être un écrivain.

« Il avait une imagination féconde, une vaste lecture, une mémoire heureuse, un esprit sage, un cœur plein de foi et de charité qui lui inspira les plus nobles accents et l'éloquence la plus chaude. Ce n'est pas encore l'orateur; c'est le prédicateur le plus intéressant, même le plus sympathique. »

Dans l'ensemble de la composition, il est remarquable par la proportion, la liaison, la flexibilité, le cours uni et facile de son développement, qui, borné souvent à éclaircir les différentes parties d'un texte, en tire habilement tout ce qu'il contient; sans abuser de l'érudition, sans disproportion, sans digression, le prédicateur sait trouver dans les grandes idées du sujet tant de richesses qu'on en est toujours étonné.

Il a le sentiment de la phrase oratoire, de l'harmonie et de l'ampleur; son style n'est pas exempt d'une certaine rudesse, qui d'ailleurs n'est pas sans charme ; on y trouve une négligence qui ne déplaît pas ; on y rencontre des mots surannés que Bossuet et Massillon n'employaient plus, mais qui convenaient, comme nous l'avons dit, à la prédication protestante et qui lui gardent ce caractère sévère qu'elle aimait. Aussi avec la modération et la douceur, l'éloquence de du Bosc a-t-elle la gravité et l'autorité.

Daniel de Superville naquit à Saumur, en 1657, d'une famille originaire du Béarn ; son bisaïeul avait été médecin d'Henri IV. Il étudia d'abord à Saumur, puis à Genève, sous la direction particulière de Louis Tronchin. En 1683, il fut appelé par l'Église de Loudun. Accusé de discours séditieux, il fut par une lettre de cachet appelé à Paris et forcé pendant assez longtemps de suivre la cour. Peut-être espérait-on séduire ce pasteur jeune, de manières polies, d'un langage élégant et d'un entretien singulièrement aimable, qui par la naissance et les manières était gentilhomme et homme de cœur ; sa physionomie, sa parole engageante et doucement spirituelle contribuaient aussi sans doute à l'indulgence qui lui fut montrée.

Mais son esprit indépendant ne pouvait s'accoutumer à une semblable existence ; il s'enfuit à Rotterdam et, adoptant ce pays pour sa patrie, il s'y fixa jusqu'à sa mort. Vers la fin de sa vie et craignant de ne pouvoir plus, d'une voix qui s'éteignait, enseigner son troupeau, il publia ses sermons au nombre de 43 en quatre volumes. Il a laissé aussi deux traités : l'un intitulé *Le vrai communiant* ; l'autre, *Des vérités et devoirs de la religion* ; on le connaît sous le nom de catéchisme de Superville.

7

« Peut-être, dit le journal littéraire de La Haye (tome XIII, page 208), quelques prédicateurs ont-ils eu plus d'éclat ; mais il y en a peu dont les sermons ont pu être plus utiles, et c'était là le seul but qu'il se proposait. Persuadé que les émotions subites s'évanouissent pour l'ordinaire aussi promptement qu'elles ont été produites, il employait rarement cette sorte d'éloquence foudroyante qui transporte l'auditeur et le laisse retomber un moment après dans sa première langueur. Il allait au cœur par une route plus sûre ; il éclairait l'esprit et assaisonnait ses instructions de tout ce qu'une charité tendre, soutenue d'un raisonnement solide, a de plus pressant et de plus persuasif. »

Peu de prédicateurs se sont aussi bien soutenus dans tous leurs discours ; il écrivait les siens avec beaucoup de soin et, bien que doué d'une très-grande facilité d'élocution, il ne voulut jamais improviser.

Le caractère de son enseignement est généralement pratique ; jamais il n'est resté purement spéculatif. Cependant il discute volontiers avec les sceptiques et défend vaillamment le dogme contre les attaques du dehors. Théologien comme ses prédécesseurs, il a fait la métaphysique du christianisme avec une sorte de prédilection ; il eut toujours beaucoup de goût pour la philosophie qu'il avait, à Saumur et à Genève, étudiée avec un soin particulier. Dans cette dernière ville surtout, le professeur Chouet, qui l'avait pris en affection, l'avait formé à la discipline cartésienne. Aussi remarque-t-on en lui la forte trempe de sa doctrine, une argumentation riche et aisée, une méthode sûre et facile.

La forme du discours, il faut l'avouer, est en revanche

trop didactique ; parfois elle est décousue ; la succession
des développements n'est pas toujours claire, les divisions
ne sont pas nettes. Le style est souvent lâche, diffus, peu
élégant ou harmonieux ; mais il a du naturel et l'on n'y
trouve jamais la moindre trace d'affectation, de recherche
ou de rhétorique.

TITRE IX

CONCLUSION

Nous avons terminé cette rapide énumération. Elle a
suffi pour prouver que, jusqu'à la fin du XVIIᵉ siècle, la
prédication française, chez les calvinistes, malgré un progrès réel, présente les mêmes caractères d'austérité, qu'elle
méprise l'art et le condamne, qu'elle sépare la beauté littéraire de l'enseignement sérieux, et qu'elle trouve une sorte
d'opposition entre la forme et le fond d'un discours. On
ne croyait pas chez les protestants que le prédicateur dût
être orateur et l'on s'imaginait qu'il lui suffisait de prouver,
sans plaire ni toucher ; son affaire était d'exprimer la vérité, comptant sur cette vérité elle-même et non sur les
paroles pour faire impression sur les âmes.

Cette erreur a trouvé beaucoup d'autres partisans à cette
époque et plus tard. A différents moments du XVIIᵉ siècle,
avant Bossuet et après lui, des critiques et des orateurs
catholiques se sont demandé quelles étaient les bornes,
quels étaient les droits de l'éloquence sacrée. Tous n'ont pas
été du même avis, et, pour ne parler que de Fénelon, nous
savons qu'il préconisait hautement le discours familier aux

dépens de l'éloquence littéraire (1). De nos jours beaucoup de personnes pensent encore comme lui.

Quant à nous, nous croyons que l'orateur chrétien ne doit pas plus mépriser l'art que négliger la vérité. Si l'homme, avec une raison capable de connaître la vérité, a reçu du ciel des sens qui sont accessibles à l'harmonie, à la couleur, aux formes saisissables du son et de la lumière; s'il a des passions que l'on peut tourner au bien et des instincts que l'on peut mettre au service de la religion, pourquoi négliger des auxiliaires si puissants qui deviendraient des ennemis terribles? Pourquoi restreindre et condamner la création?

Ce n'est donc pas en s'appuyant sur les principes hasardeux de Fénelon qu'on pourrait justifier la sévérité doctrinaire de la prédication protestante ; il est une raison bien plus sérieuse et qui seule est véritable, c'est que, au milieu des attaques et des persécutions, il fallait agir plutôt que parler, ou, si l'on parlait, persuader les esprits plutôt que charmer les oreilles ; c'est que l'élégance du style, le tour ingénieux du langage, l'habile disposition de pensées brillantes auraient demandé trop de temps à des pasteurs qui, toujours sur la brèche, ne se reposaient qu'au chevet des malades ou au fond de cavernes cernées par les dragons; c'est enfin que, devant des proscrits et des martyrs, l'éloquence devait comme eux se couvrir d'un crêpe et voiler sa face.

D'autant plus belle est cette éloquence qui reste calme

____

1. Ce qui n'a pas empêché Fénelon de soigner beaucoup les sermons qu'il prononçait à Paris.

dans des temples le jour suivant démolis ; qui commente, discute, explique un verset difficile, comme si les ministres étaient bien dotés, soutenus par l'État, protégés par les mœurs ; ils parlent, s'oubliant eux-mêmes, et le troupeau les écoute, s'oubliant aussi, laissant à Dieu le soin de pro téger les maisons désertes, les biens menacés, les nourrissons que l'émeute éveille dans leurs berceaux.

Depuis l'avénement de Louis XIV, un grand nombre de mesures, toujours plus sévères, annonçaient la prescription Les églises étaient fermées, les fidèles persécutés. Enfin parut l'ordonnance de 1685. L'exercice de la religion fut interdit, les ministres durent dans les quinze jours sortir du royaume.

Nous avons dit que vingt-quatre heures seulement furent accordées à Claude. Avant de s'éloigner, sous la garde d'un valet de chambre du roi qui ne devait pas le quitter, il prononça un dernier discours dont la péroraison servira d'épilogue à ce chapitre ; car on y retrouve cette éloquence grave et sévère, oublieuse des ornements de la rhétorique, mais chaude, sincère et véritablement apostolique.

« Promettez, promettez à Dieu de lui rester fidèles jusqu'à la mort ; moi, je vous jurerai de sa part, qu'il sera encore votre Dieu. — Vous le promettez ? — O cieux ! je vous prends à témoins entre ce peuple et son Dieu !

» Ainsi vous serez sans pasteurs, mais vous aurez pour pasteur le grand Pasteur des brebis d'Israël, que vous irez entendre dans sa Parole ; vous n'aurez plus les serviteurs, mais vous aurez le Maître ; vous ne viendrez plus entendre nos prédications, mais vous entendrez la voix du Fils de Dieu ; vous n'aurez plus de temples, mais le Souverain n'habite point les temples faits de nos mains; de tous vos cœurs faites-lui une maison sainte qui s'élève pour être un tabernacle de Dieu en esprit; de vos maisons faites des temples, consacrez-les à Dieu!...

» Sainte famille de mon Père, cher héritage de mon Dieu, sacré troupeau de mon divin Maître, si je ne vous prêche dans ce lieu, je vous rassemblerai dans mon cœur; si je ne vous bénis de cette chaire, je vous bénirai dans mon cœur, et vous ferez le principal sujet de ma joie ou de ma tristesse, l'unique sujet de mes prières et la continuelle matière de mes vœux ardents. Les heures qui étaient destinées à vous prêcher, le seront à prier et à conjurer le ciel pour attirer ses grâces sur vous. Et toi, Seigneur, *je ne te laisserai point aller que tu ne les aies bénis!* »

CHAPITRE II

LE GOUT AU XVIIe SIÈCLE

Dans l'ardeur de la lutte qu'elle soutenait contre le protestantisme, l'Église romaine avait plus songé à se défendre qu'à se réformer; « elle avait plus travaillé à refouler l'hérésie qu'à combattre dans son propre sein les relâchements et les abus qui avaient été le premier sujet de plainte et le grief le moins contesté des novateurs. »

C'est ce que nous avons prouvé précédemment en disant quelques mots de la prédication catholique au XVIe siècle.

La réforme de la prédication comme celle des abus ne se produisit que plus tard, et l'une fut la suite nécessaire de l'autre. Mais quelle en fut la commune origine?

Ce fut l'exemple donné par le protestantisme.

Au protestantisme revient l'honneur d'avoir réformé malgré elle l'Église romaine dans sa discipline et dans son éloquence.

Cette grande vérité n'a jamais été mise dans son jour, parce que les études en France ont un caractère tristement exclusif. On ignore que de grands écrivains, de grands penseurs, de grands philosophes, de grands orateurs se trouvent parmi les protestants français. Il nous a fallu chercher dans le livre de M. Vinet, un Suisse ! les renseignements dont nous avions besoin pour le chapitre précédent. Quel cours de littérature avait jamais parlé de tous ces grands prédicateurs? Quel érudit avait jamais percé les ténèbres qui les couvraient?

Malgré les préjugés, les habitudes et les oublis, ne craignons pas de proclamer que, sans l'exemple de la prédication calviniste, la prédication catholique n'aurait pas rompu avec les traditions de son passé; au lieu de puiser ses plus hautes inspirations dans cette Bible que le protestantisme avait déterrée, elle aurait cherché dans l'inspiration de l'antiquité païenne l'éclat futile dont s'étaient parés les orateurs de l'âge précédent; elle aurait peut-être, par le progrès du temps, produit un Massillon ou un Fléchier, mais, sans Calvin, la France n'aurait jamais eu un Bourdaloue et un Bossuet.

La lutte armée n'avait donné à l'orthodoxie qu'un triomphe incomplet, même en France. Il fallait chercher d'autres armes contre la supériorité morale et littéraire que les calvinistes avaient conquise.

Nous n'entrerons pas dans le détail des sages réformes que le catholicisme accomplit dans sa discipline et dans son enseignement : nous ne parlerons que des progrès de sa prédication.

M. de Bérulle mérite d'attacher son nom à cette grande œuvre. Il voulut le premier former une école de prêtres où la science fût jointe à la piété, les travaux de l'esprit aux œuvres de la charité. Tandis qu'une exacte discipline y était

établie par ses soins, les principes d'une prédication sérieuse et utile y étaient enseignés. Comme les orateurs de
la chaire protestante, élèves de Saumur et de Sedan, les
orateurs catholiques, élèves de l'Oratoire, apprirent alors
et pratiquèrent une éloquence saine, appuyée sur une doctrine solide, ornée mais avec mesure, familière mais sans
bassesse, simple et naïve, mais toujours grave et décente.
Le père Bourgoing, le père Le Jeune, le père Sénault, ac-
quirent bien vite ainsi une réputation honorable, et leur
exemple ne devait pas être perdu.

Les jésuites n'entrèrent pas dans ce mouvement, au
moins alors. Mais les jansénistes, ces puritains du catholicisme, adoptèrent et professèrent la nouvelle éloquence qui
se révélait au XVIIe siècle.

L'abbé de Saint-Cyran disait donc après le vieux Dumoulin : « Si j'avais quelque occasion de prêcher, je me
présenterais devant Dieu pour lui demander les pensées
sur le sujet que j'aurais pris, et, après les avoir d'heure en
heure arrosées par de fréquentes oraisons, je m'en irais
prêcher sans aucune réflexion ni sur moi ni sur les autres. »

« Priez, disait-il encore, et dites ensuite ce que Dieu
vous aura donné, et le dites simplement, plus par manière
d'exposition que de haute prédication. Dans le style du
prêtre, il suffit qu'il n'y ait rien de choquant. »

« Un discours simple, dit M. Jacquinet, grave, uni, d'une
diction saine, non châtiée, sans grand mouvement, sans
beauté éclatante de langage, mais pénétré de l'esprit de
Dieu et tout vivant de grâce en quelque sorte sous sa réserve modeste, c'était là pour le saint abbé la meilleure

éloquence du prêtre. Les grands dons naturels, les grands talents qu'on souhaite ordinairement à l'orateur, vive sensibilité, richesse d'imagination, force et impétuosité de génie, lui semblaient autant à craindre qu'à envier. L'art lui est suspect ; il s'en défie comme d'une préoccupation et d'un effort difficilement compatibles avec la parfaite obéissance et docilité de l'âme à tous les mouvements de la grâce, avec cette vive et continuelle oraison que Dieu demande à ses serviteurs. »

Les idées de M. de Saint-Cyran touchaient à un excès où tombèrent les solitaires de Port-Royal. Selon eux, la tâche de l'orateur sacré consiste surtout à énoncer, à exposer en toute fidélité la vérité chrétienne ; le prêtre s'efface pour la laisser agir par sa vertu propre. « Ils auraient craint, en se livrant aux saillies et aux élans de l'orateur, en s'appliquant au savant labeur, à l'artifice délicat de l'écrivain, de céder à un amour-propre déguisé sous l'apparence du zèle, et de troubler, par l'accent trop marqué d'une voix mortelle, le travail secret de Dieu au fond des âmes. Leur langage porte partout la trace de ce sévère scrupule. Pour être bien écoutés et suivis, de tels orateurs veulent qu'on les aborde avec une disposition d'âme particulière. Cette médiocrité, fille de l'humilité, risquerait fort, aujourd'hui surtout, de lasser quiconque ne chercherait pas avant tout dans leurs écrits l'instruction et l'édification morales, une nourriture pour l'âme, une lumière pour la conduite de la vie. A cette condition seulement, on sentira tout ce qui se cache, sous ces pâles dehors et sous cette apparente froideur, de science chrétienne profonde, de connaissance intime et délicate de notre nature, d'affectueuse et brûlante charité. »

Telle fut la prédication catholique pendant la première moitié du XVIIe siècle; elle eut une grande influence sur la prédication du temps de Louis XIV. Ne parlons pas de Bourdaloue, car l'espace nous manque et d'ailleurs il est trop facile de prouver notre thèse par son exemple; tout le monde sait quelle fut sa gravité, sa sincérité, l'austérité de sa parole et de son caractère. Disons plutôt quelques mots de Bossuet, sur la gravité duquel on n'a peut-être pas assez insisté.

C'est lui qui a fait un si bel éloge de l'Oratoire et qui a si bien apprécié les grands services que rendit M. de Bérulle à la prédication catholique; pouvait-il d'ailleurs ne pas s'en rendre compte par l'histoire des précédentes années; pouvait-il n'en être pas reconnaissant, lui qui en avait profité plus que personne?

Nous trouvons même souvent dans son style une négligence, une raideur, une pesanteur qui rappellent les exemples de Port-Royal. Parfois enfin dans ses sermons et jusque dans ses oraisons funèbres, nous trouvons des dissertations théologiques et des abstractions dogmatiques qui rappellent les habitudes de la prédication calviniste.

Citons seulement deux exemples; le premier, tiré de l'oraison funèbre d'Henriette d'Angleterre.

« Tout ce qui se mesure finit et tout ce qui est né pour finir n'est pas tout à fait sorti du néant où il est si tôt replongé. Si notre être, si notre substance n'est rien, tout ce que nous bâtissons dessus, que peut-il être? Ni l'édifice n'est plus solide, ni l'accident attaché à l'être plus réel que l'être même...

» De ce côté, messieurs, si l'homme croit avoir en lui

de l'élévation, il ne se trompera pas; car, comme il est nécessaire que chaque chose soit réunie à son principe, et que c'est pour cette raison, dit l'Ecclésiaste, que le corps retourne à la terre dont il a été tiré, il faut, par la suite du même raisonnement, que ce qui porte en nous la marque divine, ce qui est capable de s'unir à Dieu, y soit aussi rappelé.

» Vous savez que toute la vie chrétienne, que tout l'ouvrage de notre salut est une suite éternelle de miséricorde, mais le fidèle interprète de la grâce, je veux dire le grand Augustin, m'apprend cette véritable et solide théologie que c'est dans la première grâce et dans la dernière que la grâce se montre, c'est-à-dire que c'est dans la vocation qui nous prévient et dans la persévérance finale qui nous couronne que la bonté qui nous sauve paraît toute gratuite et toute pure. En effet, comme nous changeons deux fois d'état, en passant premièrement des ténèbres à la lumière et ensuite de la lumière imparfaite de la foi à la lumière consommée de la gloire, comme c'est la vocation qui nous inspire la foi et que c'est la persévérance qui nous transmet à la gloire, il a plu à la divine bonté de se marquer elle-même au commencement de ces deux états par une impression illustre et particulière, afin que nous confessions que toute la vie du chrétien, et dans les temps qu'il espère et dans les temps qu'il jouit, est un miracle de la grâce; etc. »

Le second passage se trouve dans l'oraison funèbre de la reine Marie-Thérèse.

« Comment affermira-t-il cette colonne? Écoutez : voici le mystère. Et j'écrirai dessus, poursuit le Sauveur; j'élèverai la colonne, mais en même temps je mettrai dessus une inscription mémorable. Eh! qu'écrivez-vous, ô Seigneur? Trois noms seulement, afin que l'inscription soit aussi courte que magnifique; j'y écrirai, dit-il, le nom de mon Dieu, et le nom de la cité de mon Dieu, la nouvelle Jérusalem, et mon nouveau nom. Ces noms, comme la suite le fera paraître, signifient : une foi vive dans l'intérieur, les pratiques extérieures de la piété dans les saintes observances de l'Église, et la fréquentation des saints sacrements; trois moyens de conserver l'innocence, et l'abrégé de la vie de notre sainte princesse. C'est ce que vous verrez écrit sur la colonne; et vous lirez dans son inscription la cause de sa fermeté; et d'abord : J'y écrirai, dit-il, le nom de mon Dieu en lui inspirant une foi vive. C'est, messieurs, par une telle foi que le nom de Dieu est gravé profondément dans nos cœurs. Une foi vive est le fondement de la stabilité que nous admirons; car d'où viennent nos inconstances, si ce n'est de notre foi chancelante? Parce que ce fondement est mal affermi, nous craignons de bâtir dessus et nous marchons d'un pas douteux dans le chemin de la vertu. La foi seule a de quoi fixer l'esprit vacillant; car écoutez les qualités que Saint-Paul lui donne : *Fides sperandarum substantia rerum.* La foi, dit-il, est une substance, un solide fondement, un ferme soutien. Mais de quoi? de ce qui se voit dans le monde? Comment donner une consistance, ou, pour parler avec saint Paul, une substance et un corps à cette ombre fugitive? La foi est donc un soutien, mais des choses qu'on doit espérer. Et quoi encore? *Argumentum non apparentium :* c'est une pleine conviction de ce qui ne paraît pas. La foi doit avoir en elle la conviction. Vous ne l'avez pas, direz-vous? J'en sais la cause : c'est que vous craignez de l'avoir, au lieu de la demander à Dieu qui la donne ; c'est pourquoi tout tombe en ruine dans vos mœurs, et vos sens trop décisifs emportent si facilement votre raison incertaine et irrésolue. Et que veut dire cette conviction dont parle l'apôtre, si ce n'est, comme il dit ailleurs, une soumission de l'intelligence entièrement captivée sous l'autorité d'un Dieu qui parle ?...

» J'expliquerai en peu de mots les deux autres noms que nous voyons écrits sur la colonne mystérieuse de l'Apocalypse et dans le cœur de la reine. Par le nom de la sainte cité de Dieu, la nouvelle Jérusalem, vous voyez bien, messieurs, qu'il faut entendre le nom de l'Église catholique, cité sainte dont toutes les pierres sont vivantes, dont Jésus-Christ est le fondement, qui descend du ciel avec lui, parce qu'elle y est renfermée, comme dans le chef dont tous les membres reçoivent leur vie ; cité qui se répand par toute la terre et s'élève jusqu'aux cieux pour y placer ses citoyens...

» Avec le saint nom de Dieu et avec le nom de la cité sainte, la nouvelle Jérusalem, je vois, messieurs, dans le cœur de notre pieuse reine le nom nouveau du Seigneur. Quel est, Seigneur, votre nom nouveau, sinon celui que vous expliquez quand vous dites : *Je suis le pain de vie et ma chair est vraiment viande ;* et : *Prenez, mangez, ceci est mon corps ?* Ce nom nouveau du Seigneur est celui de l'Eucharistie, nom composé de *bien* et de *grâce*, qui nous montre dans cet admirable sacrement une source de miséricorde, un miracle d'amour, un mémorial et un abrégé de toutes les grâces, et le Verbe même tout changé en grâce et en douceur pour les fidèles. Tout est nouveau dans ce mystère : c'est le Nouveau Testament de notre Sauveur, et on commence à y boire ce vin nouveau dont la céleste Jérusalem est transportée. »

Voilà le langage que Bossuet ne craignait pas de tenir au milieu des pompes les plus solennelles et des auditeurs les plus délicats. Malgré l'obscurité, la pesanteur et la négligence qu'on peut y remarquer, nous le trouvons préférable à une vaine élégance ; mieux vaut une explication sérieuse, fût-elle aride, et une théologie utile, fût-elle abstraite, qu'une éloquence trop éloignée des textes, une amplification philosophique, un lieu commun de morale à l'usage des gens du monde.

D'ailleurs, la science un peu sèche de Bossuet n'était pas, il faut le dire, inaccessible à l'auditoire illustre qui se pressait pour l'entendre. Si la cour comptait un grand nombre de marquis frivoles et d'ignorants orgueilleux, elle représentait néanmoins à peu près toute l'instruction et tout le goût du XVIIe siècle ; or l'instruction en ce temps était solide et le goût pur. Voici ce que pensait de la cour le grand ennemi des marquis :

> Permettez-moi, monsieur Trissotin, de vous dire,
> Avec tout le respect que votre nom m'inspire,
> Que vous feriez fort bien, vos confrères et vous,
> De parler de la cour d'un ton un peu plus doux ;
> Qu'à le bien prendre au fond elle n'est pas si bête
> Que vous autres, messieurs, vous vous mettez en tête ;
> Qu'elle a du sens commun pour se connaître à tout ;
> Que chez elle on se peut former quelque bon goût ;
> Et que l'esprit du monde y vaut sans flatterie
> Tout le savoir obscur de la pédanterie.

Bien d'autres passages de Molière rappellent la même idée ; bien d'autres preuves viendraient à l'appui de la même thèse. Faut-il rappeler les noms de La Rochefoucauld, de Retz, de Montausier, de Grammont, de Bussy-Rabutin, de tant d'autres grands seigneurs plus remarquables par leurs connaissances que par leur noblesse? Faut-il citer les noms des précieuses? ceux de mesdames de Motteville, de Longueville, de Lafayette, de Montpensier, de Montespan, de Sévigné, de Maintenon? C'était le temps où les plus nobles dames savaient le latin, où elles discutaient les doctrines de la Grâce, où madame de Grignan oubliait dans la lecture de Descartes les lettres de sa mère; où le prince de Condé, au sortir d'une bataille, se sentait la tentation d'argumenter sur les thèses théologiques de Bossuet, et pleurait aux vers du grand Corneille. Il faudrait citer trop d'exemples et il est plus court de s'en référer à une histoire que tout le monde connaît, ou que tout le monde peut facilement connaître.

Dans l'histoire en effet, le XVIIe siècle nous apparaît avec un caractère qui lui est propre : c'est l'âge de la raison. Toute la doctrine de Boileau pourrait se résumer dans cet hémistiche de l'*Art poétique :* « Aimez donc la raison! » Et cette doctrine qui régna sur la littérature régna aussi sur la science, la philosophie et la théologie; il suffit, pour s'en convaincre, de joindre au nom de Boileau ceux de Pascal, de Descartes et d'Arnauld. Ces grands hommes régnèrent alors sur les esprits aussi despotiquement que Louis XIV sur les peuples; leur gravité se reflète sur leur époque tout entière et lui imprime un caractère inaltérable de grandeur et de solidité.

Répandues au dehors, leurs idées s'imposèrent aussi aux nations étrangères. Combien plus devaient-elles exercer

d'influence sur les Français que l'exil avait dispersés en
Europe!

C'est à ce point de vue qu'il était nécessaire, avant d'é-
tudier les œuvres de Saurin, d'exprimer le caractère général de la prédication, des mœurs et du goût public au
xviie siècle. Nous n'avons pu que rapidement parler d'un
si vaste sujet; mais il est facile de compléter ces données
par les renseignements si nombreux qui abondent sur cette
grande époque.

Pour achever de faire connaître les conditions de la prédication protestante à l'époque de Saurin, il reste à exposer les exigences et les besoins de son public.

CHAPITRE III

LE PUBLIC DE LA HAYE

Quels éléments composaient le public de la Haye? quelles étaient les traditions qu'il subissait? Quel langage parlait-il? voilà les trois questions que nous allons traiter.

TITRE PREMIER

DE QUELS ÉLÉMENTS SE COMPOSAIT LE PUBLIC DE LA HAYE

Deux éléments composaient l'auditoire de Saurin : les réfugiés Français et les calvinistes Hollandais. Malgré la différence de l'origine, il y avait entre les uns et les autres de grandes ressemblances de caractère.

Les Hollandais étaient méthodiques par l'effet de leur nature; les Français, par l'effet de leurs habitudes religieuses; les uns étaient graves, sérieux, raisonneurs, par une sorte de sang-froid national; les autres, par leur éducation et leur manière de vivre; les uns avaient été habitués par le commerce à une exactitude méticuleuse et la conservaient dans les affaires de la foi; les autres, habitant un pays catholique, depuis longtemps persécutés, privés souvent de livres et de pasteurs, avaient dû étudier eux-mêmes la théologie et la logique pour soutenir les controverses ou pour instruire leurs enfants.

Du reste, la connaissance raisonnée de la religion a toujours été une des marques auxquelles on peut reconnaître un protestant. Encore aujourd'hui, dès que les enfants sont en état de comprendre les questions, on s'empresse de les formuler devant eux et de les résoudre avec eux. La première communion n'a pas généralement lieu avant la seizième année, afin qu'à ce moment solennel l'instruction puisse être complète (1).

A plus forte raison, chez les Français du XVIᵉ et du XVIIᵉ siècle, l'instruction devait être poussée fort loin, et les jeunes gens, destinés à une lutte de tous les instants, devaient être armés de toutes pièces. A quels dangers n'était pas exposée leur foi! La prison, la mort n'étaient pas les plus grands : un effort de courage peut les faire braver. Mais que dire des séductions du plaisir, de l'intérêt, de l'ambition, de la réputation? Comment résister, lorsqu'à tout moment la sécurité personnelle, l'héritage paternel et l'avenir de la famille étaient menacés?

1. Voici ce que disait Saurin à ce propos : « Suivre une religion par entêtement et par préjugé, c'est renoncer également et à la qualité d'homme, et à celle de chrétien, et à celle de réformé. A la qualité d'homme, qui doué d'intelligence ne doit jamais prendre parti sur des matières importantes sans consulter cette intelligence qui lui a été donnée pour le guider et pour le conduire. A celle de chrétien : car l'Évangile nous propose *un Dieu que vous connaissons; il veut que nous examinions avec soin toutes choses, que nous retenions ce qui est bon.* A la qualité de réformé : car c'est ici le fondement et le point capital de la réformation, que notre soumission à des docteurs humains est un esclavage indigne d'un chrétien *que le Fils a affranchi.* L'examen, la connaissance, la lumière, c'est la première partie de la religion et la première voie par laquelle on doit chercher l'Éternel. »

Chez les Hollandais, la paix et la liberté n'avaient pas nui aux études théologiques ; le goût de la nation la portait aux travaux patients de la critique et de l'érudition. La liste serait longue de tous les ouvrages qui parurent alors en ce genre. Citons seulement, par curiosité, les principaux livres que publièrent les réfugiés français en Hollande ; par ceux-là, il sera facile de juger des autres.

Ce sont : *Apologie pour la morale des réformés ; Préservatif contre le changement de religion ; Politique du clergé de France ; Lettres pastorales*, par Jurieu. — *Pensées sur les comètes ; Critique générale de l'histoire du Calvinisme ; Nouvelles de la République des Lettres ; La France toute catholique ; Compelle intrare ; Commentaire philosophique ; Avis aux réfugiés ; Dictionnaire historique ; Questions d'un provincial*, par Bayle. — *Histoire de la religion des églises réformées ; Entretiens sur la religion ; Traité de la conscience ; Histoire de l'Ancien et du Nouveau Testament ; Histoire de l'Église ; Histoire des Juifs ; Antiquités judaïques ; Annales des Provinces-Unies*, par Jacques Basnage. — *Histoire des ouvrages des savants* par Henri Basnage. — *Histoire de l'édit de Nantes*, par Élie Benoît. — *Traduction de la Bible*, par Martin. — *Les Bibliothèques ; la Genesis ; Histoire ecclésiastique des deux premiers siècles ; Entretiens sur des matières de théologie ; Art critique ; Vie de Richelieu ; Pensées diverses sur des matières de critique, d'histoire, de morale et de politique*, par Jean Le Clerc, l'ami de Locke, qui le connut pendant son séjour en Hollande. — *Nouvelles solides et choisies*, par Aubert de Versé et Flournois, auteur des *Entretiens sur la mer*. — *Lettres historiques ; Mer-*

cure historique; Esprit des cours de l'Europe, par Gueude-
ville; etc, etc.

On conçoit aisément, à la lecture seule du titre de ces
ouvrages, quelles étaient les matières qui préoccupaient
surtout l'attention publique dans la Hollande du XVIIe siècle;
on peut en conclure ce que devait être la prédication; dans
la chaire plus qu'ailleurs, l'érudition théologique, la subtilité critique, la controverse épineuse étaient exigées des
ministres de l'Évangile. Personne n'allait au temple pour
entendre un beau discours : on y allait pour s'instruire.

Aussi, mademoiselle de Saint-Véran, qui vivait loin de
ce monde disputeur, n'avait-elle pas raison de reprocher à
Saurin des commentaires quelquefois trop abondants et
une exégèse trop détaillée. Voici une réponse de Saurin
qui prouve qu'il n'aimait pas davantage ces dissertations
techniques et ardues qui lui semblaient au moins inutiles :

« La position est difficile dans ce pays; il faut des explications précises, raisonnables sur maints sujets. Il y règne
une théologie si puérile et en même temps si dangereuse
qu'on ne saurait la suivre sans blesser sa conscience; et
cependant ce mauvais parti domine en certains lieux. Ainsi
à Utrecht, on brigue pour donner une place de pasteur à
un homme qui a fait sept sermons sur les ustensiles placés
dans le tabernacle et deux discours pour expliquer ce que
signifient les mouchettes qui étaient dans le temple et leur
trouver un sens mystique. »

On lit dans un autre endroit de ses lettres : « La nécessité nous engage souvent à certaines discussions qu'il eût
été impertinent de faire ailleurs. »

On retrouvera dans ses discours la même répugnance contre cette théologie mesquine et funeste qui était à la mode. Il suffit d'en indiquer ici les excès.

TITRE II

QUELLES TRADITIONS SUBISSAIT L'AUDITOIRE DE SAURIN

On a vu dans les chapitres précédents le respect des protestants pour la Bible se manifester par le caractère de la prédication, par les tendances du temps, par les besoins du pays.

Nous allons montrer leur respect s'attachant même à la forme extérieure du texte sacré, malgré les fautes nombreuses de la traduction; nous allons voir la tradition de leurs pères s'imposant à eux jusque dans leur langage, malgré les progrès du temps.

Peu soucieux de la forme, comme les Réformateurs de son temps, Olivetan, à Genève, avait écrit dans la rude langue du XVIᵉ siècle une version française de la Bible qui fut lue, commentée, apprise dès les premiers instants. Étant la première traduction, elle fut presque estimée comme l'original, et fut entourée du même respect. Son autorité s'accrut avec le temps; plus tard, il eût été incommode de corriger ce livre que les fidèles savaient par cœur, qu'ils lisaient chaque jour et dans lequel l'habitude et la foi ne trouvaient rien de choquant; il eût été douloureux de corriger ces vieux barbarismes qu'on aimait comme on aime les souvenirs d'enfance et la tradition du foyer domestique; il eût été impie de mettre en beau style la Parole de Dieu.

Le respect pour cette antique version demeura si profond

qu'on y resta fidèle longtemps après les nouvelles traductions qu'Osterwald à Genève et Martin en Hollande firent de la Bible au XVIIe siècle. On ne les adopta qu'un siècle après, lorsque déjà le style et la forme en avaient vieilli. Aujourd'hui encore, elles subsistent, malgré des défauts toujours plus choquants.

Elles n'ont pas la clarté ni la précision du langage moderne; elles n'ont pas l'originalité vénérable de la traduction primitive, et l'on peut également regretter qu'elles soient trop anciennes et trop modernes.

Les Psaumes n'ont guère subi plus de changements. Marot avait essayé une traduction qui jusqu'à nos jours a été en usage; mais le souffle, la force, la foi, l'intelligence même du texte de David manquaient à l'aimable poëte de François I. De bonne heure, on comprit ces défauts; mais on se borna à des changements légers; Jean Saurin, le père de notre orateur, fut, lorsqu'il arriva à Genève, chargé de faire quelques corrections au recueil adopté par la ville, et les magistrats lui en firent un public remerciement. En France, la traduction primitive se maintint.

Si donc, aujourd'hui encore, les habitudes du culte sont restées si stables, il ne faut pas s'étonner qu'à une époque plus ancienne et plus religieuse, les préoccupations littéraires aient été écartées.

Aussi, est-il puéril de reprocher à Saurin (comme l'a fait Maury) son respect pour l'antique version de la Bible; il aurait voulu y renoncer qu'il ne l'aurait pas pu.

La traduction du latin de la Vulgate permet aux prédicateurs catholiques une entière liberté; et, non-seulement ils peuvent châtier leur traduction à mesure que la langue française a fait des progrès, mais ils peuvent, jusqu'à un certain point, corriger le texte.

C'est une liberté que Bossuet prend à chaque instant : *Et nunc, reges, intelligite; erudimini, qui judicatis terram.* Entendez, ô grands de la terre! instruisez-vous, arbitres du monde! On remarquera que le mot de *reges*, qui signifie rois, n'a pas été traduit, l'orateur de la cour de Louis XIV ne pouvant s'adresser qu'avec beaucoup de ménagements aux personnes augustes qui l'écoutaient.

Il serait superflu de collectionner les citations et de les multiplier ici. On n'apprendrait rien à personne en disant avec quel art, heureux et libre, Bossuet introduisait dans ses discours les souvenirs de l'Écriture sainte, les traduisant avec élégance, les coupant à propos, et les mêlant sans efforts et sans peine à son propre discours, de telle façon qu'ils s'y perdent.

Là donc où Bossuet pouvait dire : « Nous mourons tous et nous allons sans cesse au tombeau ainsi que des eaux qui se perdent sans retour », du Bosc est obligé de dire avec Olivetan : « Certainement nous mourons et nous sommes semblables aux eaux qui s'écoulent par la terre. »

Quand Bossuet dit : « Elle a passé du matin au soir, ainsi que l'herbe des champs; le matin, elle fleurissait, avec quelles grâces, vous le savez! le soir nous la vîmes séchée; » Olivetan disait : « Toute chair est comme l'herbe et toute sa grâce est comme la fleur d'un champ, l'herbe est séchée, et la fleur est cheute. »

C'est ainsi encore que Morus répète sans sourciller la fameuse phrase de Jérémie : « Les mères ont cuit leurs en-

fants qui ont esté pour viande en la froissure de la fille
de mon peuple. » Et ailleurs : « Épluchez-vous, épluchez-
vous, épluchez-vous, nation non désirable, avant que le
désert enfante. »

Et pourtant Morus passait pour aimer trop le beau langage !

TITRE III

LE STYLE RÉFUGIÉ

Le Refuge ! ce mot rappelle bien des tristesses et bien des
misères ! Nous n'en ferons pas le texte d'un développement
oratoire. Disons seulement que, dépouillés de tout, les réfugiés, fidèles au souvenir de la patrie absente, voulaient,
mais en vain, rester fidèles à son langage. Peu à peu, au
milieu d'un pays étranger, ce dernier bien leur échappa
encore.

Mais cette corruption du langage ne se produisit évidemment qu'après un assez long espace de temps. L'évaluer serait difficile, car elle ne se produisit pas partout aussi vite.
Ceux des protestants français qui se dispersèrent dans des
contrées lointaines et qui demeurèrent isolés les uns des
autres durent perdre dès la seconde ou la troisième génération les bons usages de la langue maternelle. Mais, dans
les pays voisins de la France, qui, en guerre comme en
paix, avaient affaire à elle, dans les grands centres d'émigration, tels que Genève, Amsterdam et la Haye, l'usage
nécessaire du français, les publications de livres et de journaux français, les conversations de chaque jour et les rela-

tions de la vie commune retardèrent et atténuèrent la décadence.

Saurin, qui avait quitté la France à l'âge de 9 ans, savait déjà sa langue maternelle de manière à ne pas l'oublier. Son père qui, en France, était un littérateur estimé, qui, à Genève, était regardé comme un oracle en fait de langue et de littérature française, qui était consulté de tous sur certaines questions de style dont l'exil faisait des difficultés, son père n'avait rien dû négliger pour achever son éducation et en avait fait un excellent linguiste.

En effet, on peut trouver dans les sermons de Saurin quelques négligences ; on ne trouvera jamais aucune expression, ou aucun tour de phrase qu'on puisse accuser d'appartenir au style réfugié. Au contraire, on lui reprocherait quelques archaïsmes, quelques anciens tours du XVIe siècle, et non pas ces expressions impropres, ces locutions vicieuses que les exilés protestants empruntèrent à l'étranger et qu'ils finirent par employer.

Nous avons fait un recueil exact des légères fautes que l'on rencontre dans Saurin : quelques lignes suffisent pour les citer. Si l'on faisait ce travail sur les plus grands écrivains français, serait-il plus court ?

Mais nous parlerons plus tard et en détail de cette question. Nous ne voulons exposer ici que les difficultés de la prédication française à cette époque et dans l'exil.

Il en est une qui est fort curieuse. Malgré la liberté dont jouissait la Hollande, il n'était pas permis de tout dire. Voici ce que nous lisons dans une lettre de Saurin :

« C'est une chose déplorable que, dans le pays du monde

où la tolérance est portée jusques à la licence la plus effrénée, les Églises wallonnes adoptent une partie des maximes
de l'Inquisition. J'en aurais été la victime plus d'une fois,
si je n'avais quelques partisans dans les personnes les plus
accréditées de ces provinces. Mais, quelque appui qu'elles
puissent me procurer, elles ne sauraient me délivrer du
genre de torture par lequel je suis indispensablement obligé
de passer toutes les fois que j'ai quelque chose à imprimer.
Il faut que je soumette mes manuscrits à deux Églises exa-
minatrices (1) qui me nomment souvent pour les examiner
des personnes dont quelques-unes n'entendent pas notre
langue. J'avais dit, je ne sais où, que le dogme de la Trinité était l'*écueil* de la raison humaine. Il y eut des confé-
rences très-vives sur ce mot dans le consistoire de Rotterdam, où il fut conclu que je mettrais au lieu du mot *écueil*
celui d'*aheurtement.* »

Une dernière cause influait encore en Hollande sur la
prédication ; c'étaient les exigences du ministère.

Au milieu des exilés, de leurs douleurs, de leurs tristesses, de leur détresse, de leurs besoins matériels ou moraux, un pasteur avait beaucoup à faire et il ne lui restait
guère de temps pour composer à l'aise, pour relire, pour
corriger ses sermons. On a vu qu'il n'était pas beaucoup
plus aisé de les faire imprimer.

La vie de Saurin, en particulier, fut absorbée par les
bonnes œuvres ; il les préférait aux belles phrases. Malgré
tout son dévouement, il ne pouvait même suffire à sa tâche,
et c'est alors qu'il organisa une sorte de bureau de bien-

_____

1. Voir à la fin du volume, dans les notes, une approbation des Églises.

faisance qui, par le soin de diacres, nommés à cet effet, dispersait dans toute la ville le produit des aumônes. Encore fallait-il surveiller, contrôler, diriger tous ceux qu'il employait ainsi; et la pratique de la charité est si difficile qu'on ne peut pas beaucoup faire autre chose.

« Vous me demandez, disait-il dans une lettre, des sermons manuscrits; vous en recevrez et vous en ferez l'usage que bon vous semblera. Je compte sur votre discrétion, car je n'ai aucun discours auquel j'aie mis le temps que je désirais; mes occupations entravent le travail du cabinet. »

« Vous me croirez difficilement, écrivait-il encore, si je vous dis que, prêchant une fois par mois, je n'ai souvent que quatre ou cinq jours pour composer un sermon; et ceux que j'imprime, quoique sérieusement retouchés, se ressentent de la précipitation avec laquelle je suis contraint de les écrire. »

Cette excuse n'est pas celle qui est à nos yeux la moins légitime; nous remarquerons quelques fautes dans Saurin, mais nous les trouverons bien légères, si nous pensons qu'un orphelin vint l'interrompre ou qu'un malade l'envoya chercher.

TROISIÈME PARTIE

L'ÉLOQUENCE DE SAURIN

L'ÉLOQUENCE DE SAURIN

Nous allons maintenant, d'aussi près qu'il nous sera possible, étudier l'éloquence de Saurin et montrer la puissante originalité de ce rare génie.

Disons d'abord que nous prendrons comme sujet de cette étude, non pas toutes ses œuvres, mais ses discours seuls; encore parmi ses discours ferons-nous un choix. En effet, ses sermons qui s'élèvent au nombre de cent cinquante et qui forment douze volumes n'ont pas tous été publiés par lui. Il n'en fit paraître que cinq volumes, de 1708 à 1725; sans doute il prépara le sixième qui parut peu de temps après sa mort, en 1732. La publication de ceux qu'il avait écartés a plutôt nui à sa réputation, quoiqu'ils marquent encore un esprit supérieur. Imitons la sévérité qu'il apportait dans le choix de ses œuvres et ne parlons pas de celles qu'il n'a pas voulu présenter au public.

Il ne faut pas lire beaucoup de sermons de Saurin pour s'apercevoir qu'il a fait une double révolution dans la prédication, au point de vue littéraire et au point de vue philosophique.

La révocation de l'édit de Nantes et la persécution qui en fut la suite créaient pour la prédication protestante des conditions nouvelles. Tandis qu'en France, la voix de quelques proscrits réveillait à peine l'écho des déserts, à l'étranger elle pouvait résonner librement dans les temples qui s'élevaient en paix. La tranquillité, qui donnait aux pasteurs le loisir de préparer leurs discours, donnait aux fidèles le temps de vaquer à leurs affaires et de rétablir leur fortune. Leur foi, qui s'était affermie dans l'épreuve, n'avait plus besoin pour la lutte des armes de la théologie; au lieu de leur apprendre exclusivement le dogme, il importait au contraire de leur prêcher la morale pour les tenir en garde contre les dangers d'une vie facile et contre l'amollissement de la prospérité.

Saurin comprit ce besoin nouveau de la prédication. Il sentit que, s'il faut guider par la force et la sûreté de la doctrine, il faut attirer par le charme de la parole; que, pour être utile, il faut être agréable, et que, tout en prouvant, il faut plaire et toucher. Il ne sacrifie pas le fond, mais il soigne la forme; il sera éloquent.

Ainsi, l'exemple donné par le protestantisme aux prédicateurs catholiques lui fut ensuite, d'une autre manière, donné par eux. Il leur avait appris le respect de l'Écriture sainte et les sérieuses méditations; il en apprit la manière de bien parler et de mettre l'art au service de la vérité.

D'autre part, Descartes, en renouvelant avec éclat la philosophie, avait fait connaître une puissance qui allait tantôt combattre la religion, tantôt s'y unir, mais qui, dans les deux cas, méritait que l'on comptât avec elle.

Bossuet et Fénelon avaient compris l'importance de la philosophie; ils l'étudièrent, et, dans des livres spéciaux, montrèrent qu'elle pouvait être associée à la religion. Mais ni l'un ni l'autre ne pensa à la transporter dans la chaire, ou du moins ne lui fit des emprunts sérieux.

Saurin, au contraire, et, en cela, il ne faisait pas tort à la grande idée qui inspira la Réforme, fonda son enseignement religieux sur la raison, sur le libre examen, sur la philosophie. Non pas que le protestantisme soit et veuille être simplement une doctrine philosophique : il n'a jamais prétendu s'affranchir du joug sacré des Écritures, et il demeure à ce point de vue une religion; mais il prétend les examiner librement, et, à ce point de vue, il peut être regardé comme le libérateur de l'esprit humain au XVI° siècle. C'est lui qui, avant Descartes, avait trouvé les véritables principes de la *Méthode rationnelle.*

Saurin donc discute sa foi, il la prouve, il la défend contre les objections, de quelque part qu'elles viennent. L'autorité des hommes n'est rien pour lui; soumis seulement à l'autorité divine, il cherche quel est le sens des oracles, choisit parmi les doctrines des interprètes les plus considérables, et ne conclut qu'après avoir raisonné.

En apportant l'éloquence dans la chaire calviniste, il fut donc un novateur par rapport aux protestants; en y apportant la philosophie, il fut un novateur par rapport aux catholiques.

Ce sont ces deux vérités que démontrera l'étude de ses discours.

CHAPITRE PREMIER

LE STYLE DE SAURIN

Ce qui frappe tout d'abord dans la lecture de Saurin, c'est son style.

Il avait beaucoup étudié la littérature ancienne et la littérature moderne; il connaissait à fond Bossuet, Bourdaloue, Massillon, Fléchier, et, sans vouloir les imiter, sans les imiter en effet, il a su profiter de l'admirable exemple qu'ils avaient donné.

Il a travaillé son style. Il a donné du tour à ses pensées, de l'harmonie à sa phrase, de l'éclat, de la grâce, de la force, du charme à ses expressions : voilà ce qui le distingue de tous les orateurs protestants qui l'ont précédé.

Cependant, et avant tout, il est naturel; la nature parle par sa bouche. Pascal se plaignait de trouver toujours un auteur là où il cherchait un homme : il eût trouvé cet homme dans Saurin. On reconnaît en lui par instants le calviniste des temps passés dont la voix mâle est quelquefois rude, qui ne connaît point la noblesse, dédaigne les périphrases, et ne craint pas d'offenser les oreilles délicates.

« Il faudrait, dit-il par exemple, que le mort demeurât sans sépulture et qu'il infectât par sa puanteur ceux qui l'assistèrent pendant sa vie. »

Il se complaît dans ces images terribles qui, mieux que certaines périphrases de Bossuet, mettent à néant notre orgueil et font frissonner notre chair; il aime à envisager sans voile la mort, ses approches, ses épouvantements; il aime à soulever la pierre d'un tombeau et à contempler les restes hideux de notre humanité.

« Heureux qui, au lieu de ces titres superbes que la vanité des vivants grave sur la tombe, sous prétexte d'honorer le mort, et, au lieu de ces inscriptions fastueuses où l'on donne cours à son propre orgueil, au milieu de ces ossements, de ces vers, de cette pourriture, heureux qui aura l'épitaphe d'Atholus : *Il a transporté ses biens dans le ciel par sa charité : il est allé en prendre possession!* »

Il y a loin de ces images repoussantes aux délicates circonlocutions par lesquelles Bossuet devant la cour exprimait « ces sombres lieux, ces demeures souterraines, ce je ne sais quoi qui n'a de nom dans aucune langue. »

Hélas! ces choses-là ont un nom, mais Saurin seul a osé les nommer. Les hardiesses de Bossuet sont timides auprès de celles que Saurin prodigue sans trembler.

« Où vas-tu, riche qui te félicites de ce que tes champs ont foisonné, et qui dis à ton âme : Mon âme, tu as des biens amassés pour beaucoup d'années; repose-toi, mange et bois et fais bonne chère? A la mort! Où vas-tu, pauvre, qui traînes une vie languissante, qui mendies ton pain de maison en maison, qui es dans de continuelles alarmes sur les moyens d'avoir des aliments pour te sustenter et des habits pour te couvrir, toujours l'objet de la charité des uns et de la dureté des autres? A la mort! Où vas-tu, noble, qui te pares d'une gloire empruntée, qui comptes comme tes vertus le nom de tes ancêtres et qui penses être formé d'une boue plus précieuse que celle du reste des humains? A la mort! Où vas-tu, roturier, qui te moques de la folie du noble et qui extravagues toi-même d'une autre manière? A la mort! Où vas-tu, guerrier, qui ne parles que de gloire et que d'héroïsme, et qui, au milieu de tant de voix qui retentissent à tes oreilles et qui crient sans cesse : *Souviens-toi que tu es mortel*, te berces de je ne sais quelle immortalité? A la mort! Où vas-tu, marchand, qui ne respires que l'augmentation de tes fonds et de tes revenus, qui juges du bonheur ou du malheur de tes journées, non selon les lumières que tu as acquises et selon les vertus que tu as pratiquées, mais selon le gain que tu as fait ou que tu as manqué de faire? A la mort! Où allons-nous tous, mes chers auditeurs? A la mort!

» Outré-je la matière, mes frères? La mort respectera-t-elle les titres, les dignités, les richesses? Où est Alexandre? Où est César? Où sont les hommes dont le nom faisait trembler l'univers? Ils ont été, mais ils ne sont plus. Ils sont tombés à cette voix : *Fils des hommes, retournez! Vous êtes* » *des dieux! toutefois vous mourrez. J'ai dit!* »

» Grands du monde, *vous êtes des dieux!* voilà vos titres, voilà l'arrêt qui nous soumet à vos ordres et qui nous fait révérer votre caractère; *toutefois vous mourrez!* voilà la sentence qui vous fait descendre de ce grade qui vous élevait au-dessus de nous. *Vous êtes des dieux!* je respecterai donc votre puissance, je vous regarderai comme l'image de Celui par qui règnent les rois; *toutefois vous mourrez!* je ne serai donc pas ébloui de votre grandeur, et, quelque respect que je porte au roi, je me souviendrai qu'il est homme…

» Les avant-coureurs de la mort sont les mêmes chez le riche que chez le pauvre; chez l'un et chez l'autre, angoisses mortelles, maladies violentes, remèdes dégoûtants, douleurs insupportables, incertitudes cruelles. Traversez ces vastes appartements dans lesquels un riche semblait braver cette ennemie qui le menace et qui s'apprête à le saisir; percez cette foule de domestiques qui l'entourent; jetez les yeux sur ce lit où l'art et la nature contribuèrent également à sa mollesse. Dans cette maison superbe, au milieu de cette foule de courtisans, dirai-je? ou de vils esclaves, vous apercevrez l'objet le plus triste et le plus humiliant; vous verrez un visage pâle, livide, décharné; vous entendrez les cris d'un malheureux tourmenté de la goutte ou de la gravelle; vous découvrirez une âme atterrée par la crainte de ces livres éternels qui vont être ouverts, de ces trônes redoutables qui vont être dressés, de ces sentences formidables qui vont être prononcées...

» Les ravages de la mort sont les mêmes chez le riche que chez le pauvre; elle condamne également leurs yeux à une nuit impénétrable, leur langue à un éternel silence, toute l'économie de leur corps à une destruction totale. Je vois un superbe mausolée; j'approche de ce grand objet; je vois des inscriptions magnifiques; je lis les titres fastueux de Noble, de Puissant, de Héros, de Potentat, de Monarque, d'Arbitre de la paix, d'Arbitre de la guerre. Je m'enfonce plus avant dans l'intérieur de cet édifice; je lève la pierre qui couvre celui auquel on a consacré toute cette pompe. J'y trouve, quoi? un cadavre, des vers, de la pourriture. O vanité des grandeurs humaines! Vanité des vanités, tout est vanité! Les jours de l'homme mortel sont comme le foin ; il fleurit comme la fleur d'un champ ; le vent étant passé par-dessus, elle n'est plus et son lieu ne la reconnaît plus. » (*Sur l'égalité des hommes.*)

En lisant cette éloquence inconnue, il est impossible de ne pas la comparer à celle qui est si fameuse et qui tient une si belle place dans l'oraison funèbre d'Henriette d'Angleterre. Laquelle est la plus sublime (1)?

Comme on a pu le remarquer, tout l'effet de ce style magnifique est produit par la seule force de la pensée ; l'expression est très-simple, toute naturelle ; on n'y peut signaler que la précision, l'exactitude et la clarté ; pas de noblesse ni de pompe ; point d'image, de comparaison, d'apostrophe.

Saurin n'est pas de l'école de Cicéron ; il ne sait pas

______

(1) On peut encore rappeler le passage suivant de Massillon où se remarque une idée analogue exprimée dans des termes semblables ; il se trouve dans le sermon *sur la Mort.*

« Hélas ! si vous pouviez déchirer le voile fatal qui couvre vos yeux comme ceux de Lazare et vous voir comme lui enseveli dans les ténèbres, tout couverts de ténèbres et répandant au loin l'infection et une odeur de mort ! *Mais maintenant tout cela est caché à vos yeux*, dit Jésus-Christ. *Nunc autem hæc abscondita sunt ab oculis tuis.* Vous ne voyez de vous-mêmes que les embellissements et les dehors pompeux du tombeau funeste où vous croupissez, votre sang, votre naissance, vos talents, vos dignités, vos titres, c'est-à-dire les trophées et les ornements que la vanité des hommes y a élevés ; mais ôtez la pierre qui couvre ce lieu d'horreur ; regardez dedans ; ne jugez pas de vous par ces dehors pompeux qui ne font qu'embellir votre cadavre ; voyez ce que vous êtes aux yeux de Dieu, et si la corruption et l'aveuglement profond de votre âme ne vous touchent pas assez, que sa servitude du moins vous réveille et vous rappelle à vous-même. »

Combien d'autres rapprochements ne pourrait-on pas faire entre Massillon et Saurin ; combien de leurs discours ont le même titre et le même objet ! On serait tenté de se demander s'ils n'ont pas cherché à lutter ensemble ; cependant nous ne le pensons pas. Dans tous les cas, constatons que les deux orateurs sont à peu près contemporains. Massillon, né en 1643, a prêché de 1699 à 1719 ; ses derniers discours ont été prononcés en même temps que les premiers de Saurin.

amplifier, *augere rem.* Sa parole est toujours à l'exacte
mesure de sa pensée; quand l'une s'élève, l'autre s'élève
sans calcul et sans effort; quand l'une s'abaisse, l'autre s'a-
baisse sans honte et de plein gré. Telle est l'éloquence de
Démosthènes.

On serait même porté à croire que Saurin s'était proposé pour modèle le grand orateur grec. Il y a du moins
entre eux des rapports frappants. Même grandeur, même
simplicité, même alliance du sublime et du familier; imagination également féconde et sobre; même force et même
ingénuité dans l'argumentation.

Un passage du sermon sur le *Trafic de la vérité* nous
montre pour le caractère et l'éloquence de Démosthènes
une complaisance rare chez Saurin; lui, qui n'a pas l'habitude des citations brillantes ou épisodiques, il cite tout
un passage de la première Philippique. Il y a là quelque
chose de significatif.

« Qu'un orateur est digne d'applaudissement, mes frères,
lorsqu'appelé à donner son suffrage sur les besoins publics,
il parle avec ce feu qu'allume l'amour de la patrie et ne
connaît point d'autre loi que la justice et le salut du peuple! C'est par cette généreuse liberté qu'on a vu des païens
tenir des discours dont la fermeté n'étonne que ceux qui
manquent de courage pour les imiter. Représentez-vous
Démosthènes parlant à ses maîtres, à ses juges, voulant les
sauver malgré eux et malgré les peines qu'ils infligeaient
quelquefois à ceux qui ne demandaient qu'à les retirer de
l'abîme où ils s'étaient eux-mêmes plongés; représentez-
vous cet orateur faisant des instances qui passeraient aujourd'hui pour des flambeaux de sédition et leur disant :

« Serez-vous donc éternellement à vous promener dans vos
» places publiques, à vous demander : Qu'y a-t-il de nou-
» veau? Philippe est mort, dit l'un. Non, reprend l'autre; il
» n'est que malade. Eh! que vous importe, messieurs? Le
» ciel ne vous en aurait pas plus tôt délivrés que vous vous
» feriez vous-mêmes bientôt un autre Philippe..... » Un tel
orateur, mes frères, est digne des plus grands éloges. De
quelque coup que Dieu frappe les peuples, il n'a pas résolu leur perte, tant qu'il leur conserve des hommes qui
savent leur montrer de cette manière les moyens de la prévenir. »

On pourrait rapprocher de ce passage de Démosthènes,
le passage suivant, tiré du premier sermon sur le *Renvoi
de la conversion;* il y a beaucoup de ressemblance dans les
idées et dans le mouvement du style :

« Vous voulez vous convertir, dites-vous? Et quand pré-
tendez-vous faire cet ouvrage? Demain, sans plus différer.
Mais n'êtes vous pas extravagants de renvoyer jusqu'à demain? Aujourd'hui vous vouliez l'entreprendre; vous avez
frémi en voyant combien de travaux il fallait employer, combien de peines il vous fallait surmonter, combien de victoires
il vous fallait remporter sur vous-mêmes. Vous détournez
vos yeux de cet objet : vous voulez encore aujourd'hui suivre vos penchants, laisser courir votre esprit après les objets
sensibles, vous abandonner à vos passions, satisfaire votre
concupiscence, et demain vous rappellerez vos réflexions,
dites-vous; vous citerez vos mauvais désirs devant le tribunal de Dieu; vous leur prononcerez leur sentence. Sophisme
de l'amour-propre, qui porte avec lui sa réfutation! car si
ce mauvais penchant, formé jusqu'à un certain point, vous

paraît aujourd'hui invincible, comment ne le serait-il pas demain, puisqu'aux actes des jours passés vous voulez ajouter ceux de ce jour? Si la seule idée, si la seule pensée du travail vous force à vous en éloigner aujourd'hui, comment ne succomberez-vous pas demain sous le travail même? »

Dans le second sermon qu'il prononça sur le même sujet, Saurin déploie une véhémence oratoire qui est certainement égale à celle de l'orateur grec.

« Je vais encore plus loin et j'ose soutenir que, s'il faut consulter la raison, sur l'idée que nous vous avons donnée de la justice de Dieu, elle s'accorde avec l'Écriture. Tu ne peux pas concevoir que sa justice soit si rigoureuse? et moi, je ne saurais pas concevoir qu'elle soit si indulgente; et moi, je ne saurais pas concevoir que le maître du monde ait voulu revêtir une chair humaine, s'exposer à la fureur d'une populace effrénée et expirer sur une croix. C'est la plus grande difficulté que je trouve dans l'Évangile. Mais tais-toi, raison impérieuse! voici de quoi te satisfaire; joins la difficulté que tu trouves sur la justice avec celle que te fait naître l'idée de la miséricorde; l'une est le correctif de l'autre. L'excès de la miséricorde justifie l'excès de la justice, et l'excès de la justice vient de l'excès de la miséricorde.... »

« Si les gens qui nous tiennent ce langage, si les gens qui trouvent la justice de Dieu trop rigoureuse, si c'étaient des gens qui travaillassent avec quelque soin à leur salut, si c'étaient des gens qui y employassent une heure de la journée, leur difficulté aurait quelque couleur; ils paraî-traient avoir quelque lieu de se plaindre. Mais qui sont-ils?

Ce seront des gens qui lâchent la bride à leurs passions : ce seront des abominables qui font gloire de leurs commerces infâmes; ce seront des cœurs implacables qui haïssent leur prochain et qui veulent le haïr toute leur vie; ce seront des mondains qui emploient une partie de la nuit au jeu, aux excès, aux spectacles et qui reprennent sur le jour la partie de la nuit qu'ils avaient dérobée à leur mollesse; ce seront des gens fiers, arrogants, qui, sous prétexte qu'ils ont des équipages somptueux, des titres superbes, croient pouvoir violer impunément tous les engagements du christianisme. Ces gens-là, lorsque nous leur disons que, s'ils persistent dans ce train de vie, il n'y aura point de grâce pour eux, nous disent qu'ils ne peuvent pas concevoir que la justice de Dieu les traite d'une manière si rigoureuse. Et moi, je ne puis pas concevoir qu'elle te traite d'une manière si indulgente; et moi, je ne puis pas concevoir comment, tenant la foudre à la main, il semble pourtant n'être que le spectateur oisif de tes sacriléges; et moi, je ne puis pas concevoir comment la terre ne s'ouvre sous tes pieds, et comment ses gouffres affreux n'anticipent la peine que la vengeance divine t'apprête dans les enfers. »

Cette ironie écrasante, ces répétitions pressées, ces questions, ces réponses produisent un des plus beaux morceaux oratoires dont on doive garder le souvenir.

Mais si, comme Démosthènes, Saurin ravit les âmes par la violence et les dompte par la force, il met aussi dans son style, comme saint Augustin, une chaleur qui se communique et qui pénètre.

« Mes frères, nous déclamons souvent contre votre indolence et contre vos froideurs; cependant, nous les défions, toutes ces froideurs et toute cette indolence, de tenir contre les objets de la Religion, si vous daignez y jeter les yeux. Nous vous défions de ne pas aimer souverainement cet Être suprême, si vous vouliez seulement être attentifs à ses perfections; si vous vouliez pendant quelque temps réunir sur cet auguste sujet vos pensées dissipées; si vous vouliez bannir de votre esprit ces distractions qui vous empêchent de penser et de réfléchir, qui lient, qui suspendent toutes les puissances de vos âmes... Mon âme, tu te plains de ta froideur envers Dieu : elle doit bien te confondre, mais elle ne doit pas t'étonner, vu les objets qui t'environnent. Tout occupée de ce monde, entraînée par les plaisirs, remplie de ses maximes, étourdie de son tumulte, tu ne portes pas tes regards vers l'Être suprême. Il habite pour toi une lumière inaccessible. C'est le Dieu fort qui se cache et tu ne fais pas d'assez grands efforts pour combler ces abîmes qui t'en séparent et pour dissiper ces nuages qui le dérobent à ta vue. Porte, porte tes regards sur ton Dieu. Tu ne le voyais pas, c'est pour cela que tu ne l'aimais pas. Contemple, admire tant de grandeur et tant de gloire, tant de majesté, tant de pompe, tant de charité, tant d'amour; allume le feu de ton amour aux rayons du soleil de justice; alors, entraînée, échauffée, embrasée, tu sentiras « cet amour qui est plus fort que la mort, ces embrasements qui sont de feu, que plusieurs fleuves ne pourraient noyer, que plusieurs mers ne sauraient éteindre. » (*Sur la sublime dévotion.*)

Nous pourrions accumuler les exemples; mais il y a spé-

cialement un discours tout entier où Saurin ne semble pas
avoir pu résister à l'enthousiasme de la tendresse ; c'est
celui qui a pour sujet les dernières paroles de Jésus-Christ
à ses apôtres. La mort douloureuse de son Dieu, ces souffrances à qui un incrédule même ne pourrait refuser sa
pitié, lui ont inspiré des accents d'une douceur singulière.
Nous ne pouvons pas reproduire ce sermon ; il suffira d'en
rapporter en partie l'exorde qui est pénétré déjà d'une tendresse naïve et simple :

« ..... Que s'il est permis de faire monter ces réflexions
dans cette chaire, je vous avouerai ingénument qu'une
circonstance particulière m'a déterminé au choix du sujet
que je vous propose aujourd'hui. Il n'y a que peu de jours,
je fus témoin de la violence des tourments d'un digne pasteur (1) que la mort vient d'enlever à une église voisine.
Dieu le visitait depuis quelques mois, si l'on peut ainsi parler, d'une tentation plus qu'humaine, mais lui donnait une
force plus qu'humaine pour la supporter. Je fus étonné de
la grandeur de ses maux, plus encore de la grandeur de sa
constance ; je voulus savoir quelle partie de la religion avait
le plus contribué à opérer en lui ce prodige. « Avez-vous
» jamais recueilli votre attention, mon cher frère, me dit-il,
» sur les derniers entretiens de Jésus-Christ à ses apôtres ?
» Mon Dieu, s'écria-t-il, quelle charité ! quelle tendresse sur-
» tout ! Quelle source inépuisable de consolations dans les
» maux extrêmes ! » Je fus frappé de ce discours ; je pensai
d'abord à vous, mes chers frères, et je me dis à moi-même :
Il faut munir mes auditeurs de ce puissant bouclier contre

____

(1) Nous savons qu'il s'appelait Begnon et qu'il était pasteur à Leyde.

les souffrances et contre la mort. J'exécute aujourd'hui ce dessein. Daignez y concourir. Venez recueillir les dernières expressions de la charité de notre Sauveur mourant, pénétrer jusque dans le fond de ce cœur que la charité anime. »

Que dire de la peinture si pathétique de la douleur des apôtres? il suffit de renvoyer à ce magnifique passage qui semble être l'idéal de l'éloquence et de la foi.

Le style de Saurin a encore une autre qualité, qui domine dans la plus grande partie de ses discours; c'est le calme.

Aujourd'hui, à notre époque tourmentée, dans un siècle agité à la fois par les questions religieuses, politiques, sociales, au milieu d'une époque fatiguée par un trouble inexprimable, à ce moment où l'on ne saurait dire de notre société si elle touche à sa fin ou si elle va renaître à une vie nouvelle, le style des plus grands écrivains renferme de singuliers contrastes; on y trouve des grandeurs et des faiblesses étranges, des sublimités et des niaiseries, une recherche fatigante et une simplicité vraie. Habitués à cette fièvre qui nous dévore, nous ne sommes plus aptes à juger très-bien la littérature du XVIIe siècle, si sereine chez Bossuet, si grave chez Saurin.

Aussi, le lecteur, s'il ne fait pas un effort sur lui-même, pourra-t-il trouver d'abord de la froideur dans le calme habituel de Saurin.

Cependant, regardons de plus près.

Au bord de certains lacs profonds, les yeux voient à peine quelques rides légères passer sur la surface des eaux. Mais, dans les jours de tempête, ces eaux maintenant paisibles semblaient toucher au ciel; même dans les jours de calme, il y a au fond de leurs abîmes une vie, un mouvement admirables qui ne cessent jamais; il y a tout un monde d'animaux qui naissent, qui vivent et qui meurent; il y a tout un paradis de fleurs qui s'ouvrent et qui brillent; l'œil ne les découvre pas; il faut plonger profondément pour découvrir ces mystères de joie et de fécondité.

Tel est Saurin; quand on pénètre plus avant dans ses discours, on y trouve une vie, un mouvement, une chaleur qui ne s'éteignent jamais.

Ces grandes qualités s'aperçoivent facilement à travers la limpidité du style.

Il ne faudrait pas dédaigner la clarté, par la raison que c'est un mérite nécessaire : c'est celui qui manque le plus souvent. Les plus grands orateurs, les plus grands poëtes ne sont pas toujours intelligibles. Que dirons-nous des philosophes et des théologiens?

Or, c'est précisément dans la discussion des plus hautes questions philosophiques ou religieuses que la clarté de Saurin frappe surtout les yeux. Il est prodigieux de le voir se jouer à travers les difficultés les plus ardues, les controverses les plus subtiles. L'attention ne se fatigue jamais à le suivre; l'intelligence du plus humble auditeur n'est pas déroutée, et la métaphysique de Saurin est aussi aisée que la morale de Massillon. Et cependant, il a osé aborder les sujets les plus épineux, les profondeurs divines, l'immensité de Dieu, la plus sublime dévotion, le ravissement de saint Paul, les difficultés de la religion chrétienne, la foi obscure, etc., etc. De tous ces discours, le plus abstrait est peut-être le plus séduisant : nous voulons parler des *Profondeurs divines*. Choisissons le passage le plus difficile :

« Il n'est pas étonnant que l'homme s'égare dans les voies les plus sublimes, et il lui est plus glorieux d'avoir tenté ces routes impraticables que honteux de l'avoir fait sans succès. Il y a des objets plus propres à humilier la raison humaine. Les objets les moins susceptibles en apparence de grandeur et de difficultés absorbent l'esprit de l'homme, s'il veut les approfondir. Qu'il se considère soi-même, il se perdra dans la méditation de sa propre essence. Qu'est-ce qu'un homme? Qu'est-ce que cette âme qui pense et qui réfléchit? Qu'est-ce que cette union d'un esprit à une portion de matière? Qu'est-ce que cette matière même à laquelle un esprit est uni? Autant de questions, autant d'abîmes, autant de profondeurs impénétrables dans les voies du Créateur.

» Premièrement, qu'est-ce que cette âme? Qu'on nous dise en quoi consiste son essence. Est-ce la puissance de déployer ses facultés? Mais de là il suit cette conséquence qu'une âme peut avoir l'essence d'une âme sans avoir jamais pensé, raisonné, réfléchi, pourvu qu'elle ait la puissance de le faire. Est-ce l'acte même de penser? Mais de là il suit cette autre conséquence qu'un esprit cesse d'être esprit, lorsqu'il cesse de penser : ce qui semble contraire à l'expérience. Qu'est-ce donc que notre âme? Est-ce cet amas de pensées qui nous occupent et qui se succèdent l'une à l'autre? Mais comment telles ou telles pensées, dont aucune n'est essentielle à l'âme, constituent-elles son essence lorsqu'elles sont jointes ensemble? Est-ce un sujet différent de chacune de ces pensées particulières? Mais qu'on nous donne, s'il est possible, une idée distincte de ce sujet. Qu'est-ce donc qu'une âme? Est-ce une substance immatérielle, indivisible, différente du corps et qui ne peut être enveloppée dans ses ruines? Sans doute; mais, lorsque vous en donnez cette notion, vous dites plutôt ce que l'âme n'est pas que ce qu'elle est en effet; vous en éloignez les fausses idées, mais vous n'en donnez pas une véritable : vous dites bien que l'esprit n'est pas un corps, mais vous n'expliquez pas ce que c'est que l'esprit; et je cherche une idée claire, réelle et positive.

« Mais, si je me confonds moi-même en considérant la nature de mon âme, je me confonds de nouveau quand je cherche la liaison de cette âme avec ce corps. Qu'on me dise par quelle merveille une substance sans étendue et sans parties peut s'unir à un sujet matériel et étendu? quelle liaison il y a entre la volonté de se mouvoir et le mouvement? quel rapport entre la trace d'un cerveau et l'idée d'un esprit? comment l'âme, avant d'avoir son idée présente, và la chercher? et, si elle l'a présente, comment il est besoin qu'elle la cherche? Avoir recours à la puissance de Dieu, cela est sage, j'en conviens, si l'on se sert de cette réponse pour avouer son ignorance; mais, si l'on s'en sert pour la couvrir, si l'on prétend avoir beaucoup expliqué quand on a dit que c'est Dieu qui sait toutes ces choses, on se trompe sans doute; c'est dire : *Je n'en sais rien*, en termes philosophiques, et lorsqu'il semble que l'on va dire: *Je le sais*.

« Enfin je demande que l'on explique ce que c'est que le corps humain. Que dis-je? le corps humain! J'en prends la plus petite partie, je n'en prends qu'un atome et qu'un petit grain de poussière, et je le donne à examiner à toutes les écoles et à toutes les académies de l'univers. Cet atome a de l'étendue, il peut être divisé, il est susceptible de mouvement, il réfléchit la lumière. Il n'y a pas un seul de ses attributs qui ne nous fournisse mille et mille questions que le plus grand philosophe ne saurait résoudre. Mes frères, quand on est dans une école, quand on occupe une chaire académique, quand on se fait une loi de répondre à tout, il est aisé de parler et de *trouver beaucoup de discours*, comme s'exprime le sage. Il y a un art qui s'appelle *soutenir*, et cet art est bien nommé, car il ne consiste pas à peser les difficultés et à les résoudre, ou à reconnaître son ignorance, mais à persister dans sa propre thèse et à la défendre avec acharnement. Mais, quand on est dans son cabinet, quand on médite de sang-froid, quand on cherche à se satisfaire et qu'on a d'ailleurs quelque justesse d'esprit, on raisonne d'une autre manière. Il n'y a point d'homme sincère, s'il a un bon génie, qui ne soit contraint de reconnaître que la pesanteur, que la dureté, que la lumière, que l'étendue sont des sujets sur lesquels on a dit jusqu'à ce jour des choses très-curieuses et très-spirituellement imaginées, mais qui laissent l'esprit, après tout, à peu près dans la même incertitude où il était auparavant. Ainsi ce génie sublime, cet auteur de tant de volumes, ce philosophe consommé, ne peut pas expliquer ce qu'est un grain de poussière; un atome, un atome! est un écueil fatal à sa philosophie, où toute sa science se brise et s'évanouit. »

Descartes et Bossuet ont-ils eu une vue plus nette des choses? les ont-ils exprimées plus clairement? Soit dans le développement général de la pensée, soit dans le détail de l'expression, la précision est égale. L'idée est, pour ainsi dire saisie au vol; son image est si fidèlement reproduite qu'il n'y a rien à y changer, rien à ajouter, rien à retrancher.

Remarquons aussi que la phrase de Saurin est plus légère que celle de Descartes, puisque nous avons parlé de Descartes; Bossuet, lui-même, dans son *Traité de la connaissance de Dieu et de soi-même*, est peut-être moins rapide et moins vif. On a beaucoup loué Voltaire d'avoir trouvé la phrase française; mais Saurin l'avait trouvée avant lui, et, pourquoi ne dirions-nous pas toute notre pensée? mieux que lui. En effet, si la phrase française n'est pas la période du XVIIe siècle, trop vaste et, comme la période latine, surchargée de conjonctions, ce n'est pas non plus la phrase écourtée qui, s'arrêtant à chaque ligne comme les vers de la Pucelle, manque d'halcine et de dignité. L'une et l'autre sont fatigantes par des raisons contraires; l'une et l'autre sont impropres à l'éloquence, et l'on pourrait condamner de prime abord un discours écrit comme le *Discours de la méthode* ou comme le *Siècle de Louis XIV;* encore devrait-on préférer l'ampleur latine du grand siècle à la maigreur bourgeoise du siècle suivant.

Bossuet et Saurin ont, à notre avis, trouvé le vrai tour oratoire; ce sont eux encore que l'éloquence moderne peut prendre pour modèles. Les différences que l'on pourrait relever entre eux seraient à l'avantage de Saurin; mais il faut tenir compte des progrès du temps; et le second devait faire mieux que le premier.

La concision et l'ampleur se trouvent à la fois dans les sermons de Saurin. Il serait impossible de citer des exemples de l'une et l'autre; il faut lire ses œuvres pour s'en faire une idée exacte, ou, pour mieux dire, lire une page de ses œuvres. On aura facilement la preuve de ce que nous avançons.

Ici, ce sont des portraits en un mot; c'est l'avare, le jour de sa mort, « se séparant de ses dieux qu'il avait enfermés dans un coffre »; c'est un philosophe « qui devient athée obstiné pour devenir pécheur paisible ».

Ailleurs, ce sera au contraire une abondance heureuse et expressive :

« On a vu peu d'aussi beaux jours dans l'Église que ceux qui nous sont décrits dans le chapitre XIX de l'Exode et dans quelques-uns de ceux qui le suivent. Dieu n'avait jamais versé de bénédictions sur un peuple avec une plus riche abondance; jamais peuple n'avait marqué une reconnaissance plus vive, ni une piété plus fervente. La mer Rouge était traversée, Pharaon et son insolente cour étaient engloutis dans les ondes, l'accès à la Terre Promise était ouvert, Moïse avait été admis sur la sainte montagne pour puiser dans le sein de Dieu la félicité dans sa source et pour la porter ensuite au milieu de sa nation; à ces grandes faveurs étaient ajoutées des promesses plus grandes encore et Dieu disait : « Vous avez vu ce que j'ai fait aux » Égyptiens; vous avez vu comment je vous ai portés sur » des ailes d'aigles : voici maintenant, si vous obéissez exac- » tement à ma voix et si vous gardez mon alliance, vous se- » rez entre les peuples mon plus précieux joyau, bien que » toute la terre m'appartienne. » Le peuple est frappé de tant de merveilles; chacun est occupé des mêmes objets, chacun paraît occupé d'un même désir, tous les cœurs semblent réunis et on n'entend plus qu'une voix en Israël : « Nous ferons tout ce que l'Éternel nous a dit ... »

« Cette histoire n'a-t-elle rien, mes frères, qui vous regarde d'une manière directe! Y eut-il jamais de jours plus solennels que ceux que nous célébrons? Dieu vint-il jamais à nous avec plus de grâces? Allâmes-nous jamais à lui avec plus de vœux? D'un côté, cette année qui se renouvelle et rappelle à nos esprits tant de coups frappés, sur qui? sur les ennemis de Dieu? Hélas! sur l'État, sur l'Église; tant de personnes enlevées au milieu du champ de bataille, tant d'autres entraînées par le tourbillon des choses humaines, tant de périls en un mot dont nous étions menacés, mais dont ta miséricorde, ô Dieu, nous a affranchis. D'un autre côté, cette table sacrée, ces symboles augustes, ces arrhes de notre félicité éternelle, tous ces objets n'égalent-ils pas ce jour aux plus beaux de notre vie? »

Naturel, simplicité, précision, clarté, rapidité, force, chaleur, mesure, concision, ampleur, voilà beaucoup de qualités que nous avons trouvées chez Saurin, qui sont bien précieuses et qui sont bien rares.

Nous ne parlerions pas de la correction, dont on a pu juger d'ailleurs, si Maury n'avait reproché à Saurin d'en manquer. Nous avons donc fait le relevé minutieux des fautes que nous avons trouvées dans les six volumes de sermons que nous avons spécialement étudiés.

En voici la nomenclature :

1° Expressions inusitées : La bénéficence — un concentrement de pensées — un peuple murmurateur — corporaliser (opposé à spiritualiser) — corporalité (même sens) — incessamment (pour sans cesse) — le bourrellement de la conscience — le diffame (pour la diffamation) — quelque égard humain (pour quelque respect humain) — une loi à laquelle personne ne pourrait faire altération — l'adhérence au dogme — il est libre (pour il est licite).

2° Tournures inusitées : Qui est-ce de vous qui... Plût à Dieu, pussions-nous... Vous contester (pour contester avec vous) — Que ne sont les législateurs plus indulgents? — Quand toutes ces objections auraient lieu (pour seraient à leur lieu). — En outre, il remplace souvent par le pronom personnel ou par un pronom possessif un nom de chose inanimée. Ex. « Tout leur a paru égal pourvu qu'*il* contribuât à ce but. » Enfin il emploie souvent le passé défini et l'imparfait du subjonctif qu'il vaut mieux faire en sorte d'éviter.

3° Images mal suivies : Il devient insensible aux trames les plus criantes — sous toutes ces relations différentes — remplir dignement les relations de la société — revêtir des sentiments d'humiliation — chacun souffle le venin — essuyer les travaux dont la carrière de la vertu est parsemée.

Comme on peut le voir par ces exemples, les images mal suivies sont, en particulier, bien rares. La raison en est que Saurin n'employait les images qu'avec mesure et maîtrisait avec soin cette imagination vive et féconde qu'il avait reçue du ciel.

« La gravité de ce discours, la majesté de ce lieu, le caractère de ces auditeurs, nous interdisent certaines descriptions qui sont les productions d'une imagination qui se joue. Il faut laisser à un écolier que l'on dresse dans une école certaines images emphatiques que l'on passe en faveur de sa jeunesse et de son peu d'expérience. »

« Quelle est, disait-il encore, la vocation d'un pasteur ? C'est de se vouer tout entier à la vertu et à la vérité, de servir d'exemple à toute l'Église ; c'est d'aller fouiller dans les hôpitaux et dans les maisons des malheureux pour contribuer à enrichir leur misère ; c'est de se déterminer dans ses études, non par ce qui lui attirera une réputation de savoir et d'éloquence, mais par ce qui sera plus utile aux peuples sur lesquels il est préposé ; c'est de se régler dans le choix d'un texte, non sur ce qui pourra le faire briller avec plus d'éclat, mais sur ce qui a plus de rapport aux besoins de ceux chez qui il exerce son ministère ; c'est de prendre autant de soin d'un mourant né d'une famille obscure, étendu sur une couche de vers, enseveli dans l'oubli du silence, que de celui qui porte un nom illustre, qui se roule sur l'or et sur l'argent, et à qui on prépare un cercueil plus pompeux et des funérailles plus magnifiques ; c'est de *crier à plein gosier*, c'est *d'élever sa voix comme une trompette, de déclarer à Jacob ses forfaits et à Israël son iniquité*, de reprendre le vice avec fermeté, pour éminent que soit le lieu où il se rencontre. Quelle est la conduite ordinaire d'un pasteur ? O Dieu, n'entre point en compte avec tes serviteurs ; car de mille articles nous ne pourrions répondre à un seul. »

Ailleurs il s'élève avec une vivacité piquante contre l'impression toute mondaine que pouvaient produire ses discours :

« Il n'y a point de semaine qu'on n'attaque quelque vice ; il n'y a point de semaine qu'on n'en dût corriger quelqu'un ; il n'y a point de semaine qui ne dût produire quelque changement sensible dans la société et dans l'Église. Le voit-on ?

J'en atteste vos consciences. Vous nous regardez comme des déclamateurs appelés à vous entretenir pendant une heure pour diversifier vos plaisirs et pour vous délasser le premier jour de la semaine des affaires qui vous occupent les autres jours. Il semble que nous montions dans ces chaires pour vous servir d'amusement, pour vous donner des spectacles, tout au plus pour soumettre à votre jugement des pièces académiques et pour vous dire : Venez venez, venez voir si nous avons l'imagination fertile, la voix belle, le geste régulier, l'action selon votre goût. Dans cette détestable supposition, vous érigez la plupart un tribunal où vous jugez en dernier ressort de nos sermons ; vous nous trouvez tantôt trop longs, tantôt trop courts, tantôt trop froids, tantôt trop pathétiques. Presque personne ne rapporte ces exercices à leur véritable usage, à la sanctification du cœur, à l'amendement de la vie. Voilà le succès des sermons que l'on vous adresse. Les nôtres seraient-ils plus heureux ? Nous serions trop crédules de nous le promettre. »

Bossuet s'est exprimé plusieurs fois à peu près de la même manière, et l'on peut dire que tous les deux ils eurent de leur ministère une noble idée. Mais Bossuet se laisse entraîner peut-être à son insu par sa fougueuse imagination de poëte. Saurin reste plus maître de lui-même.

Un trait suffit souvent à l'expression de sa pensée :

« Qu'est-ce que ce monde qui vous fascine les yeux ? C'est un bûcher qui commence déjà à brûler et qui doit être bientôt consumé entièrement. »

« Si les monceaux d'or et d'argent interceptent au riche la vue de la mort, ils ne sauraient intercepter à la mort la vue du riche, ni l'empêcher de le forcer dans les faibles retranchements où il se loge. »

« C'est dans le silence du cabinet, pensées terrestres, soucis mondains, volées importunes d'oiseaux qui venez si souvent nous traverser dans la vie, c'est là où vous n'avez point d'accès. »

« L'Éternel a fait tous les hommes avec les mêmes faiblesses. Le corps du riche comme celui du pauvre, c'est un égout où mille impuretés se rendent ; c'est le rendez-vous général des douleurs et des maladies ; c'est une maison d'argile qui se brise à la rencontre d'un vermisseau. »

« Ayez de justes idées de cette vie, de cette ombre qui passe, de cette herbe qui se sèche, de cette fleur qui se fane, de ce songe qui se dissipe, de cette vapeur qui se perd dans les airs. »

« L'air, la nature, les éléments, tout conspire à nous enlever au monde ; nous nous évanouissons comme de nous-mêmes et Dieu peut seul retenir ce souffle qui nous soutient. »

« Nous venons dans la maison du Seigneur avec nos bœufs, avec nos pigeons, avec nos projets, avec nos vaisseaux, avec nos lettres de change, avec nos titres, avec nos grandeurs, à l'exemple de ces profanes que Jésus-Christ chassa autrefois du temple de Jérusalem. »

« Les pécheurs endurcis sont placés sous vos yeux par la Providence, pour vous inspirer un tremblement salutaire, et Dieu les expose dans l'Église comme ces mâts fracassés qu'on laisse sur les bancs de l'Océan pour avertir les nautonniers et pour leur dire : Éloignez-vous d'ici, passants ! fuyez cet endroit funeste, et que les débris de

notre naufrage vous fassent chercher une mer plus sûre et
une route moins périlleuse ! »

« Nous autres, petits mortels, nous regardons un jour,
une heure, un quart d'heure, comme un très-petit espace
dans le cours de notre vie. Nous perdons sans scrupule un
jour, une heure, un quart d'heure. Nous avons grand tort...
Mais Dieu roule, si j'ose ainsi dire, dans l'immense espace
de l'Éternité ; entassez millions de siècles sur millions de
siècles ; ajoutez de nouveaux millions à de nouveaux millions ; tout cela n'est rien en comparaison de la durée d'un
Être éternel. »

On voit comme ces images sont rapides ; elles sont indi-
quées à l'esprit des auditeurs, mais non pas développées.

Rarement elles occupent plus de quelques lignes, à moins
que le développement n'en soit impérieusement utile.

Voici un exemple tiré du sermon *Sur la véritable liberté :*

« Le pécheur est forcé de mourir, malgré des sujets
infinis de craindre la mort. Il n'est dans ce monde que
comme dans une prison dont les trompeuses délices lui
font bien quelquefois perdre de vue son véritable état, mais
prison pourtant, dont il sera forcé de sortir dès que l'heure
marquée pour son supplice par le Souverain Législateur
sera arrivée. Et comment se déroberait-il à cette funeste
nécessité ? Garrotté par la goutte, par la gravelle, par les
années, par cette multitude innombrable de maux dont les
seuls noms composent d'immenses volumes, et qui le traî-
nent à la mort, comment se soustrairait-il à la loi qui lui
est imposée de mourir ? Le seul art qu'il a pu trouver pour
ne pas se désespérer dans une prison dont l'issue est si for-

midable, c'est de s'y étourdir par le bruit, par les affaires, par les plaisirs ; semblable à ces furieux à qui la justice humaine accorde quelques heures pour se préparer à comparaître devant la justice divine et qui les emploient à noyer leur raison dans le vin, afin de ne pas frémir à la vue de l'échafaud sur lequel leur sentence va être exécutée. Voilà l'état du pécheur. Dès que ce bruit qui résonnait à ses oreilles cesse, dès que ces affaires qui remplissaient la capacité de son âme sont suspendues, dès que les charmes de ces plaisirs qui l'enchantaient sont traversés, dès qu'il est rendu à lui-même et que cette pensée s'offre à son esprit : Je dois mourir ! et je dois mourir bientôt ! il gémit sous les fers dont il se sent accablé ; son visage change, ses yeux se troublent, le mouvement d'une feuille que le vent agite lui semble son exécuteur qui frappe à la porte et qui veut le traîner devant son juge... »

Citons encore un passage non moins magnifique du sermon *Sur l'immensité de Dieu :*

« On dit que, quelques jours avant la ruine de Jérusalem, on entendit une voix qui venait du fond du lieu saint et qui criait : Sortons d'ici ! sortons d'ici ! Mes frères, une voix pareille vous est adressée. Nous fondons aujourd'hui nos exhortations, non pas sur le motif de la destruction d'un temple seulement ; nous prêchons, s'il faut ainsi dire, à la vue des ruines de cet univers. Oui, du sein de ce monde croulant et des éléments fracassés, une voix se fait entendre : Sortons d'ici ! sortons de ce monde ! donnons à nos espérances des fondements plus solides qu'une terre contreminée qui va bientôt être réduite en cendres. Et alors, passent les cieux *avec un bruit sifflant de tempête !*

soient consumés les éléments! brûle la terre avec tous ces
ouvrages qui sont en elle! périsse l'univers! périsse la nature! notre félicité est au-dessus de ces catastrophes.
Nous nous attacherons au Dieu des siècles, au Dieu qui est
la source de l'existence et de la durée, au Dieu devant
lequel mille ans sont comme un jour et un jour comme
mille ans. « Éternel, tu as fondé la terre, et les cieux sont
l'ouvrage de tes mains; ils périront, mais tu es permanent;
ils s'envieilliront comme un habit et tu les changeras
comme un vêtement. Mais toi, tu es toujours le même et tes
ans ne finiront jamais. Les enfants de tes serviteurs habite-
ront auprès de toi et leur postérité sera en ta présence.»
Dieu nous fasse éprouver ces grandes promesses! A lui soit
honneur et gloire à jamais! »

Voilà ou à peu près toutes les images que l'on rencontre
dans les six premiers volumes des sermons de Saurin.
Quelle meilleure preuve de sa gravité?

Il a été un peu moins avare des *figures*, c'est-à-dire des
tours que l'orateur doit donner à son style pour le varier.
Mais il est presque inutile, après tout ce que nous avons
déjà dit, de faire observer que Saurin ne cherche pas les
figures; elles se produisent spontanément à leur place
nécessaire.

La Répétition, par exemple, sert souvent chez lui à
éclairer les divisions de son discours et à annoncer les développements successifs de l'idée.

Ainsi, dans le sermon *Sur l'immensité de Dieu* :

« Quand des êtres nouveaux paraissent, il y est;

...Quand les êtres se conservent, il y est;

...Quand le monde est bouleversé, il y est;

...Quand tout succède selon nos vœux, il y est;

...Quand notre esprit est éclairé, il y est;

...Quand notre cœur se range à ses devoirs, il y est;

...Quand d'épaisses ténèbres nous couvrent, il y est;

...Quand nous violons la justice, il y est;

...Quand les hommes qui sont des dieux sur la terre projettent et délibèrent, il y est;

...Quand nous vivons, quand nous mourons, il y est. »

Quelquefois, au contraire, la répétition indique la fin des développements différents d'un discours.

Ainsi dans le sermon *Sur les profondeurs divines :*

« Crions donc sur le bord de cet abîme de la divinité : O profondeur!

...Crions donc, placés sur les bords des ouvrages de la nature : O profondeur!

(Le troisième point n'est pas indiqué en ces termes.)

...Nous nous récrierons sur cet abîme du Créateur, comme sur les autres : O profondeur des richesses, de la sagesse et de la connaissance de Dieu! »

On comprend facilement l'utilité de ces répétitions; elles sont, dans les discours de tout genre, et surtout dans les sermons, des avertissements utiles ou des transitions commodes.

Dans le cours d'un même développement, la répétition donne beaucoup de vivacité au style.

« Mais la mort, la mort! rend toutes choses égales; elle laisse du moins si peu de différence entre les uns et les autres, qu'elle devient méconnaissable. Le meilleur cours

de morale, c'est le tombeau. Allez sur le tombeau de l'a-
vare, allez apprendre à connaître l'avarice : voyez cet
homme qui entassait monceau sur monceau et richesses
sur richesses ; allez le voir renfermé dans quelques planches
et dans quelques pouces de terre ! Allez sur le tombeau de
l'ambitieux, allez apprendre à connaître l'ambition : allez
voir ces nobles desseins, ces vastes projets, ces espérances
sans bornes avortées et comme brisées à cet écueil fatal
des choses humaines ! Allez sur le tombeau de l'homme
superbe, allez apprendre à connaître l'orgueil : allez voir
cette bouche qui prononçait des choses magnifiques, con-
damnée à un éternel silence, ces yeux étincelants dont les
formidables regards étaient la terreur de l'univers, couverts d'une sombre nuit, et ce bras redoutable qui faisait la
destinée des peuples, sans mouvement et sans vie. Allez
sur le tombeau de l'homme noble, allez apprendre à connaître la noblesse : allez voir ces titres magnifiques, ces
ancêtres majestueux, ces inscriptions pompeuses, ces gé-
néalogies recherchées ; allez les voir confondues dans la
même tombe. Allez sur le tombeau du voluptueux, allez
apprendre à connaître la volupté : allez voir ces sens détruits, ces organes dissipés, ces os épars sur la gueule du
sépulcre, et ce temple de la volupté sapé jusqu'aux fondements ! »

« Ce retour des mêmes formules, dit Maury, serre de
plus près la conscience dont elle force les remords, et cette
figure est très-propre à généraliser les résultats d'un sermon pour les appliquer avec plus d'intérêt aux différentes
classes des auditeurs. »

Il est singulier que M. Vinet ait été plus sévère que

Maury pour Saurin; il lui adresse le reproche très-injuste d'avoir fait souvent des répétitions puériles.

Un passage du sermon *Sur les malheurs de l'Europe* offre un si grand nombre de répétitions, mais en même si heureuses, que nous y verrions volontiers le texte des compliments de Maury et des reproches de Vinet :

« Comme les Juifs, nous avons vu des exemples de la justice divine. L'Europe est aujourd'hui un théâtre funeste que des scènes tragiques ont ensanglanté; l'ange exterminateur, armé du glaive formidable de la colère céleste, se promène à droite et à gauche, remplit tout de carnage et d'horreur. L'épée de l'Éternel, enivrée de sang, refuse de rentrer en son fourreau et semble vouloir faire du monde universel un vaste sépulcre. Bien des fois notre Europe fut frappée de rudes coups; mais je ne sais si l'histoire nous en raconte qui soient en même temps et si accablants et si généraux. Dieu proposa autrefois à David un terrible choix : la mortalité, la guerre ou la famine. Le meilleur était très-funeste. Aujourd'hui il ne les propose pas aux hommes, il les leur envoie. Il ne leur en envoie pas un en particulier, il les leur envoie tous trois ensemble. De quel côté porterez-vous vos regards où vous ne voyiez de pareils objets? A quelle voix serez-vous attentifs, qui ne vous dise : Si vous ne vous amendez, vous périrez tous semblablement. Écoutez ces peuples dont les malheureuses contrées servent depuis tant d'années de théâtre à cette guerre, qui n'entendent à leurs oreilles que guerres et que bruit de guerres, qui voient leurs moissons fauchées avant la maturité, et dissipée dans un moment l'espérance de toute une année; ce sont ces exemples funestes, ce sont ces voix pathétiques qui vous crient : Si vous ne vous amendez, vous périrez tous semblablement. Écoutez ces peuples qui ont sur leurs têtes des cieux d'airain et sous leurs pieds une terre de fer, qui sont consumés par la cherté et par la disette; ce sont ces funestes exemples, ce sont ces voix pathétiques qui vous crient : Si vous ne vous amendez, vous périrez tous semblablement. Écoutez ces peuples chez qui la mort entre avec l'air qu'ils respirent, qui voient tomber à leurs yeux ici un enfant, là un époux, et qui attendent à chaque moment de les suivre; ce sont ces exemples funestes, ce sont ces voix pathétiques qui vous crient : Si vous ne vous amendez, vous périrez tous semblablement! »

Ces avertissements répétés, ce terrible refrain de menaces ne sont-ils pas bien propres à bouleverser les âmes et à y faire pénétrer la crainte salutaire que l'orateur veut inspirer?

On pourrait comparer à ce passage le fameux passage où Bossuet, parlant de la nécessité fatale où sont tous les hommes de mourir, leur crie, malgré leurs regrets, malgré leurs espérances, malgré leurs craintes : Marche! marche!

Il y a dans les deux orateurs beaucoup de ressemblance, sinon pour le fond même de l'idée, du moins pour la forme dont ils l'ont revêtue.

Que d'autres ressemblances on pourrait signaler entre eux; quel sujet d'études intéressant et instructif!

On trouve peu la *Description* chez Saurin. Cette figure en effet demande toujours plus ou moins du travail et de l'apprêt. Du moins il en fait de véritables arguments.

« C'est ici où je voudrais que ma plume eût été trempée dans le fiel de la colère céleste pour vous peindre l'état d'un homme qui expire dans ces cruelles incertitudes et qui envisage malgré lui, malgré lui! ces vérités de la Religion qu'il a travaillé inutilement à déraciner de son cœur. Tout contribue à troubler son âme : Me voici dans un lit de mort; me voici destitué de toute espérance de retourner au monde; les médecins m'abandonnent; mes amis n'ont plus à m'offrir que des soupirs inutiles et des larmes impuissantes; les remèdes sont sans fruit; les consultations sont sans succès et, non-seulement cette portion des biens de la terre que je possède, mais tout l'univers entier ne saurait me tirer de cet état. Il faut mourir! Ce n'est plus un livre qui parle; ce n'est plus un déclamateur qui se joue; c'est la Mort elle-même. Déjà je sens je ne sais quelle glace dans mon sang; déjà une sueur mortelle se répand sur la superficie de mon corps. Mes pieds, mes mains, tous mes membres décharnés tiennent déjà plus du cadavre que du corps animé et du mort que du vivant. Il faut mourir! Où vais-je? Que dois-je devenir? Si j'envisage mon corps, quel spectacle affreux, mon Dieu! Déjà je me représente ces flambeaux lugubres, ces voiles sinistres, ces sons funèbres, une demeure souterraine, un cadavre, des vers, la pourriture. Si j'envisage mon âme, j'ignore sa destinée, je me jette tête baissée dans une nuit éternelle. Mon incrédulité me dit que l'âme n'est qu'une portion de la plus subtile partie de la matière; que l'autre monde est une vision; qu'une vie à venir est une chimère. Mais encore je sens je ne sais quoi qui trouble mon incrédulité. La pensée du néant, toute terrible qu'elle est, me paraîtrait supportable, si l'idée d'un paradis et d'un enfer ne se présentait malgré moi-même à mon esprit. Mais je le vois, ce paradis, ce séjour immortel de gloire, je le vois au-dessus de ma tête; je le vois comme un lieu dont mes crimes me ferment l'entrée. Je le vois, cet enfer, dont je faisais mes railleries, je le vois ouvert sous mes pieds. J'entends ces hurlements horribles que poussent les esprits malheureux; et la *fumée qui monte du puits de l'abîme* trouble déjà mon imagination et offusque ma pensée.

» Tel est l'incrédule dans un lit de mort. Ce ne sont pas là des traits d'imagination; ce ne sont pas des images faites à plaisir; ce sont des tableaux pris d'après nature; c'est ce que nous voyons tous les jours dans ces visites fatales où notre ministère nous engage, où il semble que Dieu nous appelle pour nous rendre les tristes témoins de sa fureur et de sa vengeance...

» Sans doute qu'il s'élèverait bien des murmures dans cet auditoire, sans doute nous serions taxés d'outrer étrangement la matière, si nous osions avancer cette proposition, que plusieurs de ceux qui nous écoutent sont capables de porter la corruption au degré que je viens de dépeindre. Nous ne l'avancerons point; aussi bien votre délicatesse nous est trop connue. »

La *Comparaison* et l'*Exemple* sont souvent nécessaires dans le discours, et sont toujours heureux chez Saurin. Ainsi à propos d'une fête de Noël :

« Pensez-vous que cette fête ne demande de vous aucun préparatif? Croiriez-vous la célébrer dignement si, contents d'assister, peut-être moins d'esprit que de corps, à quelques discours, vous déposez à la porte de ces églises vos soins temporels et vos passions les plus turbulentes, pour les reprendre dès que les exercices seront terminés? Le roi Messie vient faire son entrée au milieu de vous. Avec quelle pompe les enfants du siècle ne célèbrent-ils pas l'entrée de leurs potentats! On parsème les chemins de fleurs, on dresse des arcs de triomphe, on entend des chants d'allégresse. Venez aujourd'hui, mes frères! *Préparons les chemins du Seigneur! Dressons ses sentiers! Allons au-devant de l'Éternel! au-devant de l'Éternel, car il vient pour juger la terre!* ou, pour parler d'une manière plus intelligible et plus évangélique encore, venez, misérables pécheurs, accablés sous le fardeau insupportable de vos crimes! venez, consciences agitées par le funeste souvenir de tant de paroles inutiles, de tant de pensées criminelles, de tant d'actions abominables! venez, pauvres mortels battus de l'orage et de la tempête, condamnés aux infirmités de la nature, aux caprices de la société, aux vicissitudes du temps, aux revers de la fortune, et puis aux horreurs de la mort et à l'affreuse nuit du tombeau ; venez, et dites dans les transports de votre joie : *Seigneur, tu laisses maintenant aller ton serviteur en paix selon ta parole; car mes yeux ont vu ton salut.* »

Souvent les exemples qu'emploie Saurin sont empruntés aux habitudes et à la vie des Hollandais. Les tempêtes, les orages, les maux de la guerre, se retrouvent dans ses discours plus que d'autres images.

« Envisager toujours la religion du côté consolant, se féliciter d'être parvenu à la fin quand on n'a pas employé le moyen, et, content d'une fausse paix, ne faire point d'effort pour remplir les conditions sans lesquelles la véritable paix nous est promise, est un calme funeste, semblable à celui que nous décrivent certaines relations et qui a des avant-coureurs bien singuliers. Tout à coup, au milieu de l'orage, la mer s'aplanit, la face des eaux devient unie comme du cristal, l'air est serein, le voyageur novice goûte la paix; mais le nautonnier expert frémit. Un instant ensuite, l'é-cume blanchit, les vents mugissent, les cieux s'embrasent, mille gouffres s'ouvrent, une lueur affreuse enflamme les airs, et chaque vague de la mer présente l'image d'une mort prochaine. Voilà l'assurance du salut que se forment la plupart des hommes. »

L'avarice, la cupidité, étaient des vices que l'habitude du commerce pouvait faire naître. Saurin n'a pas oublié de les combattre.

« On voit tous les jours des personnes touchées, pénétrées (de repentir) à la vue de certains objets, reprendre leurs habitudes dès que la force du charme est cessée. N'avez-vous jamais lu dans l'âme d'un vieillard avare qui accompagne au tombeau une personne de son âge? Il me semble que je l'entends se parlant ainsi à lui-même : J'ai quatre-vingts ans accomplis, j'ai déjà passé les limites que Dieu a marquées aux humains, et j'assiste à un convoi funèbre; voici des flambeaux lugubres, une troupe couverte de deuil, le tombeau qui attend sa proie. Pour qui se fait cette pompe? Quel rôle joué-je dans cette tragédie? Assisté-je au convoi d'un autre, ou si ce sont mes funérailles qu'on prépare? Ah! si ces restes de mouvement et de vie me di-sent que je suis encore sur la terre, ce vieillard qu'on en-sevelit me dit que j'en vais sortir. Ces rides qui défigurent mon visage, ce poids d'années qui m'accable, ces infirmités qui me minent, ce cadavre, mouvant encore, secondent sa voix et m'avertissent de ma fin prochaine. Cependant, que fais-je? Je bâtis des maisons, j'amasse et j'accumule; je me réjouis dans la pensée que l'année qui suit verra mes revenus grossis et mes capitaux augmentés. Aveuglement fatal! Folie d'un cœur que l'avarice rend insatiable! Désormais je ne veux penser qu'à la mort. Je vais préparer mon convoi funèbre, revêtir mes langes mortuaires, descendre dans mon cercueil et devenir insensible à tout autre soin qu'à celui de mourir de la mort des justes. — Ainsi raisonne ce vieillard, et vous croyez peut-être que, sa vie répondant à ses réflexions, on va le voir désormais charitable, libéral, désintéressé. Non; ces réflexions s'évanouissent avec l'objet qui les avait fait naître, et ce mort disparu de devant ses yeux, il oublie qu'il est mortel. »

Sans parler de la magnificence de ce style, on voit que l'*exemple* ici n'est pas seulement une figure de rhétorique, c'est encore un argument. Jamais Saurin ne sacrifie au culte de la forme.

Veut-on de cette vérité une preuve nouvelle? La figure dont il a usé le plus c'est l'apostrophe : mais n'est-ce pas celle qui est la plus nécessaire dans le sermon?

N'en citons qu'une, la plus admirable sans contredit; nous la trouvons à la fin d'un sermon qu'il prononça, le jour de l'an, *sur les dévotions passagères* :

« Après avoir écouté nos exhortations, recevez nos vœux. D'abord je me tourne vers les murs de ce palais où se forment ces lois d'équité et de justice qui font la gloire et la félicité de ces provinces, où s'agitent ces grandes questions qui ont tant d'influence sur la religion et sur l'État et qui donnént le branle à toute l'Europe : nourriciers de l'Église, nos maîtres et nos souverains, Dieu veuille affermir ce pouvoir que vous soutenez avec tant de gloire ! Dieu veuille maintenir entre vos mains les rênes de cette République que vous conduisez avec tant de sagesse, avec tant de douceur ! Dieu veuille vous faire participer les premiers à cette prospérité et à cet éclat que vous répandez sur ce peuple ! Dieu veuille qu'on voie sous votre ministère la religion s'affermir, la justice et la paix sourdre de la terre, le nom Belgique redouté, cette nation triomphante, et, après vous avoir élevés au faîte des grandeurs terrestres, Dieu veuille vous élever à la véritable gloire !...

» Nous vous bénissons aussi, sacrés lévites du Seigneur, ambassadeurs du Roi des rois, ministres de la nouvelle alliance, qui portez écrits sur vos fronts *la sainteté à l'Éternel* et sur vos poitrines *les noms des enfants d'Israël.* Et vous, conducteurs de ce troupeau, qui êtes comme associés avec nous dans l'œuvre du ministère, Dieu veuille vous animer du zèle de sa maison ! Dieu veuille que vous preniez toujours pour modèle le grand Pasteur de nos âmes ! Dieu veuille qu'après avoir prêché aux autres, vous soyez trouvés recevables et, qu'ayant amené plusieurs à la justice, vous reluisiez dans le ciel comme des étoiles à perpétuité !

» Recevez nos vœux, pères et mères de famille, heureux de vous voir renaître en d'autres vous-mêmes, plus heureux encore de mettre *dans l'assemblée des premiers-nés* ceux que vous mîtes dans cette vallée de misères ! Dieu veuille que vous fassiez de vos maisons des sanctuaires à sa gloire et de vos enfants des offrandes à celui qui est le Père des esprits et le Père de toute chair.

» Recevez nos vœux, gens de guerre, vous qui, après tant de combats, êtes appelés à de nouveaux combats encore ; vous qui, après être échappés à tant de périls, voyez une nouvelle carrière de périls qui vous est ouverte encore. Puissiez-vous avoir le Dieu des batailles combattant sans cesse pour vous ! Puissiez-vous avoir la victoire constamment attachée à vos pas ! Puissiez-vous, en terrassant l'ennemi, faire l'épreuve de cette maxime du Sage : que celui qui est le maître de son cœur vaut mieux que celui qui prend des villes !

» Recevez nos vœux, jeunes gens ! Puissiez-vous être à jamais préservés de la contagion de ce monde dans lequel vous venez d'entrer ! Puissiez-vous vouer à votre salut le temps précieux dont vous jouissez ! Puissiez-vous vous souvenir de votre Créateur aux jours de votre jeunesse !

» Recevez nos vœux, vieillards, qui avez déjà un pied dans le tombeau, disons plutôt qui avez déjà votre cœur au ciel, là où est votre trésor ! Puissiez-vous voir l'homme intérieur fortifié à mesure que l'extérieur tombe ! Puissiez-vous voir réparées par les forces de votre âme les faiblesses de votre corps et les portes des tabernacles s'ouvrir lorsque la maison de poussière croulera sous ses fondements !

» Recevez nos vœux, contrées désolées, qui êtes depuis tant d'années le théâtre sanglant de la plus sanglante guerre qui fut jamais ! Puisse l'épée de l'Éternel, enivrée de sang, rentrer enfin dans son fourreau ! Puisse l'ange exterminateur qui ravage nos campagnes, arrêter enfin ses exécutions sanguinaires ! Puissent les épées être changées en

hoyaux et les hallebardes en serpes et la rosée du ciel suc-
céder à cette pluie de sang qui vous couvre depuis tant
d'années !

» Nos vœux sont-ils épuisés ? Hélas ! dans ce jour de joie,
oublierions-nous nos douleurs ? Heureux habitants de ces
Provinces, importunés tant de fois du récit de nos misères,
nous nous réjouissons de votre prospérité, refuseriez-vous
votre compassion à nos maux ? Et vous, tisons retirés du
feu, tristes et vénérables débris de nos malheureuses
Églises, mes chers frères, que les malheurs des temps je-
tèrent sur ces bords, oublierions-nous les malheureux
restes de nous-mêmes ? Gémissements des captifs, sacrificateurs sanglotants, vierges dolentes, fêtes solennelles in-
terrompues, chemins de Sion couverts de deuil, apostats,
martyrs, sanglants objets, tristes complaintes, émouvez
tout cet auditoire ! « Jérusalem, si je t'oublie, que ma dextre
s'oublie elle-même ! que ma langue s'attache à mon palais,
si je ne me souviens pas de toi, si je ne te mets pour le
premier sujet de ma réjouissance. Jérusalem, que la paix
soit dans ton avant-mur et la prospérité dans tes palais !
Pour l'amour de mes frères et de mes amis, je prierai pour
la paix de Jérusalem. » Dieu veuille être touché, sinon de
l'ardeur de nos vœux, du moins de l'excès de nos misères ;
sinon des malheurs de notre fortune, du moins de la déso-
lation de nos sanctuaires ; sinon de ces corps que nous
traînons par tout l'univers, du moins de ces âmes qu'on
nous enlève !

» Et toi, prince redoutable, que j'honorai jadis comme
mon roi et que je respecte encore comme le fléau du Seigneur, tu auras aussi part à mes vœux. Ces Provinces que

tu menaces, mais que le bras du Seigneur soutient; ces climats que tu peuples de fugitifs, mais de fugitifs que la charité anime, ces murs qui renferment mille martyrs que tu as faits, mais que la foi rend triomphants, retentiront encore de bénédictions en ta faveur. Dieu veuille faire tomber le bandeau fatal qui cache la vérité à ta vue! Dieu veuille oublier ces fleuves de sang dont tu as couvert la terre et que ton règne a vu répandre! Dieu veuille effacer de son Livre les maux que tu nous as faits, et, en récompensant ceux qui les ont soufferts, pardonner à ceux qui les ont fait souffrir! Dieu veuille qu'après avoir été, pour nous et pour l'Église, le ministre de ses jugements, tu sois le dispensateur de ses grâces et le ministre de ses miséricordes!

» Je reviens à vous, mes frères; je vous comprends tous dans mes vœux. Dieu veuille faire descendre son Esprit sur cette assemblée! Dieu veuille que cette année soit pour nous tous une année de bienveillance, une préparation à l'Éternité! O cieux, envoyez la rosée d'en haut! que les nuées fassent distiller la justice! que la terre s'ouvre et que le salut paraisse! »

Cette grandiose péroraison rappelle les vers fameux de Racine :

> Cieux, répandez votre rosée,
> Et que la terre enfante son Sauveur.

Elle a de plus que la poésie de Racine une sérénité morale, une hauteur religieuse à laquelle rien ne peut être égalé.

Et cependant, on peut le dire à propos de ce beau passage, comme à propos de tous les sermons de Saurin : le plus grand mérite de son style est de ne pas sentir le travail; on n'y trouve jamais les préoccupations littéraires qui tourmentaient Fléchier et Massillon, et auxquelles Bossuet et Bourdaloue évidemment n'étaient pas étrangers. Non pas que Saurin ait apporté de la négligence à la composition de ses discours; mais il a voulu être utile avant de songer à plaire; et c'est souvent dans les discours les moins travaillés que se trouvent ses plus beaux mouvements d'éloquence.

Aussi son style n'a-t-il pas l'admirable poésie de Bossuet, l'élégance soutenue de Massillon, les tours ingénieux de Fléchier; mais il a quelque chose de plus viril qui le ferait comparer à Bourdaloue, si Bourdaloue ne fatiguait souvent par la lenteur de sa conception et par la recherche d'une expression parfois lourde, parfois subtile.

Le style de Saurin nous semble réaliser l'idéal de l'éloquence chrétienne et de toute éloquence sérieuse quel qu'en soit le genre; on a dit avec raison que l'éloquence de Bossuet ne serait plus celle que comporte notre époque; on ne peut pas en dire autant de celle de Saurin. Dans la chaire, à la tribune, au barreau, il faut d'abord les choses, les phrases viennent ensuite; telle est la méthode du prédicateur calviniste. Le goût public aujourd'hui exige que, laissant les vaines minuties du détail, et n'accordant qu'un regard aux beautés fragiles de la forme, l'orateur se consacre au culte éternel de la raison et de la vérité.

Telle est la grande originalité de Saurin; c'est par là qu'il diffère des prédicateurs catholiques du xviiᵉ siècle; c'est ainsi qu'il s'est mis en dehors et au-dessus de ce culte

un peu païen de la forme que Boileau et Buffon avaient
trop vanté. Chez lui le style n'est pas un agrément; c'est
la forme matérielle de la pensée; ce n'est pas l'ordre et le
mouvement que Buffon *mettait* et ajoutait après coup dans
ses idées; c'est l'ordre et le mouvement de ses idées elles-
mêmes. La doctrine littéraire que Buffon avait héritée
d'Isocrate n'est bonne qu'à former des rhéteurs; celle
que Saurin a suivie est la seule qui fasse des orateurs.
PECTUS EST QUOD DISERTOS FACIT : *C'est le
cœur qui fait les hommes éloquents.*

C'est le cœur, c'est la foi qui inspira Saurin; et tel est le
secret de sa supériorité sur Massillon. Massillon en effet
n'était pas un rhéteur; il avait reçu de la nature un véritable génie oratoire, plein de force et d'élévation. Mais il
lui manquait la foi. Dans une époque où les croyances chan-
celaient, il n'a pas cru autant qu'il devait, autant qu'il voulait peut-être, aux dogmes qu'il était chargé d'enseigner.
Nous en trouvons la preuve, soit dans les faiblesses de sa
doctrine, soit dans son exagération. Ainsi le sermon *Sur le
petit nombre des élus* découragerait un saint, tandis que
d'autres discours donneraient trop d'assurance à des pécheurs, ou à des incrédules. Honnête et consciencieux d'ailleurs, Massillon semble avoir d'autant plus soigné la forme
de ses discours qu'il se sentait plus de scrupules sur le
fond même de sa prédication. Aussi peut-on facilement
concevoir des sermons mal écrits et mal composés, mais
plus persuasifs et plus réellement utiles que les siens, ceux
de Bourdaloue par exemple.

Bossuet avait cette foi qui manquait à Massillon; s'il fallait
le comparer à Saurin, nous dirions : Bossuet est un poëte,

Saurin est un orateur. L'un a les accents lyriques des prophètes, l'autre a l'éloquence grave des apôtres. Il y a entre eux la différence de l'imagination et du sentiment. Non pas que Bossuet n'ait pas de sentiment ou que Saurin n'ait pas d'imagination ; nous ferions tort également à tous les deux, tandis que nous voulons les associer dans nos louanges ; mais il faut avouer que nous avons pour le premier une admiration plus littéraire, et pour le second une admiration plus sympathique.

CHAPITRE II

INVENTION

Il y a peu d'orateurs, s'il y en a, qui aient eu plus de puissance et de fécondité que Saurin. On remarque en lui une verve étonnante dans la conception première ou, si l'on veut, dans l'invention ; c'est avec une vigueur singulière qu'il embrasse son sujet ; et il le traite avec une abondance qui ne semble jamais épuisée.

La diversité de ses sujets n'est pas un moindre mérite : le dogme, la morale, la philosophie lui ont fourni tour à tour les développements les plus curieux et les plus instructifs. Quand il parle de la nature ou de la peine du péché irrémissible, il n'y a pas de théologien plus savant et plus habile ; quand il parle du renvoi de la conversion, il n'y a pas de moraliste plus émouvant ; quand il parle des profondeurs divines, Descartes et Leibniz n'atteignent pas sa vigueur et sa clarté. Tantôt il nous émeut en nous retraçant les malheurs de l'Europe ; tantôt il nous terrifie par le spectacle des tourments de l'enfer ; ici, il s'élève jusqu'aux plus sublimes hauteurs en nous parlant de la vision béatifique de la divinité ; là, il s'abaisse jusqu'à la portée des esprits les plus simples, et son sermon sur la manière d'étudier la religion est le catéchisme le plus minutieux, le plus simple et le plus tendre qu'une mère puisse désirer pour son enfant.

Si maintenant nous examinons ses discours en eux-mêmes, notre admiration n'est pas moins vive. Le titre seul de quelques-uns nous confond. Que pourrions-nous dire sur ce sujet? quel parti en tirer? avec le secours des Écritures ou des auteurs profanes, nous resterions muets. Saurin, au contraire, dès les premières lignes, nous ouvre de vastes horizons; et, nous entraînant avec lui dans son essor audacieux, nous fait parcourir l'infini.

Ce qui lui permet de s'élever ainsi, c'est un procédé nouveau que M. Vinet indique fort bien : « Les sermons analytiques des anciens prédicateurs protestants, les explications dogmatiques d'un texte suivi pas à pas, ne sont chez lui que des exceptions; il emploie à l'ordinaire la méthode synthétique, qu'il a le premier mise en honneur et qui consiste à concentrer tous les éléments du texte dans une idée commune, à traiter l'idée et non le texte. »

Ce fut là, dans la chaire protestante une importante révolution; Saurin en a pris sans doute l'idée chez les prédicateurs catholiques, mais l'intelligence de ce choix et le courage de pratiquer ce système ne sont pas moins à son honneur.

Nous allons analyser quelques sermons de Saurin et il sera facile par ce procédé seul d'en connaître toute la richesse.

Prenons pour exemple le *Renvoi de la conversion*, qui a fourni la matière de trois discours, si vastes, que chacun d'eux ferait perdre haleine à plus d'un orateur.

Nous en reproduisons ici le plan, en conservant les expressions mêmes de l'auteur.

PREMIER SERMON

Proposition. — Notre propre constitution, la nature de l'homme, va nous fournir aujourd'hui des réflexions sur le renvoi de la conversion. Il est constant que nous portons en nous-mêmes des qualités qui rendent la conversion difficile et j'ose dire impossible, à mesure qu'elle est plus différée.

Première partie. — Pour le comprendre, formez-vous une juste idée de la conversion, et reconnaissez que, pour être en état de grâce, votre âme doit avoir deux dispositions : 1° elle doit être éclairée; 2° elle doit être sanctifiée.

Deuxième partie. — Ces choses étant ainsi établies, on peut démontrer par notre propre constitution qu'une conversion différée doit être toujours suspecte, et que, quand on diffère de se convertir, on risque de ne se convertir jamais.

I. Cela est vrai, premièrement à l'égard des lumières qui sont essentielles à la conversion.

Pourquoi?

1° Parce que les âges de la vie ne sont pas également propres à mettre notre corps dans cette heureuse situation qui laisse à l'esprit la facilité de penser et de réfléchir.

2° Allons encore plus loin; remarquons que, lorsque l'esprit, pendant un certain temps, s'est formé l'habitude de ne se tourner que vers des objets sensibles, il est presque impossible qu'il s'attache à d'autres.

3° Enfin le dernier inconvénient qui se trouve à différer

l'étude de la religion, c'est une distraction, une dissipation qui naît des objets qui ont pris possession de nos esprits.

II. Mais la vérité que nous voulons prouver est susceptible d'une plus claire démonstration encore, lorsque l'on considère la religion par rapport au côté pratique.

Il ne suffit pas de faire quelque acte d'amour de Dieu; il faut en avoir un fonds et un principe constant. On ne peut être converti sans avoir l'habitude de l'amour divin.

Cela posé, nous établissons sur deux principes tout ce que nous avons à vous proposer sur cette matière :

1° On ne peut acquérir une habitude sans former les actes qui y ont rapport. Pour former les habitudes de la religion, il faut faire des actes de charité, de patience, d'humilité. On n'acquiert pas ces vertus dès qu'on s'y dévoue. Il y a plus : elles sont directement opposées à notre constitution; car nous apportons, en venant au monde, un germe de corruption.

2° Quand une habitude s'est enracinée, elle devient, ou très-difficile ou impossible à corriger; par conséquent, quand nous avons persisté dans un vice, quand nous y avons vieilli, le vice s'empare de nos cœurs et nous n'en sommes plus les maîtres.

On nous dira que nos principes sont détruits par l'expérience; que nous voyons tous les jours des personnes qui ont vécu une longue suite d'années dans une habitude, qui y renoncent incontinent. Le fait est possible; il est même incontestable. Il se produit dans cinq cas; ce sont : un effort de réflexion; une catastrophe extraordinaire; la révélation de vérités ignorées; l'affaiblissement des facultés; une maladie mortelle.

Ces cinq cas bien examinés sont reconnus ne porter, aucune atteinte à ce que nous venons d'établir.

Pour le dernier particulièrement : 1° Comment se fonder sur ce qui doit arriver à l'heure de la mort? Je mourrai dans un lit, calme, tranquille; j'aurai de la conception, de la présence d'esprit, je me servirai de ces dispositions pour déraciner le vice de mon cœur... Qui est-ce qui vous est garant que vous mourrez de cette manière? 2° Ces douleurs cuisantes et insupportables mettent l'âme hors de son assiette naturelle; où est le génie assez fort pour se rappeler à soi-même dans ces tristes circonstances et pour exécuter des projets chimériques de conversion? 3° Nous voulons bien supposer que vous ayez une de ces maladies qui conduisent insensiblement à la mort sans en faire ressortir les horreurs; mais, comme vous ne croyez pas que ce soit encore le moment de votre mort, vous ne croyez pas aussi que ce doive être celui de votre conversion. 4° La seule pensée de la mort n'est-elle pas capable de troubler votre raison et de vous ôter cette liberté qui est si nécessaire pour travailler au grand ouvrage de votre salut. »

Application (ou péroraison).

DEUXIÈME SERMON

Proposition. — « Les déclarations de l'Écriture Sainte seront aujourd'hui nos arguments. (Citations de l'Écriture et commentaire).

Il y a deux objections tirées de deux dogmes. Le premier de ces dogmes est le secours surnaturel de l'Esprit de Dieu qui peut surmonter dans un instant tous les obstacles que la force de l'habitude pouvait opposer à la conversion. Le second dogme est celui de la miséricorde, et il n'y a point de moment où il semble que nous n'y puissions être. admis dès que nous voudrons y avoir recours.

Première partie. — Nous allons faire voir la fausseté de la première objection : 1° par le ministère que Dieu a établi dans l'Église; 2° par les efforts qu'il nous ordonne de faire lorsque nous croyons n'avoir pas reçu le Saint-Esprit; 3° par la manière dont il veut que nous répondions aux opérations de l'Esprit, lorsque nous l'avons reçu; 4° par les peines qu'il dénonce à ceux qui refusent de répondre à ses opérations; 5° enfin par les conséquences que l'Écriture tire elle-même de notre impuissance naturelle et de la nécessité de la grâce.

Deuxième partie. — L'idée de la miséricorde de Dieu est une seconde source d'illusions. Ce serait peu toucher les pécheurs que de leur dire : vous êtes des ingrats, si vous persistez dans vos vices; montrons qu'ils se fondent sur de faux principes. 1° La miséricorde que Dieu vous offre dans l'Évangile, vous est-elle offerte sans condition? c'est la première question. 2° Supposé que l'Évangile nous prescrive quelques conditions, sont-elles d'un genre à pouvoir être remplies dans un moment, au lit de la mort, et après une carrière criminelle? c'est la seconde question.

A la première il est trop facile de répondre. La seconde se réduit à celle-ci, à savoir quelle est la condition qui nous est imposée : c'est une disposition de l'âme que l'Écriture appelle tantôt foi, tantôt repentance, vertus qui emportent un renoncement au monde, un abandon de nos crimes, un changement total de notre vie.

12

Cela étant ainsi établi, je démontre combien peu un homme qui diffère sa conversion est fondé à s'appuyer sur la miséricorde divine.

Troisième partie. — Si vous voulez douter des dogmes que nous avons établis, sous prétexte que vous ne pouvez les comprendre, révoquons en doute ceux que vous avez d'abord allégués; ils ne sont pas moins incompréhensibles.

Mais encore, dit-on, c'est une grande tâche que celle du chrétien et il est bien difficile d'être sauvé. — Nous sommes d'accord.

Mais encore, dit-on, pourquoi vient-on nous prêcher une doctrine si terrible? — Nous ne sommes pas les maîtres de la Religion; nous sommes les ambassadeurs de Christ.

Application.

TROISIÈME SERMON

Proposition: — L'expérience est un grand maître; c'est elle qui doit prêcher aujourd'hui dans cette chaire.

Vous nous alléguerez peut-être l'exemple de pécheurs qui, aux premières démarches de la repentance, ont trouvé les bras de la miséricorde ouverts et dont les succès heureux rassurent aujourd'hui les imitateurs de leurs crimes. Nous allons parcourir les exemples de ces pécheurs; après quoi, nous alléguerons ceux qui fortifient nos principes et qui combattent la sécurité et les délais d'une manière directe.

Première partie. — Les exemples des pécheurs peuvent se ranger en deux classes : d'abord les conversions subites, comme celles des apôtres et des premiers disciples de Jésus-Christ; ensuite le pardon accordé à des criminels qu'une larme ou un soupir a sauvés (comme David, saint Pierre, saint Paul et le brigand convertis).

Réponse générale : Ces exemples sont des exceptions, des miracles.

Réponse particulière : De tous ces pécheurs dont on nous oppose l'exemple, il n'y en a pas un seul qui soit dans le cas d'un chrétien qui diffère sa conversion. Il y a cinq différences essentielles :

1° Par rapport à leurs lumières, car les chrétiens d'aujourd'hui sont plus instruits; la Grâce leur est clairement apparue.

2° Par rapport à leurs motifs, car vous êtes plus pressés qu'eux par des motifs de reconnaissance, des motifs d'intérêt, des motifs de crainte, des motifs d'émulation, enfin des motifs pris de la grandeur de votre origine... Si vous avez plus de motifs, vous êtes plus coupables; et, si vous êtes plus coupables, la miséricorde que ces pécheurs ont obtenue ne conclut rien en votre faveur. D'ailleurs cette supériorité de motifs rend votre conversion plus difficile, et, quand Dieu emploirait en votre faveur ce même degré de puissance qui opéra ces conversions subites, il ne serait pas suffisant.

3° Par rapport à la durée du péché, qui, peu considérable chez les pécheurs qui nous servent d'exemple, est plus longue chez les chrétiens d'aujourd'hui.

4° Par rapport à leurs vertus. S'il se trouvait au lit de votre mort que vous leur eussiez ressemblé dans ce qu'ils eurent d'odieux, et non dans ce qu'ils eurent d'acceptable,

ne concevez-vous pas, mes frères, l'injustice de votre prétention?

5° Par rapport à la certitude de leur conversion, qui est
constatée par l'Écriture, tandis que la vôtre n'est pas encore
faite.

Deuxième partie. — Nous avons examiné les exemples de
ces pécheurs qui semblaient combattre nos principes.
Voyons en peu de mots ceux qui les établissent.

Ils sont au nombre de trois : 1° l'exemple des catastrophes publiques, comme la prise de Jérusalem au temps
d'Esaïe et après Jésus-Christ ; comme les malheurs des
protestants du XVIIᵉ siècle ; 2° l'exemple quotidien des pécheurs qui s'endurcissent et ne peuvent plus revenir, qui
s'habituent au crime et qui perdent jusqu'au remords ;
3° l'exemple quotidien des mourants dont la repentance
tardive offre des caractères douteux et souvent des suites
contraires (ces caractères sont la contrainte du danger,
la terreur, la précipitation ; ces suites sont l'inconstance et
l'oubli).

Application.

L'analyse que nous venons de faire suffirait certainement
à prouver l'étonnante fécondité de Saurin. Nous ajouterons
que le Renvoi de la conversion n'est pas le seul sujet qui
lui ait fourni trois discours ; les Travers de l'esprit humain,
la Régénération, les Dispositions qu'on doit apporter au
culte public, en fournissent également trois. Le Péché
irrémissible, le Rachat du temps, la Recherche et le Trafic
de la vérité, les Exemples des saints en fournissent deux.
Enfin beaucoup de sermons dont le titre diffère se corres-

pondent l'un à l'autre et se complètent ; ainsi les Miséricordes divines et la Sévérité de Dieu ; l'Impeccabilité du fidèle et la Décadence de la piété, etc., etc.

Au milieu d'un si grand détail, Saurin ne s'égare jamais ; si, comme Aristote, il a le regard perçant et l'analyse profonde, il a, comme Bossuet, une vue large qui domine l'ensemble.

De là une grande rapidité ; quoique ses idées se pressent en si grand nombre dans sa tête, quoiqu'elles envahissent si impétueusement son discours, il sait admirablement proportionner leur développement à leur importance ; et, gardant pour les idées principales ou pour les vérités contestées toute sa force et toute son abondance, il se borne parfois à indiquer les idées accessoires ou les vérités généralement admises ; comme Démosthènes et Thucydide, il laisse à ceux qui l'écoutent ou le lisent beaucoup de choses à suppléer.

« Et ici, dit-il dans son sermon *sur l'Aumône*, les réflexions sortent de toutes parts pour établir ce principe ; la nature, la Providence, la société, l'Église, le ciel, la terre, les éléments, tout nous prêche la charité de Dieu, tout nous prêche l'excellence de la charité, qui nous fait ressembler à Dieu par le plus beau de ses attributs ; idées que nous aimerions à étendre, si nous n'étions appelés à faire quelques réflexions sur l'aumône même. »

Même procédé dans son sermon *sur le Prix de l'âme :*

« Je mettrais dans le premier canon une hérésie trop commune ; c'est que la vocation des chrétiens consiste moins à pratiquer qu'à s'abstenir. Dans un second canon, je mettrais une autre hérésie qui regarde le délai de la conversion. Dans un troisième canon je mettrais... Fournissez vous-même cette liste, mes frères, et revenons à notre sujet. »

« Mettons, dit-il encore dans un autre sermon, mettons des bornes à ce discours. Ceux de vous, mes frères, qui sont exercés à méditer auront bien senti qu'il a fallu que nous nous fissions violence pour omettre bien des articles essentiels à notre sujet. »

Mais son argumentation n'a pas seulement la richesse, elle a encore la propriété.

Analysons par exemple le discours *sur l'Aumône :*

Introduction et *proposition.*

Première partie. — Éloge de la charité.

La charité est une des vertus les plus belles et les plus nécessaires. Il faut la considérer sous toutes ses différentes faces.

I. Par rapport au bonheur de la société. Exemples de l'avare, du politique, du général d'armée, du pasteur.

II. Par rapport au grand but de la religion. Cette vérité est prouvée par les exemples divers que nous fournit : 1° Jésus destiné pour notre salut; 2° Jésus naissant; 3° Jésus prêchant; 4° Jésus agissant; 5° Jésus se préparant à la mort; 6° Jésus mourant.

III. Par rapport aux horreurs de la mort. La mort est horrible : 1° parce qu'elle est un naufrage; 2° parce que c'est le moment de rendre des comptes. L'homme charitable ne la craint pas dans ces deux cas.

IV. Par rapport au jugement de Dieu.

V. Par rapport au bonheur céleste.

VI. Par rapport à Dieu même. Dieu est charité; ce qui

le prouve, c'est la nature, la Providence, la société, l'Église, le ciel, la terre, les éléments.

Deuxième partie. — Manière de faire la charité.

L'orateur propose cinq considérations, ou pour mieux dire, cinq calculs :

I. Calcul des charités que Dieu avait prescrites au peuple juif sous l'ancienne loi. Les Juifs devaient : 1° s'abstenir des fruits des trois premières années ; 2° vouer au Seigneur ceux de la quatrième ; 3° offrir à Dieu chaque année les prémices de tous les fruits de la terre ; 4° laisser aux pauvres ce qui croissait dans l'extrémité de leurs champs ; 5° laisser aux pauvres les épis qui tombaient pendant la moisson ; 6° donner aux sacrificateurs la quarantième partie de leur revenu ; 7° donner la dixième pour l'entretien des lévites ; 8° donner aux pauvres les revenus que portait la terre chaque septième année ; 9° remettre tous les sept ans les dettes contractées par le peuple ; 10° faire des sacrifices et des voyages à Jérusalem, sans compter d'autres dépenses encore nombreuses.

II. Calcul des charités de l'Église chrétienne dans les premiers siècles. 1° Les premiers chrétiens faisaient un grand nombre d'aumônes, constatées par Tertullien, Minutius Félix, Lucien, Julien l'Apostat, Théodoret ; 2° ils avaient un soin merveilleux des malades ; 3° ils déployaient une charité fervente pour le rachat des captifs ; 4° ils consacraient leurs biens à des fondations pieuses et à des hôpitaux.

III. Calcul de nos dépenses superflues.

IV. Calcul du nombre de nos pauvres.

V. Calcul de l'insuffisance des fonds qui leur sont destinés.

Conclusion.

Ce qui frappe dans cette sèche analyse, outre la richesse des idées, c'est l'art singulièrement heureux avec lequel Saurin approprie son discours aux personnes, aux mœurs et aux esprits des auditeurs. Un autre orateur aurait été tenté de s'adresser à leur bonté, à leur raison, à leur sensibilité. Mais que ces vertus sont rares, et quels risques ne court pas celui qui s'y adresse ! Saurin connaît mieux la nature humaine ; à l'égoïsme des riches, à la parcimonie des pauvres, à l'esprit calculateur des négociants du pays, il présente quoi? cinq calculs! Celui dont l'âme eût été inaccessible à la pitié aura l'esprit convaincu par l'arithmétique, et celui-là même dont la charité eût été émue, au lieu d'une émotion passagère, rapportera chez lui une conviction raisonnée qui s'impose à la mémoire comme un fait.

Mais, quoi ! n'y a-t-il rien pour le cœur dans ces longs raisonnements? ne sont-ils point pathétiques à force d'être puissants? Devant cette addition formidable, en face de ce grand livre de la dette sociale, qui comprend tant de chapitres, quel homme assez dur ne se dirait pas en arrivant au total : « Quand même je donnerais tout, ce serait peu ! » Ah ! nous comprenons bien l'effet que produisit un tel discours, et le mouvement généreux qu'il provoqua, —nous le disons à l'honneur de Saurin et non pas à l'honneur de notre bonté, — nous l'aurions éprouvé.

Ainsi son développement n'est jamais banal ; il n'y a pas dans ses plans la trace d'un lieu commun; mais en même temps cette originalité si puissante ne va jamais jusqu'à l'étrange; il n'y a pas la trace d'un paradoxe.

Il y règne donc une mâle vigueur, qu'il serait curieux

d'opposer par exemple aux subtilités de Bourdaloue. Citons le plan qu'a tracé le grand prédicateur catholique pour l'oraison funèbre du prince de Condé.

« Il s'agit, dis-je, d'un héros prédestiné de Dieu, et voici comme je l'ai conçu. Écoutez-en la preuve, peut-être en serez-vous d'abord persuadés. Un héros à qui Dieu, par la plus singulière de toutes les grâces, avait donné en le formant un cœur solide pour soutenir le poids de sa propre gloire ; un cœur droit pour servir de ressource à ses malheurs et, *puisqu'une fois j'ai osé le dire*, à ses propres égarements ; et enfin un cœur chrétien pour couronner dans sa personne une vie glorieuse par une sainte et précieuse mort : trois caractères dont je me suis senti touché. Car, prenez garde, s'il vous plaît : ses services et la gloire qu'il avait acquise demandaient un cœur aussi solide que le sien pour ne pas s'enfler ni s'élever ; ses malheurs et ce qu'il a *lui-même* envisagé comme *un écueil* de sa vie *demandaient un cœur aussi droit* (1) pour être *le premier* à les condamner et pour avoir tout le zèle qu'il a eu de les réparer ; et sa mort pour être aussi sainte et aussi digne de Dieu qu'elle l'a été demandait un cœur plein de foi et véritablement chrétien. »

Et Bourdaloue revient encore bien des fois sur cette puérile division.

« A quoi bon tout cet amas d'idées qui reviennent à la même, dont il charge sans pitié la mémoire de ses auditeurs ? » (La Bruyère, *De la chaire*.)

---

(1) Cette manière d'atténuer la vérité est une figure qui ne se trouve pas dans Saurin.

CHAPITRE III

DISPOSITION

On a vu que la puissance de l'invention chez Saurin est au moins égale à celle de Bossuet.

En étudiant la disposition de ses discours, nous montrerons qu'il a plus de brièveté et de variété que Massillon, plus de facilité et d'habileté que Bourdaloue, plus de simplicité même et plus de clarté que Bossuet.

La brièveté est une des premières qualités d'une division. En voici un exemple tiré du sermon *sur les malheurs de l'Europe :*

« Nous nous proposons d'examiner d'abord le faux esprit avec lequel les hommes considèrent les jugements que Dieu déploie sur leurs semblables; ensuite le véritable esprit avec lequel ils doivent être considérés.

» Les hommes regardent les jugements que Dieu déploie sur leurs semblables avec un esprit d'indolence : Jésus-Christ veut leur inspirer un esprit de recueillement et de réflexion; ils les regardent avec un esprit d'aveuglement : Jésus-Christ veut leur inspirer un esprit de connaissance et de lumière; ils les regardent avec un esprit de rigueur et de préférence : Jésus-Christ veut leur inspirer un esprit de douceur et d'humilité; ils les regardent avec un esprit d'endurcissement : Jésus-Christ veut leur inspirer un esprit de conversion et de pénitence.

» Ce sont des mots; attachons-y des idées distinctes et des instructions salutaires. »

Il est impossible d'être plus concis.

Quant à la variété des plans de Saurin, il faudrait citer trop de passages pour la prouver ; et, sans demander d'être cru sur parole, nous renvoyons à la lecture de l'auteur lui-même.

Il suffira de dire ici que Saurin avait réalisé l'heureuse réforme que Fénelon avait demandée; il ne divisait pas scrupuleusement son sermon en trois points, « développant d'abord une première vérité très-nécessaire, à laquelle succédaient une seconde et une troisième vérités non moins nécessaires ». Ses plans au contraire présentent toujours une conformité parfaite avec le sujet; là est le secret de leur variété.

Ainsi dans le discours *sur la prière sacerdotale de Jésus-Christ* :

« Nous réduisons notre sujet à trois idées et nous allons vous montrer les relations de Jésus-Christ avec Dieu, les relations des apôtres avec Jésus-Christ, les relations des fidèles avec les apôtres. Nous ne distinguerons ces trois idées que pour établir ensuite et pour relever le mystère de leur union. »

La facilité de Saurin n'est pas moins étonnante dans sa composition qu'elle ne l'est dans son invention ou dans son style. Nul effort dans ces divisions qui s'entremêlent sans se confondre, et qui se succèdent sans aridité dans tout le cours du sermon ; l'esprit de l'auditeur les suit sans peine et les retrouverait au besoin sans peine. On pourrait les comparer à ces sentiers que l'on trouve dans le sein des bois et que l'on voit s'ouvrir à mesure que l'on marche ; les rameaux touffus s'écartent, et, à travers l'ombre et la fraîcheur, l'étranger poursuit sa course sans crainte de s'égarer.

Où peut-on trouver plus de simplicité et de clarté que dans la proposition du sermon *sur les avantages de la piété ?*

« Nous examinerons : 1° ce que l'apôtre entend par la piété ; 2° les avantages qu'il lui attribue.

» Qu'est-ce que la piété ? Il est difficile d'en renfermer la notion dans les bornes de ce qu'on appelle une définition. La piété est une habitude de lumière dans l'esprit, de droiture dans la conscience, de sacrifice dans la vie, de zèle dans le cœur. »

Quelle admirable définition ! qu'elle est vaste ! qu'elle est profonde ! Elle contient tout le résumé du christianisme. Et pour un discours, quelle heureuse division ! comme elle réunit bien toutes les qualités requises, c'est-à-dire comme elle est courte, complète et claire !

Il n'y a jamais d'emphase ni de promesse ambitieuse destinée à éveiller l'attention.

Si quelque sujet excite l'intérêt et l'admiration, c'est bien la pénitence de la Pécheresse. Quoi de plus poétique ; de plus touchant, de plus beau que cette scène divine où la femme tombée trouve aux pieds de l'Homme qui fut sans péché l'indulgence et la protection ? Notre imagination se transporte sous le ciel de l'Orient, près de ces montagnes illustrées par tant de miracles, dans cette époque à jamais mémorable, parmi ce peuple toujours grand, parmi ces apôtres et ces martyrs, à côté de celui qui régénère le monde. Quelles expressions assez sublimes pourraient rendre ce spectacle?

La simplicité seule pouvait y prétendre et voici comment Saurin annonce son discours :

« C'est cette instructive, c'est cette consolante histoire que nous rappelons aujourd'hui et qui offre à notre méditation trois objets bien différents : la conduite de la pécheresse, celle du pharisien et celle de Jésus-Christ. Dans la conduite de la pécheresse prosternée aux pieds du Sauveur, vous verrez les principaux caractères de la pénitence; dans celle du pharisien, vous verrez tout le venin qui empoisonne si souvent les jugements que nous portons sur la conduite des hommes; dans celle de Jésus-Christ, vous verrez ouvertes les sources de la pitié, de la miséricorde, de la compassion. »

Cette modestie du style nous fait penser à l'exorde de l'oraison funèbre que Massillon prononça sur le tombeau de Louis XIV : « Dieu seul est grand, mes frères! » Belle réflexion, quoique un peu tardive; mot sublime, mais qui nous promet plus que l'orateur ne tiendra.

Il en est de même des plus célèbres exordes de Bossuet, ils nous semblent plus dignes de l'Académie que de la chaire chrétienne, ils sont trop littéraires !

C'est ce qui d'ailleurs explique très-bien la préférence que madame de Sévigné et beaucoup d'autres esprits sérieux en ce temps accordaient au père Bourdaloue, qu'on trouvait plus solide et plus édifiant.

Boileau, avec une grande raison, disait en parlant du poëme épique (mais ses paroles vont plus loin) :

Que le début soit simple et n'ait rien d'affecté.

Saurin connaissait bien ces règles du bon sens :

« C'est une mauvaise maxime dans l'art oratoire de promettre beaucoup à ses auditeurs. L'imagination de celui qui écoute va souvent plus loin que l'imagination de celui qui parle. Aussi les orateurs du siècle aiment à surprendre les esprits par des pensées qu'ils n'ont pas promises, afin que les choses qu'ils disent paraissent d'autant plus grandes qu'elles sont moins attendues. »

Les débuts de ses sermons sont tellement modestes, qu'on pourrait se demander s'il faut leur donner le nom d'exordes.

On le peut, si l'on entend par ce mot une simple exposition du sujet; on ne le peut pas, si ce mot signifie un ornement agréable ou pompeux qui pourrait se retrancher sans inconvénient.

Il serait impossible, en effet, de supprimer dans les sermons de Saurin les exordes que l'on y trouve. Quelle que soit leur étendue, qu'ils aient deux pages ou deux lignes, ils sont indispensables à l'intelligence du développement qu'ils précèdent.

Dans ce genre, Saurin a fait de l'exorde quelque chose de tout à fait nouveau et dont on ne trouve pas d'exemple chez aucun autre orateur de la chaire avant lui. Il prend souvent dans l'Écriture sainte un passage analogue à celui qu'il a choisi pour son texte, et il s'en sert pour jeter une plus vive lumière sur son sujet. De cette manière, son exorde est déjà un argument.

Prenons comme exemple l'exorde de son premier sermon *sur le renvoi de la conversion :*

« C'est un étrange serment que celui qui est rapporté au chapitre x de l'Apocalypse. Saint Jean vit un ange ; cet ange était environné d'une nuée ; l'arc-en-ciel était sur sa tête ; son visage était comme le soleil, et ses pieds comme des colonnes de feu. Il se tint sur la terre et sur la mer ; il leva sa main vers le ciel et jura par le Dieu vivant au siècle des siècles qu'il n'y aurait plus de temps.

» Par ce serment, si nous en croyons quelques docteurs, l'ange voulait déclarer aux Juifs que la mesure était comblée, que les jours de leur visitation étaient expirés, et que Dieu allait achever, en lâchant les brides aux armées de l'empereur Hadrien, la vengeance qu'il avait commencée par celles de Vespasien et de Titus.

» Ne contestons point cette idée particulière ; mais considérons ce serment dans toute son étendue. Cet ange se tient sur la terre et sur la mer ; il parle à tous les habitants du monde ; il vous adresse sa voix, mes frères, et il vous enseigne la vérité la plus terrible, mais la plus importante de la religion et de la morale : c'est que la miséricorde de Dieu, qui est infinie en diverses sortes, a pourtant ses bornes et ses limites. Elle est infinie, car elle embrasse également tous les hommes ; elle ne met aucune distinction entre le Juif et le Grec, entre le Scythe et le Barbare ; elle pardonne les attentats les plus noirs, les trames les plus criantes, et, retirant le pécheur pénitent d'un abîme de misère, elle lui ouvre le chemin à une félicité suprême. Mais elle est bornée; quand le pécheur s'obstine, quand il résiste, quand il diffère de se convertir, Dieu ferme les entrailles de ses compassions et refuse d'entendre la voix de ceux qui s'endurcissent à la sienne.

» C'est de cet effrayant principe qu'Esaïe tire la conclusion qui fait aujourd'hui la matière de notre texte : Cherchez l'Éternel pendant qu'il se trouve; invoquez-le tandis qu'il est près. »

On comprend facilement tout l'avantage de ce procédé; l'intérêt est excité par la diversité des citations; la confiance est commandée par la conformité des passages; intérêt sérieux, confiance philosophique, l'un et l'autre bien différents de cet intérêt frivole que mendie un rhéteur au son passager de ses périodes; de cette confiance imméritée que dérobe un avocat en prêtant à sa cause ou à sa personne des qualités qu'elle n'a pas.

Ce procédé parallélique n'est pas du reste employé d'une manière constante.

Quelquefois l'exorde est l'annonce directe de l'objet du discours; tel est celui du sermon *sur les tourments de l'enfer* :

« Aux maux violents il faut des remèdes violents : c'est une maxime incontestable, etc. »

Quelquefois il n'est autre chose que la proposition même et la division du discours; comme dans le sermon *sur les Passions* :

« Les paroles du texte que vous venez d'entendre, mes frères, offrent à l'esprit quatre objets sur lesquels doit rouler cette méditation : la nature des passions, leurs désordres, les remèdes qui doivent y être apportés, enfin les motifs qui nous engagent à y renoncer. »

Quelquefois l'exorde est l'historique de la question ; il rapporte les différentes opinions de certains auteurs : ainsi dans le sermon *sur la nature du péché irrémissible.*

D'autres fois enfin il est emprunté à l'histoire profane.

« C'est un bel éloge, mes frères, que celui qui est donné à l'un des plus fameux capitaines de l'antiquité ; on a dit de lui qu'il ne croyait avoir rien fait tandis qu'il lui restait encore quelque chose à faire. Avoir un pareil système de guerre et de politique, c'était s'ouvrir une ample carrière de peines et de travaux ; mais César aspirait à être héros et il n'y avait point d'autre moyen pour le devenir que celui qu'il avait choisi. Aussi, si jamais quelqu'un parvint à l'héroïsme mondain, c'est lui qui le fit, par cette voie. Avec ce secret merveilleux, on le vit arborer les aigles romaines jusqu'aux extrémités de l'Asie, rendre les Gaules tributaires, grossir du sang germanique les ondes du Rhin, subjuguer les Bretons, poursuivre jusqu'au fond de l'Afrique les débris de l'armée de Pompée, et faire retentir du son de ses victoires toutes les rives Adriatiques.

« Mes frères, il n'est pas essentiel pour être heureux d'être héros ; tout l'héroïsme de César ne fut qu'un véritable brigandage, fatal à la République, plus fatal à César lui-même. Mais il est essentiel pour être heureux de se sauver, et il n'y a point d'autre moyen pour arriver au salut que de suivre la maxime de ce capitaine : Ne croire avoir rien fait tandis qu'il reste encore quelque chose à faire. » (*Sur la nécessité des progrès.*)

On voit, même dans cet exemple, que les souvenirs profanes ne sont pas pour Saurin l'occasion vaine d'un développement brillant. L'histoire de César est une leçon qui se grave d'autant mieux dans l'esprit que le personnage est plus considérable et plus connu.

CHAPITRE IV

DOCTRINE

La démonstration du dogme, l'exposition de la morale, la réfutation des objéctions qu'on adresse à l'un et à l'autre, telles sont les premières préoccupations de Saurin, et ces trois parties de l'argumentation constituent le corps même de son éloquence. Il est tout argumentation.

Comment a-t-il compris la fonction qu'il se proposait de remplir? Écoutons-le, lui-même, dans un sermon *pour le jour de la Pentecôte;* il nous y fait connaître exactement l'idée qu'il se formait de l'enseignement chrétien :

« Avouez-le, mes frères, vous ne pouvez vous rappeler le souvenir du discours de saint Pierre, sans porter envie à ces bienheureux chrétiens qui avaient le précieux avantage d'entendre ce prédicateur et sans vous dire à vous-mêmes : De parcilles exhortations eussent trouvé le chemin de mon cœur; elles eussent troublé ma sécurité, ému ma conscience, et opéré des effets que le ministère d'aujourd'hui est incapable de produire.

« Mais, mes frères, nous permettrez-vous de vous faire une question? Aimeriez-vous à entendre les apôtres et les hommes apostoliques? assisteriez-vous à leurs sermons? et, pour tout dire en un mot, souhaiteriez-vous que saint

Pierre fût maintenant dans cette chaire? Consultez-vous avant de décider cette question. Comparez le goût de cet auditoire avec le génie de ce prédicateur, votre délicatesse avec cette liberté qui le fit parler avec tant de force contre les vices de son temps. Pour nous, qui croyons vous connaître, nous sommes convaincus qu'aucun prédicateur ne vous serait moins agréable que saint Pierre. De tous les discours qu'on pourrait vous adresser, il n'y en a peut-être point qui fussent reçus moins favorablement que ceux qui seraient formés sur le plan de celui que cet apôtre prononça dans Jérusalem.

« L'un veut qu'on lui découvre dans chaque sermon quelque vérité nouvelle, et, sous prétexte de satisfaire le désir louable d'apprendre, il veut qu'on fasse diversion au sujet qu'on a de le censurer. L'autre demande qu'on lui plaise et qu'on orne les discours, non pour se faire un passage plus facile dans son cœur, non afin de pouvoir par un innocent artifice se servir de son amour pour le plaisir, pour combattre le plaisir même, mais pour flatter un genre de cupidité (1) auquel on aime se livrer, jusqu'à ce que, l'exercice de la dévotion terminé, l'on aille se replonger dans des joies plus sensuelles. Presque tous demandent qu'on les berce; et, s'il n'y a personne d'assez grossier pour dire : Flattez mes mauvais penchants, assoupissez ma conscience, faites l'éloge de mes crimes, il n'y en a presque aucun qui ne le souhaite en effet. Un principe de je ne sais quelle sécurité raffinée nous fait désirer d'être censurés jusqu'à un certain degré, afin que cette émotion légère que

---

(1) *Cupidité*, c'est-à-dire *passion*. Voyez plus loin le même mot avec le même sens.

nous aurons reçue nous soit une présomption que nous avons pratiqué les devoirs de la pénitence et nous donne ainsi une assurance que nous n'aurions pu avoir, si l'on avait fait l'apologie de nos vices. On veut que la plaie soit touchée, mais non qu'elle soit sondée ; on veut qu'on y applique des adoucissements, mais non qu'on y porte le fer et le feu pour la guérir jusqu'à la racine.

« Ah ! que les apôtres auraient mal prêché à votre goût ! Figurez-vous ces hommes sacrés appelés à monter dans cette chaire, mais après s'être promenés dans vos places publiques, mais après avoir connu l'intérieur de vos domestiques (1), mais après avoir percé les voiles qui couvrent certaines trames criminelles, mais après avoir été informés de certains mystères que je n'ose pas même indiquer, et de certains crimes d'éclat qui se commettent à la vue du soleil ; croyez-vous que ces hommes sacrés eussent satisfait aux goûts que vous avez sur la prédication et aux lois qu'il vous plaît d'imposer à vos prédicateurs ? Croyez-vous qu'ils se fussent arrêtés à nourrir votre curiosité par des discussions singulières ? Croyez-vous qu'ils se fussent bornés à vous conjurer de ne pas vous jeter dans le désespoir ? Croyez-vous qu'ils se fussent contentés de vous prêcher d'une manière vague et superficielle qu'il faut être vertueux, et qu'ils eussent fini leurs discours par une *application* dans laquelle ils vous auraient exhortés pathétiquement à ne pas former le moindre doute sur votre salut ?

« Ah ! mes frères, il me semble que je les entends, ces

____

(1) Les *domestiques* pour les *maisons*.

hommes sacrés; il me semble que j'entends ces prédicateurs animés du même esprit qui leur fit dire avec tant de liberté aux meurtriers de Jésus-Christ : Ce Jésus que Dieu a approuvé par des vertus, par des signes, par des prodiges, vous l'avez saisi, vous l'avez attaché à la croix! Il me semble que j'entends saint Pierre, cet homme qui avait été si frappé du crime de ses auditeurs, ce prédicateur qui avait tourné son sermon du côté le plus propre à leur faire sentir l'énormité de leur action; il me semble que je le vois arrachant ces voiles malheureux dont la cupidité nous fait couvrir nos péchés après nous les avoir fait commettre; il me semble que je le vois produisant diverses classes des excès de cette nation et disant : Vous, vous avez été durs et insensibles quand on vous a parlé des misères de l'Église, quand on a retracé à vos yeux la sanglante image des cachots, des galères, des martyrs, des apostats. Vous, vous avez souffert que la religion ait été attaquée et vous avez favorisé la publication de ces livres exécrables où l'on érige l'impiété et l'athéisme en système et que l'on destine à rendre la vertu méprisable et les perfections de Dieu problématiques. Vous, vous avez passé des vingt, des trente, des quarante années dans une criminelle indolence à l'égard de la religion et sans vous demander à vous-mêmes si ce que l'on dit sur l'existence de Dieu, sur un paradis, sur un enfer, ce sont des fables ou des vérités. »

Cet éloquent souvenir des apôtres, cette idée noble que Saurin se faisait de leur prédication a été le modèle qu'il a suivi et dont nous verrons l'image en lui.

TITRE PREMIER

ENSEIGNEMENT DOGMATIQUE

L'enseignement dogmatique de Saurin n'est autre que le pur calvinisme dans lequel son père avait voulu qu'il fût instruit.

Nous ne pouvons pas exposer ici complétement la doctrine calviniste, ni surtout la discuter. Mais peut-être est-il nécessaire d'en indiquer l'esprit général.

Le péché est entré dans le monde par le crime d'Adam, qui, créé pur, mais libre, a choisi de faire le mal. La source étant corrompue, tout ce qui en sort est souillé ; en sorte que l'homme est coupable avant même de paraître au jour : c'est ce qu'on nomme le péché originel. Une juste condamnation frappe désormais la race humaine.

Dieu a eu pitié de sa créature ; juste et bon à la fois, il a permis que son fils expiât par sa mort le péché qu'il n'avait pas commis. Mais le sacrifice de la croix a-t-il une efficacité universelle ? — Non. — Pourquoi ?

C'est que l'homme non-seulement est incapable de faire par lui-même le bien, mais encore est incapable de vouloir le faire. Qu'on ne parle point de ses mérites : ils ne sont pas ; de sa repentance : elle n'égale pas même sa faute ; du désir même qu'il aurait d'être sauvé : il n'est pas capable de le concevoir. Que suit-il de là ? Dieu seul par une volonté spéciale, peut le tirer du mal et le faire participer aux avantages précieux du sacrifice de Jésus-Christ.

C'est ce que saint Paul nomme l'Élection, saint Augustin la Grâce et Calvin la Prédestination.

La prédestination est donc le choix que Dieu fait parmi les hommes depuis toute éternité et avant même leur naissance; les uns sont retirés du péché : ce sont les *élus;* les autres y sont laissés : ce sont les *réprouvés.*

Cette doctrine a été souvent mal comprise : on a prétendu que le choix éternel de Dieu détruisait la liberté de l'homme. Ce n'est pas là la vraie difficulté de la doctrine calviniste; car il ne faut pas raisonner de l'éternité comme on raisonne du temps. L'éternité est une et indivisible; elle n'admet pas la distinction des moments de la durée; par suite, la volonté de Dieu n'est point antérieure, simultanée ou postérieure relativement aux actions de l'homme. Dieu voit, il ne prévoit pas, il ne contraint pas. En un mot, la prédestination est, comme le plus humble des phénomènes, une manifestation de la Providence. Le problème n'est autre que l'accord de la Providence et de la Liberté; c'est un mystère pour la philosophie et pour la religion.

Le point difficile de la question est plutôt le choix même de Dieu et les motifs qui le déterminent. Aussi, reculant devant un tel mystère, les Évangélistes se bornent à admettre que l'homme est par lui-même impuissant à faire le bien, mais ils croient que l'homme est capable de vouloir le faire. La grâce, le salut gratuit leur est présenté sur la croix : il dépend d'eux d'en profiter.

Malgré l'importance de cette distinction, on voit néanmoins que la doctrine du salut par la grâce est le vrai fond de tout le protestantisme et qu'à ce point de vue le principe de la Réforme est un.

Au premier abord ce principe semble moins favorable

que le catholicisme à l'activité humaine ; et cependant
c'est à lui que l'on doit un réveil singulièrement fécond
de l'esprit humain ; c'est lui qui a suscité tant de lutteurs
infatigables que la mort seule a vaincus, tant de chrétiens
qui sortirent tout d'un coup d'une léthargie si longue ou
d'un désespoir si amer. Tels furent Calvin lui-même, Farel,
Viret, Th. de Bèze ; tel, avant eux, Luther, qui, tourmenté
par sa conscience, trompé par ses premières croyances,
indigné par la vue de Rome et par la vente des indulgences, trouva dans saint Paul ces mots lumineux : « Le
juste vivra par la foi. » A partir de ce jour, relevé, confiant, guidé dans une voie facile, il devint l'ardent novateur
qui ébranla le trône vénéré des papes, renversa dix siècles
de tradition et fit trembler Charles-Quint, François Ier et
Henri VIII, les trois despotes qui se partageaient l'Europe.

Saurin, héritier de ces traditions glorieuses, les a fidèlement gardées. Mais son respect ne va pas jusqu'à la servi-
lité ou à l'aveuglement. Il reconnaît sans peine que les dis-
pensations de la grâce dépassent notre intelligence.

« Il faut, dit-il, s'en tenir aux décisions de l'Église,
c'est-à-dire aux déclarations de l'Écriture, en reconnaissant d'ailleurs qu'elles sont mystérieuses.

« Nous n'avons, ce me semble, qu'un seul parti à embrasser, c'est celui de nos Églises, et il paraît par les réflexions que nous avons faites que, quelques ténèbres qu'il
laisse encore sur cette sombre matière, c'est pourtant celui
de tous qui se trouve le plus conforme aux lumières de la
raison et aux décisions de l'Écriture. Nous croyons que
Dieu, par un principe de bonté, a créé le genre humain ;
qu'il était de sa sagesse que les hommes fussent formés

libres; que la tige du genre humain, Adam, notre malheureux père, abusa de sa liberté; que ses descendants
ont ajouté à leur corruption naturelle et aux péchés de
leurs aïeux mille crimes qui leur sont propres; qu'une
conduite si monstrueuse rend les pères et les enfants
dignes d'une misère éternelle, en sorte que, sans violer les
lois de la justice, Dieu peut perdre à jamais les uns et les
autres; qu'ayant prévu de toute éternité ces malheurs, il a
résolu de toute éternité de tirer de cet indigne amas de
créatures condamnées un certain nombre d'hommes qu'il
veut sauver; que, pour eux, il a envoyé son Fils au monde;
qu'il leur accorde son Esprit pour leur appliquer les fruits
de la mort de son Fils, que cet Esprit les conduit de l'ouïe
de la Parole à la sanctification, de la sanctification à la félicité éternelle. Voilà en deux mots le système de nos églises.

« Là-dessus, si vous demandez comment il arrive que,
de deux hommes à qui le Messie est annoncé, l'un le reçoit
et l'autre le rejette, nous répondrons avec saint Paul que
cette différence est telle, « afin que le décret de l'élection
demeure ». Si vous demandez encore d'où vient ce choix,
d'où vient que Dieu choisit l'un pour lui donner son Esprit et pour relever sa miséricorde, qu'il choisit l'autre
pour servir de victime à sa justice, à cela nous répondrons
que « Dieu a compassion de celui qu'il veut et endurcit celui
qu'il veut », c'est-à-dire qu'il le laisse dans son endurcissement. Si vous demandez encore comment Dieu peut, sans
blesser sa sainteté, laisser un homme dans son endurcissement, nous répondons que Dieu est le maître de sa créature
et qu' « un potier de terre peut faire d'une même masse un
vaisseau à honneur et un vaisseau à déshonneur ». Si vous

demandez encore à quoi sert donc notre ministère et de
quel droit Dieu peut se plaindre par notre bouche de ce
que tant de pécheurs persistent dans l'impénitence, puisque
Dieu a résolu de les y laisser, à cela nous répondons :
« Qui es-tu, toi qui contestes contre Dieu? La chose formée
dira-t-elle à celui qui l'a formée : Pourquoi m'as-tu faite
ainsi ? »

Ainsi donc, Saurin ne prétend pas résoudre les difficultés, et n'en dissimule aucune; mais, Dieu ayant parlé, il
répète ses paroles; il se retranche derrière la Bible, en dé-
clarant que son autorité personnelle n'est rien et que Dieu
seul peut décider.

Cependant, la question des efforts que l'homme peut et
doit faire pour son salut était trop importante pour qu'il
n'y revînt pas.

« La crainte de Dieu est une disposition détestable quand
elle nous donne certaines idées tragiques des droits de
Dieu et de ses volontés sur la créature; quand elle nous
fait envisager comme un tyran Celui qui est appelé le roi
des nations, et dont l'empire nous est dépeint comme faisant le bonheur de ses sujets. « L'Éternel règne : que la terre
s'en égaie... » Arrière d'ici la crainte de Dieu prise dans un
sens si injurieux à sa majesté et si indigne de ce trône qui
est fondé sur la justice! De quel encouragement pourrais-
je être animé dans les travaux que j'entreprends pour connaître ce que Dieu a daigné révéler aux hommes, si j'étais
prévenu de cette pensée que, même après que j'aurai imploré de toutes les puissances de mon âme le secours de
Dieu pour me conduire dans la recherche de la vérité,
même après que j'aurai dépouillé les préjugés qui me le

voilent, même après que j'aurai suspendu autant qu'il est en ma puissance ces passions qui m'ôtent la faculté de l'apercevoir, même après que j'aurai disposé mon cœur à faire le sacrifice de mon repos, de ma fortune, de mes dignités, de ma vie pour la suivre, je tomberai encore dans des erreurs capitales qui pourront me plonger dans d'éternelles misères? « Non, ce n'est point ainsi que nous avons appris Christ. » (*Sur le véritable objet de la crainte.*)

Saurin a répété la même pensée dans son sermon *sur les avantages de la Révélation* en termes plus énergiques encore :

« Il est certain que, parmi tous ceux qui nous écoutent, il n'y en a aucun qui ne soit en droit de se dire à soi-même : *Si je crois, je serai sauvé; je croirai, si je fais mes efforts pour croire;* et par conséquent il n'y en a aucun qui ne soit en droit de s'appliquer les fruits de la mort de Christ. »

S'il faut l'avouer, nous ne trouvons pas que Saurin soit ici bien logique, et nous croyons qu'il fut moins calviniste en cela qu'il ne le croyait lui-même. Mais cette légère inconséquence est à l'honneur de sa modération; en outre, comme c'est la seule que nous rencontrions dans tous ses sermons, nous serions mal venus de la lui reprocher trop durement.

Nous n'avons rien à ajouter sur les autres caractères de son enseignement dogmatique; il est fondé tout entier sur la Bible, et, comme celui de tous les anciens prédicateurs protestants, il défie de ce côté la critique la plus minutieuse.

Il nous reste à examiner quelle proportion Saurin a

donnée au dogme dans la somme de son enseignement.

Peut-être a-t-on pu deviner déjà qu'il lui accordait dans ses discours moins de place que ses prédécesseurs.

« Ministres de Jésus-Christ, quelle est notre tâche? Pourquoi sommes-nous envoyés vers ce peuple? Est-ce pour approfondir les décrets de la prédestination et de la réprobation? Puisque l'esprit de Dieu a révélé ces mystères, il est permis d'en entretenir nos peuples, et ce serait vouloir « être sage par-dessus ce qu'il faut être sage » que de supprimer cette partie de la religion. Mais après tout, faut-il en demeurer là? faut-il en faire la principale matière de nos discours? A Dieu ne plaise que nous connaissions si mal le but de notre ministère!... Pensons au compte que nous devons rendre à ce maître qui nous envoie. Prenons garde que, dans le grand jour de son jugement, il ne nous tienne ce langage : Arrière de moi, serviteurs réfractaires! Je vous avais établis pour rendre l'Église sainte et non pour la rendre savante; pour affermir les élus et non pour leur prêcher de pénétrer dans le mystère de l'élection, pour leur annoncer mes lois et non pour approfondir mes décrets. » (*Sur les profondeurs divines.*)

Ainsi, ce n'est pas par un libre choix que Saurin donne à l'enseignement du dogme une importance moindre qu'à l'enseignement de la morale. C'est un devoir qui s'impose à lui. Il n'est pas un orateur qui choisisse un terrain commode; il est un chrétien qui accepte une mission providentielle.

En suivant cette ligne de conduite, il était d'ailleurs d'accord avec les idées des premiers réformateurs, qui, prêchant avec insistance certains points du dogme contestés par les catholiques, n'en ont pas moins proclamé que l'E-vangile était ouvert à tous, que tous devaient le lire, que tous pouvaient le comprendre.

Mais tout le monde, en Hollande surtout, et à l'époque de Saurin, ne comprenait pas assez cette vérité; on accusait la méthode du prédicateur, qui avait le tort d'être nouvelle en son application. Il était souvent obligé de s'expliquer, de se justifier à ce sujet :

« Les vérités fondamentales de la Religion sont à la portée des génies les plus bornés, s'ils veulent se donner le soin de les examiner. C'est ici un des fondements de notre Réformation. Heureux! pour le dire en passant, si l'on avait toujours ces principes devant les yeux et si, ou par une hérésie obstinée, ou par une orthodoxie trop scholastique, on ne tombait presque toujours dans un de ces deux écueils, ou de renier la Religion en réduisant à presque rien ses vérités fondamentales, ou de l'affaisser, s'il faut ainsi dire, en la chargeant des questions épineuses de l'École. » (*Sur la suffisance de la révélation.*)

Le discours sur la *Recherche de la vérité* est tout théorique, hérissé de définitions, appesanti de commentaires, du moins c'est ce que nous sommes aujourd'hui tentés de croire, et cependant on y lit ce passage :

« La vérité demande le sacrifice de la curiosité. Réfréner l'avidité insatiable de savoir et de connaître, c'est un sacrifice qui nous est imposé : sacrifice difficile, précepte même mortifiant. La faculté de savoir et de connaître est une des plus belles prérogatives de l'homme; le désir de savoir et de connaître est un des désirs les plus naturels. Aussi ne le condamnons-nous pas comme mauvais en lui-

même; mais nous voudrions vous faire sentir que, quand
on s'y livre indiscrètement, au lieu de faire des progrès
dans la connaissance de la vérité, on abandonne le chemin
qui y conduit, et, pour vouloir s'attacher à l'étude des
choses qui sont au-dessus de notre portée et qui sont
inutiles par rapport au séjour que nous faisons sur la terre
et au but que Dieu s'est proposé en nous y plaçant, on
néglige celles que l'on pouvait découvrir et qui avaient
un rapport intime avec ce but. Nous devons donc faire
le sacrifice de la curiosité. Nous devons réfréner le désir
insatiable que nous avons de savoir et de connaître, et nous
bien persuader que certaines vérités qui sont souvent l'objet
de nos spéculations ne sont pas d'un genre à pouvoir être
connues par des esprits bornés, surtout par des esprits
auxquels Dieu a imposé la nécessité de s'attacher à l'étude
de certaines vérités et à la pratique de certains devoirs. »

Dans le commentaire assez long qui ouvre le sermon *sur
les malheurs de l'Europe*, Saurin examine le sujet de la
cruauté de Pilate, ce qu'était Pilate, ce qu'on raconte de
la tour de Siloé, et il termine en disant : « C'est ce qui ne
peut se découvrir et qui est au fond très-peu important.
Ne faisons donc plus de vains efforts pour éclaircir une
matière qui nous serait de peu d'usage, quand même nous
pourrions parvenir à lui donner un plus grand jour. »

Ces exemples suffiraient pour répondre au seul reproche
que pourrait encourir de nos jours l'éloquence de Saurin,
le reproche d'une dogmatique excessive et surabondante.
Faut-il cependant multiplier les preuves? En voici d'autres
encore :

« La question touchant l'époque dont parle l'apôtre nous

occuperait beaucoup plus de temps que nous n'en avons pour cet exercice, si nous voulions la traiter à fond. Jamais prédicateur n'eut une occasion plus propre pour faire perdre une heure à ses auditeurs en discussions inutiles et en citations inopportunes ; nous pourrions vous fournir ici un ample catalogue des pensées des interprètes et des raisons sur lesquelles chacun appuie les siennes... Mais ces discussions sont peu du ressort de cette chaire ; nous avons des choses plus importantes à vous proposer. » (*Sur le ravissement de saint Paul.*)

« La pénitence de la pécheresse est le premier objet sur lequel nous devons fixer nos yeux. La question sur laquelle il y a eu le plus de débats parmi les interprètes, mais celle qui nous arrêtera le moins, comme à notre avis la moins importante, c'est qui était cette femme. Non qu'une connaissance exacte de sa personne et de sa vie ne fût très-propre, en nous expliquant la nature de ses péchés, à nous donner une juste idée de sa pénitence et ne contribuât par cela même à l'éclaircissement de notre texte : mais, parce que, quelques secours que nous ayons empruntés de toutes parts, nous n'avons rien trouvé qui fût digne d'être proposé sur cet article à des auditeurs sévères qui veulent être traités en hommes raisonnables et qui refusent de se déterminer sans de bonnes preuves..... Si quelqu'un en demande davantage, nous n'aurons point de honte de le renvoyer à ceux qui auront trouvé des guides plus sûrs que les nôtres ou à ceux qui possèdent celui de tous les talents qui nous paraît le moins digne d'envie, je veux dire celui d'avoir un sentiment fixe sur des objets incertains et qui ne sont susceptibles d'aucun argument solide. »

Nous avons accumulé tous ces passages pour montrer jusqu'à quel point Saurin était fidèle à ses principes d'enseignement chrétien. Sa modération naturelle l'aurait d'ailleurs éloigné des controverses, quand même il ne les aurait pas jugées inutiles. Trop d'exemples avant lui pouvaient l'instruire du danger qu'elles présentent; lui-même il devait finir sa vie bien tristement pour y avoir été mêlé. Il semble en avoir eu comme un pressentiment; voici ce qu'il dit à propos de la Grâce dans le sermon *sur la Pénitence de la Pécheresse.*

« Cette question mérite sans doute d'être éclaircie, parce qu'elle roule sur des paroles émanées de la bouche de Jésus-Christ et, par cela même, dignes d'être approfondies. Mais était-elle aussi importante que quelques-uns l'ont prétendu? Vous trouverez des interprètes prêts à s'excommunier les uns les autres sur cette question et à accuser leurs antagonistes de renverser tous les fondements de la Religion. Il y a eu des temps (et puissent ces temps ne revenir jamais! si tant est qu'ils ne subsistent pas encore), il y a eu, dis-je, des temps où l'on croyait signaler son zèle, où l'on apportait autant de soin à envenimer les controverses qu'il aurait fallu en employer pour les concilier, et où l'on croyait rendre service à la véritable Religion, lorsqu'on pouvait aggraver les erreurs des religions opposées. »

Mais nous ne voudrions pas trop prouver; nous avançons que Saurin a été modéré, ennemi de la dispute, étranger au pédantisme; nous ne prétendons pas qu'il se soit dérobé aux discussions nécessaires.

Qu'est-ce que les discussions nécessaires? ce sont celles

qui étaient nécessaires en ce temps; ce sont celles que réclamaient les protestants du XVIIe siècle. Il eût été injuste de ne pas satisfaire, du moins en partie, à des besoins qui nous paraissent excessifs, mais qui étaient réels. Si quelquefois Saurin usa de complaisance à l'égard de ses auditeurs, n'oublions pas que l'illustre Aristote lui donne raison : « L'orateur, dit-il, doit avoir en vue l'auditeur, et non pas le discours; » c'est-à-dire qu'un discours n'est bon que s'il persuade, charme et touche ceux à qui il est adressé; un discours n'est pas bon en lui-même; il n'est bon que relativement à ceux qui l'écoutent.

Faisons donc appel à notre raison quand nous lisons certains sermons de Saurin qui ne nous plaisent pas parce qu'ils ne sont pas faits pour nous.

Ainsi, dans un sermon *sur la Passion*, une première remarque qui tient deux pages roule sur le temps que l'Evangéliste assigna aux premiers événements qu'il raconte : Depuis six heures, jusqu'à neuf heures, il y eut des ténèbres.

La seconde remarque, qui tient deux pages et demie, roule sur ces mots : Il y eut des ténèbres sur tout le pays. Quelles étaient ces ténèbres? était-ce une éclipse proprement dite? s'étendit-elle sur toute la terre? que faut-il croire des récits qu'ont laissés sur ce phénomène Denys l'Aréopagite et Phlégon?

La troisième remarque roule sur ce fait que le voile du temple se déchira en deux. Quel était ce voile? pendait-il sur la porte du lieu *saint* ou du lieu *très-saint?*

L'Évangéliste rapporte ensuite que plusieurs morts ressuscitèrent. Qui étaient ces morts? Étaient-ce d'anciens prophètes ou des personnes expirées depuis peu de temps?

Une dernière remarque est consacrée à éclaircir la glose qui fut faite sur certains mots syriaques prononcés par Jésus-Christ.

Dans un autre sermon *pour un dimanche avant Noël*, nous trouvons d'abord l'analyse du troisième chapitre d'Ésaïe où s'entremêlent Téglat-Pilézer, Salmanasar, et Péchah, fils de Rémaljah. A cette exposition se rattache une discussion très-complexe sur le sens des paroles d'Ésaïe. Puis contre ceux qui attaquent l'obscurité des prophéties s'étend une réfutation minutieuse fondée sur cinq propositions qui, elles-mêmes, sont établies sur un certain nombre de caractères. C'est à la vingt-septième page que Saurin s'arrête :

« Jusqu'ici, dit-il, nous avons parlé à la raison seulement, il est temps que nous parlions à la conscience; nous avons prêché par arguments et par syllogismes, il est temps que nous prêchions par sentiments. »

Plusieurs autres sermons de Saurin présentent le même luxe de précautions savantes, et d'érudition dogmatique. Saurin ne traite pas souvent un sujet sans en avoir, pour ainsi dire, aplani les approches; il semble voir un général qui ouvre des tranchées autour d'une place forte, et qui, à force de patience et de temps, voit sans résistance la ville tomber entre ses mains.

Si l'érudition théologique de Saurin ne nous semble pas excessive, et si nous le justifions pleinement en dépit des habitudes de notre temps, nous sommes plus sévères pour son érudition profane; on trouve quelquefois chez lui une science peut-être trop explicite. Par exemple, à propos de l'adultère, il parlera de Plutarque, de Lycurgue, des Égyptiens, des Locriens, des Crotoniates, de la loi des douze tables et de l'empereur Auguste. Une autre fois, il citera les noms d'Homère, d'Alcinoüs, d'Agamemnon, de Nestor. Mais ces fautes de goût, légères en elles-mêmes, sont tellement rares que l'on pourrait sans partialité ne pas en tenir compte. Ajoutons que, si ces souvenirs païens sont un peu surprenants dans une chaire chrétienne, Saurin les a toujours très-bien placés. Un exemple suffira pour prouver cette assertion ; s'il est un peu long, si l'auteur développe un peu trop sa science, il faut reconnaître qu'après tout il était nécessaire qu'il y eût recours.

Voici le texte, tiré de saint Paul :

« Je cours, mais non pas sans savoir comment ; je combats, mais non pas comme battant l'air. Je mortifie mon corps et je le réduis en servitude, de peur qu'après avoir prêché aux autres, je ne sois trouvé moi-même non recevable. »

Voici le commentaire de Saurin :

« Faisons d'abord une remarque générale sur les expressions de notre texte : c'est qu'elles sont une manifeste allusion aux jeux qui se célébraient parmi les païens. La fable ou l'histoire publient que Pélops en fut l'inventeur, qu'Hercule et Atrée les perfectionnèrent, qu'Iphitus les renouvela ; peu nous importe. Ce qu'il y a de certain, c'est que ces jeux se célébraient avec pompe. Ils étaient si solennels parmi les Grecs qu'ils s'en servaient pour marquer les événements mémorables et les époques publiques : celle des consuls de Rome, celle des archontes d'Athènes, celle des prêtresses d'Argos. Ils avaient passé de la Grèce dans l'Italie, et on se les était rendus si nécessaires à Rome qu'un auteur ancien a dit qu'il fallait deux choses au peuple romain, du pain et des spectacles. Mais, sans transcrire ici ce que les savants ont recueilli de l'antiquité sur cette matière, rapportons seulement ce qui peut servir à l'éclaircissement de notre texte, dont toutes les idées sont empruntées de ces exercices.

» La course était un des plus remarquables de ces jeux. La carrière où l'on devait s'y exercer était marquée avec exactitude ; dans quelques endroits, on traçait des lignes et l'on dressait des barrières pour le lieu du combat, et, lorsque celui qui courait allait au delà de ce terme, il avait couru vainement. Ailleurs, il y avait même du péril à s'en écarter, comme dans certains endroits de la Grèce, où le fleuve Alphée d'un côté fermait la carrière ; à Rome, avant la construction du cirque qui fut destiné depuis à ces sortes de spectacles, on avait choisi un grand espace à un des côtés duquel était aussi une palissade d'épées dégaînées, et le Tibre de l'autre ; en sorte que le combattant ne pouvait s'éloigner des bornes qui lui étaient prescrites sans s'exposer au péril ou d'être transpercé par le fer, ou d'être englouti par les ondes. Voilà le premier emblème qu'emploie ici notre apôtre : *Je cours*, par allusion à la course en général ; *je cours, non pas sans savoir comment*, par allusion à ces combattants qui, pour être sortis des limites, perdaient le fruit de leurs travaux.

» Parmi ces jeux, était encore celui de la lutte et du poing. L'adresse, dans ces combats, consistait à ne frapper aucun coup qui ne portât sur l'adversaire. Celui qui manquait de cette adresse était dit avoir battu l'air ; de là était venue cette façon de parler proverbiale *battre l'air*, pour dire travailler en vain. C'est la seconde allusion de saint Paul : *Je combats*, dit-il, *mais non comme battant l'air*.

» Il faut ensuite remarquer le régime qu'observaient les combattants pour se rendre plus agiles et plus vigoureux. Ils prenaient leurs repas dans un temps marqué ; la quantité et la nature de leurs aliments leur étaient prescrites. Ils se privaient de tout ce qui était capable de les énerver. « Veux-tu vaincre dans les jeux olympiques ? disait un philosophe païen (1) ; tu as là un beau dessein. Mais considères-en les préparatifs et les conséquences. Il faudra que tu vives de régime, que tu manges quand tu n'auras point de faim, que tu t'abstiennes de viandes agréables, que tu t'exerces dans certains temps à souffrir le froid et le chaud, en un mot, il faudra que tu te livres tout entier au médecin. » Par là les athlètes acquéraient tant de santé et tant de forces qu'ils pliaient avec facilité les arcs que les chevaux n'auraient pu courber qu'avec peine ; aussi disait-on en commun proverbe : une santé d'athlète pour dire une santé à toute épreuve. Comme ce régime était exact, il était gênant et pénible. Il fallait suivre les lois dont l'observation pouvait rendre propre au combat. Il ne suffisait pas même de les avoir observées pendant quelque temps. Il fallait s'y soumettre toujours, sans quoi l'on perdait bientôt une agilité et une vigueur acquises par des travaux longs et immenses : témoin ce fameux athlète qui, après avoir combattu tant de fois avec gloire, fut honteusement vaincu

____

(1) Epictète, cap. XXXVI. Platon, *de Legibus*, lib. VIII.

pour avoir négligé ce régime durant six mois qu'une affaire domestique l'avait obligé de passer à Athènes. C'est la troisième allusion que fait ici notre apôtre : *Je mortifie mon corps ; je le réduis en servitude*, expressions que l'on a voulu faire servir à justifier ces dévotions bizarres dont nous épargnons l'énumération ; expressions surtout dont abusa l'extravagante secte des flagellants. Certaine terreur panique, qui saisit toute l'Italie au milieu du XIIIᵉ siècle, donna naissance à cette secte ; une peste, dont les Allemands furent affligés un siècle après, la répandit dans toute l'Allemagne, et la faiblesse d'Henri III, roi de France, jointe à cette lâche complaisance qui porte les courtisans à donner tête baissée dans les caprices de leurs princes, la fit pratiquer dans ce royaume avec une telle fureur que Charles, cardinal de Lorraine, pour en avoir voulu suivre rigoureusement les maximes durant l'hiver, perdit la vie.

» Quel vaste champ s'ouvrirait ici à notre méditation, si nous voulions nous arrêter à montrer le ridicule de ces dévotions ! On pourrait faire voir que c'est au paganisme qu'elles doivent leur origine ; témoin ce que dit Plutarque, que, dans la ville de Lacédémone, on les exerçait, quelquefois même jusques à la mort, à l'honneur de Diane ; témoin ce que rapporte Hérodote touchant la fête consacrée en Égypte à la grande Déesse ; témoin ce que dit Philostrate sur les dévotions consacrées à Diane de Scythie ; témoin ce que nous apprend Apulée touchant les prêtres de la déesse de Syrie ; témoin ce que nous trouvons dans les auteurs les plus dignes de foi, je veux dire le Livre des Rois, touchant les prêtres de Baal.

» On pourrait faire voir le faible des arguments sur lesquels ces pratiques ont été appuyées ; tels qu'ont été des miracles fabuleux parmi tant d'autres, une lettre qu'on prétendait avoir été apportée par un ange, du ciel à Jérusalem, et qui déclarait que la sainte Vierge, ayant imploré la miséricorde de Dieu envers les coupables, il lui avait été répondu qu'ils obtiendraient leur pardon s'ils se déchiraient de cette manière.

» On pourrait produire les puissantes raisons que plusieurs de la communion de Rome, entr'autres les Gerson, les de Thou, opposèrent à ces pratiques, et apporter des témoignages de nos Écritures qui les défendent expressément ; mais nous nous contentons d'avoir remarqué que les paroles de notre texte n'ont rien qui puisse servir même de prétexte plausible à ces superstitions. Nous l'avons dit : saint Paul fait allusion au régime qu'observaient les athlètes ; les athlètes suivaient le genre de vie le plus propre à les disposer à leur vocation ; saint Paul observe aussi ce qui peut le disposer à la sienne. A moins qu'on ne prouve que les macérations conduisent à ce but, on ne saurait établir que l'apôtre les eût ici en vue. Pour nous, nous prétendons qu'il désigne toutes les pénitences qui nous sont prescrites dans les Écritures et dont les saints nous ont donné les modèles, comme le silence, la retraite, le jeûne, l'abstinence des plaisirs criminels dont la religion nous défend l'usage.

» Il faut remarquer qu'il y avait des personnes qui présidaient sur les jeux du paganisme : on les appelait hérauts ; le nom qu'on leur donnait dans la langue grecque est précisément le même qui se traduit dans notre langue par celui de prédicateur ; leur office était exprimé par un mot qui signifie prêcher : il consistait à publier le spectacle, à diriger les combattants, à encourager les faibles, à animer les plus vaillants, à étaler le prix aux yeux de tous, et à le donner à celui qui s'en était rendu le plus digne. C'est la quatrième allusion que fait notre apôtre : *de peur qu'après avoir prêché aux autres*. Le mot de l'original et que nous avons traduit prêché est le même que celui qui marquait l'office de ceux qui présidaient aux jeux ; et saint Paul, en se servant de ce terme, nous donne une belle idée de l'apostolat et en général du ministère évangélique. Quel est l'office du ministre de l'Évangile ? Nous vous ouvrons la carrière ; nous vous marquons les bonnes œuvres que Dieu a préparées, afin que vous marchiez en elles ; nous vous animons de la voix ; nous vous disons : Poursuivez constamment la course qui vous est proposée ; nous vous montrons le prix qui vous est destiné au bout de la carrière ; nous vous crions de la part de Dieu : Courez de telle manière que vous remportiez le prix. Heureux si vous défériez tous à cette voix et si, dans le temps qu'un petit nombre de vous court avec rapidité et avec constance dans la carrière qui leur est ouverte, les autres n'allaient à travers champs, avec plus de rapidité et plus de constance encore, semblables à ces malheureux dont nous parlions tout à l'heure, qui étaient transpercés par les épées dégaînées ou absorbés par les eaux.

» Enfin la dernière remarque que vous devez faire sur les jeux du paganisme regarde la différente destinée des combattants. Ceux qui étaient vaincus ne recouvraient aucun fruit de leurs peines. Mais ceux qui avaient remporté la victoire étaient comblés d'honneur et de bienfaits ; on les

distinguait dans les assemblées; on leur donnait les fastueux noms d'Olympioniques; on les couronnait avec faste;
on leur dressait des statues; on faisait des brèches aux mu-
railles des villes pour les recevoir avec plus de pompe.
C'est la cinquième allusion que fait ici notre apôtre : *de
peur*, dit-il, *que je ne sois trouvé moi-même non recevable.
Non recevable*, ce mot était affecté par les païens à ces
combattants qui, ayant combattu sans vaincre, n'avaient
point remporté le prix.

» Tels étaient les jeux qu'on célébrait dans la Grèce, en
général, et, en particulier, dans la ville de Philippes d'où
saint Paul écrivait cette épître et dans celle de Corinthe à
qui elle est adressée. Le fidèle est un étranger sur la terre;
il y voit mille délices auxquelles il ne participe point. Les
yeux de saint Paul à Philippes, du moins ses oreilles (car
saint Paul n'assistait guère aux spectacles) étaient frappées
du bruit et de la magnificence de ces jeux. Les Corinthiens
étaient dans le même cas. Qu'il est dur, lorsqu'on est dans
un pays, d'être exclu des plaisirs de ses habitants! Saint
Paul soutient les Corinthiens, il se soutient lui-même
contre ces tentations; il s'élève de ces plaisirs sensibles aux
spirituels; il se dit qu'il a aussi une carrière, une course,
un triomphe : Je cours, mais non pas sans savoir comment;
je combats, mais non pas comme battant l'air. Je mortifie
mon corps et je le réduis en servitude, de peur qu'après
avoir prêché aux autres, je ne sois trouvé moi-même non
recevable. »

Ce long commentaire était, on le voit, nécessaire à l'intelligence du texte de saint Paul. Si l'on condamnait cette
peinture des jeux de la Grèce, quels reproches ne ferait-on

pas à Bossuet du tableau magnifique de la bataille de Rocroy ou du siècle de Louis XIV? Ici du moins les détails
historiques sont encore des arguments sérieux. Ici comme
ailleurs, Saurin est tout argumentation; prouver, voilà la
grande affaire, son but principal. Prouver! c'est-à-dire
combattre les préjugés, les erreurs, l'indolence, les résistances du vice. Prouver! c'est-à-dire soumettre les esprits,
dompter les consciences. Prouver! c'est-à-dire mettre la
religion au-dessus de toute controverse, après l'y avoir
soumise. Prouver! c'est-à-dire imposer la foi et la vertu!
Aussi quelle ardeur, quelle joie on devine sous ces longs
raisonnements qui d'abord semblaient froids! Comme cette
logique est brûlante! comme ces syllogismes sont palpi-
tants! A travers les difficultés du chemin, un guide sûr
nous mène vers le but, et sa main nous offre, parmi les
épines de la discussion, les fruits magnifiques de la raison
et de la foi.

TITRE II

ENSEIGNEMENT MORAL

Toutes les qualités que l'on peut demander à un prédicateur de la morale chrétienne se réduisent à trois : la fidélité, l'indépendance et la charité.

La fidélité d'un orateur chrétien se marque dans sa conduite comme dans sa parole; c'est une qualité toute personnelle, mais qui n'en est pas moins importante; il faut
dans une chaire prêcher d'exemple.

« Que diraient les peuples si le ministre de la chaire et
le ministre de la société étaient deux hommes? si le mi-

nistre de la chaire déclamait contre les vanités du monde
et que le ministre de la société fût mondain; si le ministre
de la chaire était un homme grave, sévère, fervent comme
un chérubin, et que le ministre de la société fût un homme
relâché et plein des vices du monde? Sans doute les peuples diraient que nous nous jouons de leur crédulité et nous
nous attirerions ce reproche si sanglant : Toi qui enseignes
les autres, tu ne t'enseignes pas toi-même. Toi qui prêches
qu'on ne doit pas dérober, tu dérobes. Toi qui as en abo-
mination les idoles, tu commets des sacriléges. »

La vie de Saurin a montré qu'en sa personne l'orateur
et l'homme privé n'étaient pas différents. Nous n'insisterons
donc pas sur ce premier point et nous allons parler de son
indépendance.

Les exemples seraient nombreux, s'il fallait citer tous
les passages où Saurin montre, à l'égard de ses auditeurs,
la rude franchise des apôtres. Jamais aucune considération
ne l'a fait mentir; jamais aucun vice n'a trouvé grâce devant lui : cependant les magistrats de la Hollande, les négociants, les nobles, les philosophes devant lesquels il parlait n'étaient pas de composition plus facile que les seigneurs
de la cour de Louis XIV.

« Quand on se trouve au milieu d'un peuple affamé du.
désir de s'enrichir et placé dans des circonstances propres
à le satisfaire; quand, par le moyen de la navigation, on
peut avoir un commerce avec toutes les nations de l'univers; quand on peut envoyer des vaisseaux chercher des
richesses dans les diverses parties du monde; quand on
n'entend point de coup de vent qui ne soit décisif à la for-

tune ; qu'il est difficile, dans ces circonstances, qu'on garde cette modération pour les richesses qui nous est prescrite dans l'Évangile ! » (*Sur la décadence de la piété.*)

« Quelle honte ne rejaillirait pas sur nous, si nous voulions mettre ici en parallèle la Grèce avec la Hollande, la ville de Corinthe avec les villes de ces provinces ! Corinthe était (1) la métropole de la Grèce. C'est là que la prospérité du commerce attirait des richesses immenses de tous les lieux de l'univers, et, avec elles, l'orgueil, l'ambition, la débauche qui en sont des suites presque inévitables. C'est là que tous les endroits du monde envoyaient quelques-uns de leurs habitants qui y apportaient avec eux leurs vices et leurs passions. C'est là que le déréglement des mœurs était sur son trône. C'est là qu'on voyait, au rapport de Strabon, un temple dédié à l'impudique Vénus. C'est là qu'il était élevé un palais de dissolution dont on fait voir encore quelques restes aux voyageurs, palais infâme dans lequel mille courtisanes étaient entretenues. C'est là que l'abominable Laïs tenait ses assises et exigeait dix talents de chacun de ceux qu'elle avait pu séduire. C'est là que l'impureté était devenue si célèbre que l'on disait *une Corinthienne* pour dire une femme débauchée, et *vivre à la Corinthienne* pour dire s'abandonner à la débauche. O provinces dans lesquelles nous vivons ! O villes dans lesquelles nous exerçons notre ministère ! O Laïs, Laïs, qui assistâtes tant de fois à nos discours, je vous épargne ! Mais que de chefs de comparaison entre la Grèce et la Hollande, entre nos villes et Corinthe ! » (*Sur les avantages de la Révélation.*)

(1) A l'époque de saint Paul.

Cette courageuse rudesse qui bouleversait plus d'une conscience n'était pas sans blesser bien des personnes qui venaient à l'église pour entendre de beaux sermons et non pas d'utiles vérités. Mais, fort de sa conscience, l'orateur n'affaiblit jamais la morale qu'il devait proclamer.

» Plût à Dieu, n'y eût-il ici aucune de ces consciences endormies qu'il est nécessaire de réveiller ! Jamais nous ne ferions retentir ces murs de l'effrayante voix des menaces évangéliques ; jamais nous ne parlerions à vos mourants que pour leur faire envisager dans la carrière qu'ils viennent de fournir de longues suites de preuves d'une foi sincère et d'une félicité prochaine. Mais ne soyez pas ingénieux à vous faire des illusions. Trop de condescendance est également funeste à celui qui l'exerce et à celui envers qui elle est exercée. Et malheur à nous, si quelque égard que ce puisse être nous engageait jamais à en faire la règle de notre ministère !

« Je sais bien quel est le goût de la plupart des chrétiens sur ce sujet et je sais les croix auxquelles on doit s'attendre lorsqu'on refuse de s'y conformer. On croit avoir flétri un ministre de l'Évangile, quand on a dit de lui : Il trouble, il épouvante, il atterre. Reproche glorieux ! Flétrissure honorable ! Comme si, pour décrier un homme versé dans la science du corps humain, on disait : Il coupe, il tranche, il brûle. Eh ! c'est parce qu'il est versé dans cette science, c'est pour cela qu'il agit de cette manière ; c'est pour cela qu'il est aussi prodigue du sang corrompu qu'avare de celui qui est pur ; c'est pour cela que, malgré la fureur et les hurlements d'un malade, il va chercher avec le fer et le feu, à travers les parties les plus saines ou les plus sensibles, celles qui sont infectées et qui allaient communiquer leur venin à toutes les autres.

» Voilà le devoir d'un ministre de Jésus-Christ, et, j'en atteste le Dieu immortel, voilà le modèle que nous voulons suivre. » *(Sur la tranquillité qui naît de la parfaite charité.)*

« Quand vous nous entendrez parcourir les divers cas dans lesquels on vend la vérité, vous éprouverez peut-être que vous avez besoin de rappeler tout le respect que vous lui portez pour écouter avec patience ce que nous vous dirons sur ce sujet. Mais quelle idée vous formeriez-vous de nous, si, lorsque nous prêcherons de ne pas vendre la vérité, quelque égard humain nous allait porter nous-mêmes à la vendre actuellement, à ne pas faire des portraits ressemblants, de peur que quelques-uns de vous ne vinssent à s'y reconnaître? Arrière de nous cette pensée! *Quand Balak me donnerait sa maison pleine d'or et d'argent, je dirai tout ce que l'Éternel me dira.* Souffrez-nous donc cette noble liberté qui n'a rien d'opposé au respect que de petits hommes comme nous doivent à un auditoire aussi illustre que celui auquel nous portons la parole. Souffrez que nous ne ménagions d'autres intérêts que ceux de la vérité, que nous n'ayons d'autre objet devant les yeux que votre salut et le nôtre, et que, durant tout le cours de ce sermon, nous ayons toujours présente à l'esprit cette exhortation d'un apôtre : « Je te somme devant le Seigneur Jésus-Christ, qui doit juger les vivants et les morts; insiste en temps et hors de temps; reprends, tance, exhorte; prends garde à toi et à la doctrine qui t'est confiée; car en faisant ces choses, tu te sauveras toi-même et ceux qui t'écoutent...»

« Ministres de la vérité, ne déguisons donc jamais la vérité ; aimons la vérité. Annonçons-la dans cette chaire ; annonçons-la dans nos entretiens particuliers ; annonçons-la au lit des mourants. C'est dans l'exécution de ces ordres que nous pourrons à juste titre nous appliquer dans nos lits de mort les paroles de ces prophètes et de ces apôtres avec lesquels nous devons concourir pour l'œuvre du ministère : « Je n'ai convoité ni l'argent, ni l'or, ni le vêtement de personne. Je ne me suis épargné en rien sur les choses qui vous étaient utiles ; je vous les ai prêchées et enseignées publiquement et par les maisons. Je proteste aujourd'hui devant vous que je suis innocent du sang de vous tous, car je ne me suis point retenu que je ne vous aie annoncé tout le conseil de Dieu. Mon Dieu ! j'ai prêché ta justice dans la grande assemblée ; voilà, je n'ai point retenu mes lèvres, tu le sais, ô Éternel ! je n'ai point caché ta justice au dedans de mon cœur ; j'ai déclaré ta fidélité et ta délivrance. Je n'ai point célé ta gratuité ni ta vérité. Toi, Éternel, ne m'épargne point tes compassions ; que ta vérité et ta gratuité me gardent continuellement. Amen ! » (*Sur le trafic de la Vérité.*)

Il n'y a pas dans les prédicateurs catholiques une aussi courageuse hardiesse et une aussi grande autorité. Bossuet lui-même n'y a pas atteint, surtout quand il s'adresse au roi et aux grands.

Il est vrai de dire qu'il ne pouvait pas être indépendant, au sens qu'on attache aujourd'hui à ce mot. Un souffle égalitaire a passé sur la France avec bien des orages ; et, si l'indépendance est encore une vertu rare, elle est du moins un mot très-clair. Il serait injuste de demander à un homme qui vivait sous la monarchie du droit divin des sentiments qui n'étaient pas de son temps.

Mais, après avoir d'une manière générale admis ces circonstances atténuantes, il est permis de trouver que, dans certains cas, Bossuet n'est pas exempt de tout reproche.

Si nous lui pardonnons facilement quant à nous la glorification du passage inoffensif du Rhin, celle de tant de conquêtes injustes, celle même des persécutions dirigées contre les protestants, nous ne pouvons l'absoudre quand il dit le contraire de la vérité ; quand il appelle Henri VIII *un prince en tout le reste accompli*, quoiqu'il fût *en tout le reste* le plus féroce et le plus absurde despote ; quand il dit en parlant de Condé coupable de trahison : *ce prince... rendu inutile à sa patrie dont il avait été le soutien, et ensuite, je ne sais comment, armé contre elle;* quand il cache avec intention une partie de la vérité et qu'il jette un voile prudent sur le massacre des Mazarins à l'Hôtel de Ville ; ou quand il peint de telle manière les désordres de la princesse palatine que le blâme devient un éloge dont la vanité la plus chatouilleuse pourrait se contenter (1). Combien d'autres passages portent la même empreinte de complaisance et de faiblesse ! Nous ne voulons pas insister ;

(1) « Ni les conseils de la Providence, ni l'état de la princesse ne *permettaient qu'elle partageât tant soit peu son cœur. Une âme comme la sienne ne souffre point de tels partages et il fallait ou tout à fait rompre ou se rengager tout à fait avec le monde..... C'était le temps où elle devait être livrée à elle-même pour mieux voir dans la suite la merveilleuse victoire de la Grâce.* »

Bossuet semble avoir imaginé le sommeil de Condé à Rocroy : « Il fallut réveiller d'un profond sommeil cet autre Alexandre. » Nous possédons beaucoup de relations faites par des témoins oculaires de la bataille ; aucun d'eux ne mentionne cette particularité. (Voir Cousin, *Madame de Longueville*.)

15

notre sympathie pour Bossuet nous fait accuser plutôt son
époque que son caractère; et, dans la délicate affaire où
madame de Caylus nous a parlé de son entremise en faveur
de madame de Montespan (1), nous croyons qu'il manqua
de sagesse et non pas de vertu. Mais, ces réserves faites,
nous ne pouvons en aucune manière l'appeler indépendant,
car il nous semble que la véritable indépendance est dans
le caractère plus que dans les circonstances extérieures.

Prouvons par des citations quel était le caractère de Saurin.

Voici, dans le sermon *sur la famine de la parole de
Dieu*, un conseil qui, pour s'adresser à un stathouder,
n'en est pas moins très-audacieux :

« L'idée la plus fausse qu'on puisse se former des em-
plois éminents auxquels la Providence élève quelquefois les
hommes, l'idée la plus opposée au bien de la société et à
l'esprit de la religion, c'est celle qu'en ont certains fauteurs
de la tyrannie qui se croient parvenus à ces grades pour
l'agrandissement de leurs maisons et pour la fortune de
leurs familles. O rois, ayez de l'intelligence ; juges de la
terre, recevez instruction ! Le but de la grandeur suprême
et de tout l'appareil dont on la revêt, c'est uniquement le
bonheur des peuples à la conduite desquels vous êtes préposés. On ne vous revêt de certains titres qu'afin de rendre
plus respectable l'intérêt public dont vous êtes chargés. On
ne vous alloue des émoluments qu'afin que, n'étant pas
distraits par le soin de votre subsistance, vous puissiez être
attentifs à ceux que l'État demande de vous. On ne vous
prête du crédit qu'afin que vous soyez plus propres à être

____

(1) Voir les notes à la fin du volume.

les protecteurs de ceux qui n'ont que leurs soupirs et leurs larmes pour les défendre. Toute autre idée du gouvernement est odieuse à un peuple libre, et plus digne de Machiavel que d'un disciple de Jésus-Christ. »

Les paroles que nous venons de lire peuvent se rapprocher d'un autre passage d'un sermon *pour le dimanche avant Noël*. On croirait par instants entendre la voix de Jean-Jacques Rousseau :

« Qu'est-ce qu'un roi? qu'est-ce qu'un trône? pourquoi des maîtres? pourquoi déposer l'autorité souveraine en certaines mains? et comment les hommes ont-ils pu se résoudre à se défaire de leur indépendance et à perdre leur chère liberté? Tout cela, mes frères, suppose des vérités humiliantes; nous ne savions pas nous conduire nous-mêmes : nous avions besoin que des esprits plus éclairés que les nôtres fussent préposés sur notre conduite; nous étions indigents : il fallait que des êtres supérieurs suppléassent à notre indigence; nous avions des ennemis : il fallait que nous eussions des défenseurs pour les repousser. Misérables hommes! que vous avez été trompés dans votre attente! Et quels désordres pouvaient naître de l'anarchie qu'on n'ait vus quelquefois sourdre du sein même de l'autorité souveraine? Vous cherchiez des conducteurs pour vous diriger, et vous avez quelquefois trouvé des esprits qui, loin de pouvoir conduire tout un peuple, ne savaient pas se conduire eux-mêmes; vous cherchiez des pères nourriciers qui vous secourussent dans votre indigence, et vous avez quelquefois trouvé des hommes qui n'avaient d'autre but que de rendre les peuples indigents et de s'engraisser eux-mêmes du sang et de la substance de leurs sujets. Vous cherchiez des défenseurs pour vous protéger contre vos ennemis, et vous avez quelquefois trouvé des bourreaux qui vous ont traités d'une manière plus barbare que n'auraient pu faire les ennemis les plus sanguinaires.

» Mais, laissant à part ces odieuses vérités et supposant que ces belles idées que nous nous formons des rois et de la royauté, du pouvoir suprême et de ceux entre les mains desquels il réside, soient réduites en réalité, que les rois sont faibles et que leur gouvernement est peu propre à remédier aux grands besoins d'une âme immortelle! Supposons-les, ces rois, avec les sentiments les plus tendres, avec les armées les plus formidables, avec les richesses les plus abondantes ; seront-ils capables de guérir les maux qui nous pressent et d'étancher cette soif de félicité qui nous ronge et qui nous dévore? Césars, Alexandres, Tites, pères des peuples, foudres de guerre, idoles des nations, à quoi me sert toute votre pompe, toutes vos bontés? à quoi me sert tout ce que vous êtes, pour me tirer des ténèbres dans lesquelles je me trouve enveloppé, pour calmer cette conscience qui me bourrèle, pour me réconcilier avec le ciel, pour m'arracher à cette force des passions qui m'entraîne et qui me tyrannise, pour m'affranchir de la mort et pour dissiper les affreux nuages qui me cachent cette économie à venir où je vais entrer? Rois de la terre, ignorants comme moi, bourrelés comme moi, objets comme moi du courroux céleste, exposés comme moi aux misères de la vie, esclaves des passions comme moi, condamnés comme moi à cette affreuse nuit dans laquelle la mort plonge les humains, vous ne sauriez pourvoir ni à vos besoins, ni aux miens.

» Qu'on me montre un empire qui satisfasse à ces besoins :
voilà l'empire que je cherche ! Qu'on me montre un roi qui
me conduise à ces félicités auxquelles j'aspire : voilà le roi
auquel je veux me soumettre ! Mes frères, cet empire, c'est
celui que nous vous prêchons ; ce roi, c'est le Messie ! »

On le voit, ce passage n'est pas la déclamation d'un dé-
magogue ; c'est le cri d'un chrétien qui, méprisant la terre
et ses grandeurs, ne voit et n'aime que le ciel. La politique
est étrangère à ce discours, et si l'on y trouve le mépris du
pouvoir souverain, ce mépris n'est autre chose que l'espoir
de biens impérissables et supérieurs.

La troisième qualité nécessaire à un prédicateur de la
morale chrétienne, c'est la charité.

La morale de Jésus-Christ est à la fois sévère et douce ;
si le prédicateur doit parler d'une manière terrible aux
pécheurs endurcis, il doit exhorter, soutenir ceux qui sen-
tent leurs fautes et veulent sincèrement les réparer.

Saurin, dont nous avons admiré la sévère franchise, est
indulgent dès qu'il croit pouvoir l'être.

« Je n'ai jamais cru qu'une morale atrabilaire fût propre à ramener les pécheurs et contribuât à la gloire de la
Divinité. Je n'ai jamais souscrit aux décisions de ces mor-
nes casuistes qui veulent que, pour être agréable à Dieu,
on soit toujours dans le deuil, toujours dans les regrets,
toujours dans les exercices les plus durs de la pénitence.
Je crois qu'il y a des récréations innocentes, et que toute
création de Dieu est bonne lorsqu'on en use avec actions
de grâces. » (Deuxième sermon *sur les travers de l'esprit
humain*.)

« Toute maxime de morale qui renverse un principe de condescendance clairement établi dans la religion est une maxime outrée. C'est un principe établi dans l'Évangile qu'il y a des plaisirs innocents dans la société. Car pourquoi Jésus-Christ aurait-il assisté à des noces et à des festins ? Pourquoi saint Paul nous aurait-il exhortés d'être dans la joie avec ceux qui sont dans la joie, si tous les plaisirs nous étaient également interdits, si la pénitence nous condamnait à des gémissements perpétuels et à des larmes éternelles?

» Toute maxime de morale qui suppose que nous pouvons nous dépouiller absolument des infirmités humaines et atteindre à la perfection tandis que nous sommes sur la terre est une maxime hyperbolique. Les plus grands saints ont eu leurs taches. La chair combat toujours contre l'esprit, et l'esprit contre la chair. Ce ne sera que dans une autre vie que le funeste empire du péché sur les âmes régénérées sera entièrement aboli. Il n'y a donc aucune circonstance dans la vie où nous ne devions nous humilier devant Dieu, où nous ne devions faire de nouveaux efforts pour porter nos vertus à un degré plus éminent que celui auquel nous sommes parvenus. Mais envisager toujours la religion du côté terrible, comme si elle n'était destinée qu'à nous tourmenter, avoir toujours les yeux ouverts sur les péchés qu'on a commis et n'oser attacher ses regards sur les assurances du pardon ; penser toujours à ses défauts et ne tirer jamais de consolation de ses progrès ; gémir toujours de ce que l'on n'est pas parfait et ne se réjouir jamais des caractères de bonne foi, de sincérité, de régénération, auxquels on peut se reconnaître, c'est outrer la

morale, c'est avoir ce travers d'exagération et d'hyperbole
que nous voudrions vous faire éviter. » (Deuxième sermon
sur les travers de l'esprit humain.)

Ainsi, à tant d'objurgations véhémentes et terribles que
le prédicateur adresse aux pécheurs endurcis et insolents,
succèdent les encouragements les plus doux pour ceux qui,
humiliés de leur vie passée, accablés de remords, n'oseraient pas venir auprès de Jésus-Christ ; pour ceux dont
l'âme craintive ne profiterait pas du pardon qui leur est
accordé ; pour ceux qui compromettent leur salut, ou du
moins leur bonheur, en doutant des promesses qui leur
sont faites dans l'Évangile. Mais il est difficile de choisir
dans la richesse admirable des discours de Saurin ; prenons
un exemple dans le sermon *sur l'égalité des hommes.*

« Découvrons, s'il est possible, le plus misérable des
hommes qui sont dans cette assemblée ; perçons cette nuit
qui le couvre, tirons-le de cette espèce de tombeau dans
lequel sa bassesse et son indigence le renferment. Cet
homme qui est ignoré du reste des humains, cet homme
qui semble ne participer qu'en partie à l'existence et tenir
encore du néant d'où son Créateur l'a tiré, cet homme a
pourtant les plus grands et les plus glorieux priviléges ; cet
homme, surtout depuis qu'il est réconcilié à Dieu par la
religion, a droit d'aspirer à ce qu'il y a de plus noble et de
plus sublime, il a le droit de s'élever à Dieu par l'ardeur
de ses prières, et il peut, sans être taxé de chimère, s'assurer que Dieu, que le grand Dieu, au milieu de la gloire qui
l'environne et parmi les louanges des bienheureux, le
regarde, l'écoute, l'entend ; cet homme a droit de se dire à
lui-même : L'attention que le maître du monde donne au

gouvernement de cet univers, aux besoins du genre humain, à la société des anges, à sa propre félicité, cette attention n'empêche pas que cet être adorable ne pense à moi, qu'il ne soit occupé de ma santé, de mes enfants, de ma famille, de mon domestique, de mon salut, de ma subsistance, de tout ce qu'il y a de plus petit dans ce qui me concerne, fût-ce même un simple cheveu de ma tête; cet homme a droit de donner à Dieu les noms les plus doux, les plus tendres, si j'ose dire, les plus familiers qu'on se donne parmi des égaux; il a droit de l'appeler son Dieu, son maître, son ami, son père : vous ne trouverez aucun de ces noms qui n'ait été donné à Dieu par ses fidèles, et que Dieu n'ait souffert, qu'il n'ait même aimé d'entendre de leur bouche; cet homme a droit de venir manger avec Dieu à la table de l'Eucharistie et de vivre, s'il est permis de parler ainsi, de vivre avec Dieu comme l'on vit avec son égal; cet homme a droit de s'appliquer tout ce qu'il y a de grand, de consolant, de ravissant dans les mystères de la Rédemption, et de se dire : C'est pour moi qu'ont roulé dans l'intelligence divine ces projets de salut; c'est pour moi que le Fils de Dieu a été destiné, dès la fondation du monde, à être une victime de propitiation; c'est pour moi que, dans l'accomplissement des temps, il a pris une chair mortelle; c'est pour moi qu'il a vécu quelques années parmi les hommes; c'est pour moi qu'il s'est mis à la brèche devant la justice de son Père et qu'il a subi des supplices inouïs dont la seule idée étonne l'esprit et effraye l'imagination; c'est pour moi que le Saint-Esprit *a remué le ciel, la terre, la mer et le sec*, établi un ministère qu'il a confirmé par la guérison des malades, par la résurrection des morts, par l'expulsion des

démons, par le bouleversement de la nature universelle;
cet homme a droit d'aspirer à la félicité du Dieu immortel,
à la gloire du Dieu immortel, au trône du Dieu immortel;
parvenu à l'heure fatale, couché dans un lit de mort, réduit
à ne voir autour de lui qu'amis inutiles, que remèdes sans
efficace, que larmes impuissantes, il a droit de braver la
mort, de la défier qu'elle porte la moindre atteinte au calme,
à la tranquillité dont il jouit; il a droit de sommer les portes du ciel de s'ouvrir pour laisser passer son âme, et de
leur dire : Portes, élevez vos linteaux; huis éternels, haus-
sez-vous ! »

La charité de Saurin arrive jusqu'à la tendresse, quand
il presse et conjure ses auditeurs de penser à leur salut
pour se retrouver ensemble au séjour des bienheureux; le
titre seul du sermon indique les idées qu'il renferme : *Sur
la douleur que cause aux gens de bien l'égarement des
pécheurs :*

« Ici, j'ose défier d'être insensibles ceux-mêmes de vous
qui font gloire de leur insensibilité... Que les âmes les plus
dures fassent l'essai de leur dureté et qu'elles éprouvent
si elles peuvent tenir contre cette pensée : Cet ami qui est
mon conseil dans mes perplexités, mon soutien dans mes
épreuves, ma consolation dans mes adversités, cet ami qui
fait la plus grande douceur de ma vie sera peut-être exclu
pour jamais du bonheur céleste où tendent mes espérances;
quand je serai dans la société des anges, il sera peut-être
dans celle des démons, et quand il frappera aux portes de
l'époux qui vont m'être ouvertes, il recevra cette réponse :
Je ne vous connus jamais. Ce catéchumène dans l'esprit
duquel j'avais voulu inculquer les vérités de la religion,

une partie de ces hommes que je croyais avoir conquis à
Jésus-Christ, un grand nombre de ces auditeurs auxquels
je disais qu'ils seront notre joie et notre couronne dans la
journée du Seigneur, seront peut-être désavoués un jour
par Jésus-Christ à la face du ciel et de la terre. Ce pasteur
que j'avais regardé comme mon guide dans le chemin du
ciel, ce pasteur éprouvera lui-même toutes les horreurs de
l'état dont il m'avait voulu donner de si atterrantes idées.
Cet époux auquel le ciel m'avait unie, cet époux qui était
un autre moi-même, je le regarderai peut-être un jour
comme mon plus mortel ennemi; j'acquiescerai à sa condamnation ; j'en louerai Dieu… Cet enfant, pour lequel je
sens que j'épuise tout ce que la faculté que j'ai d'aimer
peut avoir de tendre, cet enfant dont le moindre cri perce
mon âme et qui ne ressent aucune peine que je ne sente
mille fois plus que lui, cet enfant sera saisi d'horreur lorsqu'il verra venir sur les nuées du ciel, entouré de ses
saints anges, ce Jésus dont la venue doit me combler de joie,
cet enfant cherchera alors son refuge dans les antres des
coteaux et dans les creux des montagnes, il criera dans les
accès de son désespoir : Montagnes, tombez sur moi, et
vous, coteaux, couvrez-moi. Je n'ose pas même penser à
fournir le plan que je m'étais tracé…

» Mais pourquoi abandonnons-nous nos esprits à de si
tragiques pensées? Il est vrai, mes frères, mille objets me
disent que vous persisterez dans votre endurcissement,
mais je ne sais quel sentiment me flatte que vous allez y
renoncer… Si vous comprenez vos fautes, si vous voulez
y renoncer, ne craignez ni les menaces, ni les anathèmes
de nos Écritures. Comme les textes les plus consolants ont

un côté foudroyant pour ceux qui abusent de la Grâce, les textes les plus foudroyants ont un côté consolant pour ceux qui répondent aux vues du Saint-Esprit. Les paroles que nous vous avons expliquées sont de ce genre; car l'Apôtre, en vous parlant d'un certain ordre de pécheurs qui ne peuvent plus être renouvelés par la repentance, nous enseigne par cela même que la repentance renouvellera tous les autres, de quelque genre qu'ils puissent être. Repentons-nous donc; brisons ces cœurs; attendrissons ces pierres; faisons sourdre des fontaines de larmes de ces rochers secs et arides ; et, après avoir passé par les horreurs de la pénitence, laissons aller nos esprits à la joie de notre salut, bannissons toutes les craintes importunes; rendons des hommages de confiance au Dieu miséricordieux, et ne confondons jamais le désespoir avec la pénitence. La pénitence honore la Divinité, le désespoir l'outrage ; la pénitence adore sa bonté, le désespoir lui ravit un titre qui fait le plus beau rayon de sa gloire ; la pénitence suit l'exemple des saints, le désespoir confond les hommes avec les démons ; la pénitence donne au sang du Rédempteur du monde son véritable prix, le désespoir le tient pour une chose profane. Entrons dans ces réflexions, et que ce jour soit également et le triomphe de la pénitence sur les horreurs du péché, et le triomphe de la Grâce sur les douleurs de la pénitence! » (*Sur le péché irrémissible.*)

Nous venons de prouver que Saurin, en prêchant la morale chrétienne, a réuni les trois qualités nécessaires : fidélité, indépendance et charité. Ajoutons un dernier mot qui montrera dans quel esprit il a souvent appuyé ses reproches de la menace des peines éternelles, et fondé ses exhortations sur la promesse d'un bonheur qui ne doit pas finir.

« Dieu ne craint rien, il n'espère rien. Que ce soit là notre modèle. On ne prétend point interdire les grands motifs de la crainte et de l'espérance, que la religion a sanctifiés et qui sont si puissants sur des êtres susceptibles de félicité et de misère. Mais aussi, qu'il ne soit pas toujours nécessaire d'ouvrir les abîmes de l'enfer et les trésors du paradis pour vous porter à certaines actions vertueuses. Les vertus désintéressées sont le caractère de la véritable grandeur d'âme et de l'héroïsme chrétien. Formons-nous au plaisir d'être généreux, bienfaisants, charitables, et, selon le précepte de Jésus-Christ, donnons sans en rien attendre. » (*Sur la sainteté.*)

Ces belles paroles n'ont pas besoin de commentaire; et nous allons étudier sans retard dans Saurin ce qu'on appelle, avec un sens particulier, *le moraliste*.

On appelle *moralistes* les écrivains qui ont tracé de l'homme moral des peintures, des *caractères* : tels sont Montaigne, la Rochefoucauld, la Bruyère.

Un prédicateur est nécessairement un moraliste; il ne peut prêcher la morale sans étudier l'âme humaine, ni faire horreur du vice sans le peindre.

Mais il court un danger évident s'il se livre avec trop d'indulgence à cette partie de sa tâche; des généralités plus ou moins importantes, des portraits plus ou moins littéraires, une philosophie plus ou moins chrétienne, prennent alors la place d'un enseignement sérieux et précis. C'est ce qui arriva à toute la prédication catholique du xviiie siècle, qui, pour ne pas s'attirer les sarcasmes des Voltairiens et pour se conformer à la mode, délaissa le dogme et ne traita plus que les lieux communs de la morale vulgaire. On vit alors des imitateurs de la Bruyère; mais Bossuet n'eut pas de disciples.

On ne trouve pas dans Saurin ce défaut que nous signalons; ses portraits, *ses caractères* sont rares et toujours nécessaires; dans le détail de ses descriptions morales, on ne trouve pas le désir de glisser de l'esprit ou de la délicatesse; rien de convenu, rien d'apprêté, mais une analyse exacte, judicieuse et vraie. Il n'a pas les profondeurs fécondes d'Aristote, l'hyperbole mordante de Juvénal, l'érudition complaisante de Montaigne, l'amertume délicate de la Rochefoucauld, l'élégance ingénieuse de la Bruyère; il faudrait le comparer à Théophraste, dont il a le trait spirituel, l'esprit aimable et facile, et cette sorte de bonhomie franche et fine qui frappe sans blesser; mais il a souvent aussi ce qui manque à Théophraste, la grandeur et la force.

Que de tableaux saisissants! que d'énergie et d'éloquence par exemple dans la peinture des vices de la vieillesse, du dégoût qu'elle inspire et de sa ressemblance avec cette mort qui l'attend!

Quelle pénétration dans l'analyse de la médisance :

« La médisance vient de petitesse d'esprit : on ne saurait fournir à la conversation; on n'entend ni religion, ni politique, ni sciences, ni beaux-arts; la conversation tombe ou languit; il faut remplir ce vide par le détail des imperfections réelles du prochain, ou par celles qu'on lui attribue malignement et dont le nombre surpasse toujours celles qu'il a en effet; — ou d'un principe d'orgueil : on veut être au-dessus du prochain, et, n'ayant pas le noble courage de parvenir à s'élever par sa vertu, on l'abaisse par ses discours; — ou d'un principe d'envie : on trouve dans le bonheur d'autrui sa misère propre; la prospérité du prochain nous choque, sa réputation nous blesse, son repos nous tourmente; — ou d'une conscience bourrelée : on craint que les crimes dont elle se sent coupable ne paraissent au dehors; il faut prévenir ce malheur, détourner adroitement de nos propres vices les regards des hommes et les fixer sur les vices du prochain. »

Que nous sommes loin des belles phrases de certains grands écrivains! mais comme la médisance est bien flétrie dans ses causes et dans ses effets!

Quelle vérité dans le portrait de l'égoïste et du vaniteux:

« Quand je vois certains hommes qui ne font entrer qu'eux-mêmes dans leurs projets, des hommes qui disent toujours : Mon honneur! ma fortune! ma famille! quand je vois de ces hommes qui ne vous adressent jamais de discours, qui ne vous appellent jamais dans leur société, qui ne vous invitent jamais à leur table et qui ne vous favorisent jamais d'un de leurs regards ou de leurs sourires qu'ils n'aient quelque intérêt pour motif; je l'avoue, je crains tout de ces sortes d'hommes; je ne sais par quel endroit aborder leur cœur pour y faire entrer l'esprit du christianisme, qui est un esprit de charité. » (*Sur la tranquillité qui naît de la parfaite charité.*)

Quelle justesse dans le reproche qu'il adresse à certains philosophes de cette époque :

« Ceux que je combats ne vantent souvent les beautés intrinsèques de la vertu que dans la vue d'affaiblir les grands

motifs que la religion nous fournit pour nous y attacher.
Ils relèvent ce qu'ils appellent l'honnête homme pour ra-
baisser le chrétien; ils ne veulent puiser les idées de la
vertu que dans leur propre conscience, parce qu'ils sont
d'accord avec elle et qu'ils savent bien qu'elle leur pres-
crira une morale plus accommodée à leur corruption que
celle que l'Évangile nous enseigne. » (Second sermon *sur
les travers de l'esprit humain.*)

Nous pourrions citer bien d'autres passages où le moraliste protestant a marqué encore d'une admirable manière
l'empreinte de son génie : rien de plus profond que ses réflexions sur l'enchaînement naturel des passions, dans le
sermon *sur le dévouement aux lois divines;* rien de plus
intéressant que le résumé des illusions que chacun se fait
sur sa personne, sur son esprit, sur son cœur. (*Sermon
pour le jour de l'Ascension.*) Mais nous ne pouvons prétendre rapporter dans cet ouvrage tout ce qui est beau,
tout ce qui est bon dans l'œuvre de Saurin, et nous sommes
forcés de renvoyer souvent à la lecture de l'auteur lui-
même.

Nous terminerons cet article en comparant quelques passages de Saurin avec certains morceaux d'écrivains plus célèbres.

On sait que la Bruyère, *comme ces enfants drus et forts
d'un bon lait qu'ils ont sucé et qui battent leur nourrice,*
a souvent profité de ses lectures de Molière pour lui faire
une guerre jalouse; on sait que, particulièrement dans le
portrait de l'hypocrite, il a pris à tâche d'attaquer le père
du Tartuffe. Il semblerait que Saurin, qui les connaissait

bien tous les deux, a voulu comme la postérité donner raison à Molière :

» L'hypocrite revêt tous les dehors de la religion; il se pare de ce qu'il y a de plus sacré. Voyez son maintien : vous y trouverez une gravité affectée que rien n'est capable d'altérer. Écoutez ses conversations : il a une industrie étudiée de parler des choses sacrées; il sera tout plein de propos sentencieux et de maximes pieuses; il sera même sévère, prompt à se scandaliser des actions les plus innocentes. Considérez son habit : vous y découvrirez une singularité recherchée; vous verrez une sorte de sainteté répandue dans tous les meubles de sa maison et dans tout ce qui compose son équipage. Suivez-le dans les églises : c'est là surtout que son hypocrisie dresse son tribunal et qu'il étale sa religion avec faste; il y est plus assidu que les chrétiens, même les plus sages et les plus zélés; il y lève les yeux au ciel, il pousse des soupirs, il y arrose la terre de ses larmes; en un mot, tout ce qui paraît vénérable, il le recherche avec soin, il l'étale avec pompe. » (*Sur les avantages de la piété.*)

Citons encore le tableau de la cour qui se trouve dans Bossuet, dans la Bruyère et dans Saurin.

« La cour, dit Bossuet, veut toujours unir les plaisirs avec les affaires. Par un mélange étonnant, il n'y a rien de plus sérieux ni ensemble de plus enjoué. Enfoncez : vous trouverez partout des intérêts cachés, des jalousies délicates qui causent une extrême sensibilité, et, dans une ardente ambition, des soins et un sérieux aussi triste qu'il est vain. Tout est couvert d'un air gai et vous diriez qu'on ne songe qu'à s'y divertir. » (*Oraison funèbre de la princesse palatine.*)

On voit trop que ce portrait de la cour a été tracé devant elle. Les couleurs en sont affaiblies à dessein; la ressemblance est lointaine; mais du reste il a beaucoup de simplicité.

Voici deux passages de la Bruyère dont le premier a été évidemment imité de Bossuet; mais sans avoir plus de précision, il a perdu sa simplicité.

« Il y a un pays où les joies sont visibles, mais fausses, et les chagrins cachés, mais réels. Qui croirait que l'empressement pour les spectacles, que les éclats et les applaudissements aux théâtres de Molière et d'Arlequin (1), les repas, la chasse, les ballets, les carrousels, couvrissent tant d'inquiétudes, de soins et de divers intérêts, tant de craintes et d'espérances, des passions si vives et des affaires si sérieuses?... »

» L'on parle d'une région où les vieillards sont galants, polis et civils; les jeunes gens au contraire durs, féroces, sans mœurs, ni politesse; celui-là chez eux est sobre et modéré qui ne s'enivre que de vin; l'usage trop fréquent qu'ils en ont fait le leur a rendu insipide. Les femmes du pays précipitent le déclin de leur beauté par des artifices qu'elles croient servir à les rendre belles... Ceux qui habitent cette contrée ont une physionomie qui n'est pas nette, mais confuse, embarrassée dans une épaisseur de cheveux étrangers qu'ils préfèrent aux naturels... Ces peuples d'ailleurs ont leur dieu et leur roi; les grands de

_____
(1) Quel assemblage de noms!

la nation s'assemblent tous les jours à une certaine heure dans un temple qu'ils nomment église. Il y a au fond de ce temple un autel consacré à leur dieu où un prêtre célèbre des mystères qu'ils appellent saints, sacrés et redoutables. Les grands forment un vaste cercle au pied de cet autel et paraissent debout, le dos tourné directement au prêtre et aux saints mystères, et les faces élevées vers leur roi que l'on voit à genoux sur une tribune et à qui ils semblent avoir tout l'esprit et tout le cœur appliqués. On ne laisse pas de voir dans cet usage une espèce de subordination; car ce peuple paraît adorer le prince et le prince adorer Dieu. Les gens du pays le nomment Versailles; il est à quelques 48 degrés d'élévation du pôle et à plus d'onze cents lieues de mer des Iroquois et des Hurons. »

Quelle recherche d'idées et de mots! En même temps, quelle mesquinerie de conception! La Bruyère n'a jamais vu les choses que par l'extérieur et le détail; quand le sujet est petit et qu'il peut le saisir, il le peint avec bonheur; mais ses coups de pinceau menus et courts n'arrivent pas à rendre les grands modèles; c'est en vain alors qu'il accumule les mots surprenants, les tours singuliers.

Rien ne ressemble moins à la Bruyère que Saurin; on pourra en juger, si ce n'est déjà fait, par ce tableau de la cour dans le sermon *sur la vie des courtisans* :

« C'est là que l'on s'abandonne à ses passions par la facilité qu'on trouve à les satisfaire. C'est là qu'on est tenté de se regarder comme un genre d'êtres particulier et infiniment supérieur à ceux qui rampent parmi le vulgaire. C'est là du moins que chacun devient tyran à son tour, et où le courtisan, pour se dédommager de l'esclavage où son

prince le réduit, rend esclave celui qui est soumis. C'est là
que se forment ces intrigues secrètes, ces menées clandes-
tines, ces trames sanguinaires, ces complots criminels dont
l'innocence est si souvent la victime. C'est là que sont sur
le trône les maximes les plus pernicieuses et les exemples
les plus scandaleux. C'est là que chaque disposition d'esprit
change sinon de nature, du moins d'apparence, par les
couleurs étrangères dont elle est peinte. C'est là que chacun souffle le venin de la flatterie et que chacun aime à le
recevoir. C'est là que l'imagination se prosterne devant des
divinités frivoles et que d'indignes idoles reçoivent ces
hommages suprêmes qui ne sont dus qu'au Dieu souverain.
C'est là que l'âme est frappée par de séduisantes images
dont l'importun souvenir l'occupe souvent tout entière,
lorsqu'il faudrait se nourrir des méditations seules dignes
d'une intelligence immortelle. C'est là que le bourdonne-
ment, suite comme infaillible de ce tumulte du monde dans
lequel on a vécu, rend si difficile ce recueillement, ce silence, ce concentrement de pensées, si nécessaires pour
entrer dans l'examen de sa conscience et dans l'étude de son
propre cœur. C'est là qu'on se sent entraîné malgré soi par
le torrent et que des exemples crus illustres autorisent les
démarches les plus criminelles et font perdre insensiblement cette délicatesse de conscience et cette horreur pour
le crime qui étaient de si puissantes barrières pour nous retenir dans les bornes de la vertu. »

Une chose nous frappe avant tout dans ce morceau et
frapperait encore bien plus si on le lisait à sa place dans le
sermon, c'est qu'il est un argument tout particulier, tout

spécial à la thèse de Saurin qui est celle-ci : nécessité de la retraite et du silence ; danger du bruit et des grandeurs. Ce n'est pas un lieu commun, une description, un épisode qui ait pour sujet : *la cour ;* et s'il y manque quelques traits, c'est qu'ils étaient en dehors du sujet.

Tel qu'il est, ce morceau suffit à montrer la supériorité de Saurin.

CHAPITRE V

On appelle ordinairement confirmation l'art de choisir, de présenter et d'enchaîner les arguments.

Nous allons montrer trois caractères de Saurin dans ces trois parties de la confirmation : l'honnêteté dans le choix des arguments, l'habileté dans la manière de les présenter, la simplicité dans la manière de les enchaîner.

TITRE PREMIER

DU CHOIX DES ARGUMENTS

Tous les arguments ne sont pas bons pour Saurin; il ne prend que les arguments honnêtes; il laisse de côté tous ceux qui ont l'apparence sans la réalité, qui sont brillants sans être solides; même il rejette tous ceux dont le principe, sans être faux, est seulement contestable.

« Nous laissons de côté tous ces passages, parce que ceux que nous combattons contestent les explications que nous en donnons et qu'il est de l'équité ou d'écouter ce qu'ils y opposent et de leur répondre (ce que les limites de ces exercices ne sauraient nous permettre), ou de ne pas nous en servir en supposant cela même qui est en question. »

Voici un autre exemple non moins explicite tiré d'un sermon *pour le jour de l'Ascension* :

« Cet article regarde quelques savants qui ont cru rendre de grands services à l'Église en multipliant avec un zèle indiscret et en produisant tout ce qui paraissait favorable à la religion chrétienne. Fraude, bonne foi, tout leur a paru égal, pourvu qu'il contribuât à ce but. Malheureuse méthode ! Que n'est-elle particulière aux partisans du mensonge? et pourquoi faut-il qu'elle ait été si souvent suivie par les partisans de la vérité?... Je sais bien que si quelque chose avait pu faire naître dans mon âme des soupçons, ç'aurait été ce mélange de preuves fondées et de preuves sans fondement que nous trouvons dans les écrits de quelques anciens docteurs de l'Église... La découverte de la fausseté des preuves qu'on avait crues vraies, fera douter de la validité de celles qu'on a été fondé à croire véritables. »

« N'incorporons point nos chimères dans la religion. La persuasion d'une vérité reçue sans preuve ne saurait nous rendre plus agréables à Dieu que le mensonge même. Une vérité reçue sans preuve est une espèce de mensonge... Il faut donc suspendre son jugement, quelque inclination que nous ayons naturellement à prononcer. Avec cette démarche, nous ne parviendrons pas véritablement à toutes les connaissances, mais nous préviendrons toutes les erreurs. La bonté de Dieu ne demandait pas qu'elle nous fît connaître toutes les vérités, mais elle demandait qu'elle nous donnât des secours pour rejeter tous les mensonges;

elle demandait que nous ne fussions jamais contraints par
la nécessité de notre nature à donner notre consentement
à l'erreur, et ce secours, il nous l'a donné. Il n'y a point
d'homme qui ne soit souverainement libre de ne pas donner son consentement à un sujet qu'il n'a pas examiné sous
toutes ses faces. » (*Sur la Recherche de la vérité*).

« Il y a des gens qui se servent du mensonge pour établir
la vérité et consacrent leur fraude à la religion. Je ne suis
pas surpris, mes frères, que les partisans des communions
erronées aient suivi cette méthode et qu'ils aient avancé
des arguments dont ils sentaient eux-mêmes le faible, des
faits dont ils étaient les premiers inventeurs. C'est une
chose digne des *enfants du siècle* de faire suppléer le mensonge à la vérité. Mais que les ministres du Dieu vivant
se soient servis des mêmes armes que les ministres du dé-
mon et que l'on ait employé pour une religion fondée sur
la démonstration et sur l'évidence ces mêmes artifices dont
on a eu besoin pour celles qui n'avaient de fondement que
dans l'imagination des hommes, c'est ce dont on aurait
peine à se convaincre si on ne le voyait de ses propres
yeux. Nous rougissons pour la religion quand nous voyons
cette méthode adoptée par les anciens docteurs de l'Église,
non-seulement dans ces moments où la chaleur du discours
fait qu'on oublie ses propres principes, mais même de
sang-froid. Nous avons honte pour les premiers siècles du
christianisme, quand nous entendons saint Jérôme donner
son approbation à ceux qui ont rapporté non ce qu'ils pen-
saient, mais ce qu'ils croyaient propre à confondre les
païens, faire cette captieuse distinction entre ce qu'on écrit
en *dogmatisant* et ce qu'on écrit en *disputant*, soutenir

que, lorsqu'on dispute, il est libre d'argumenter comme l'on veut, de produire du pain et de tenir une pierre. Nous sommes confondus quand nous trouvons parmi les anciens monuments de la religion chrétienne les lettres de Lentulus au sénat écrites en faveur de Jésus-Christ, celles de Pilate à Tibère, celles de saint Paul à Sénèque et celles de Sénèque à saint Paul, celles mêmes du roi Agbare à Jésus-Christ et celles de Jésus-Christ au roi Agbare. Nous sommes effrayés, quand nous entendons les Pères de l'Église comparer les prétendus oracles des sibylles à ceux des anciens prophètes, leur attribuer la même confiance et ouvrir ainsi de toutes parts le flanc aux objections des ennemis du christianisme. Et plût à Dieu que nous n'eussions pas vu nous-mêmes sous nos yeux des docteurs célèbres tirer des visions de quelques fanatiques des arguments pour appuyer la vérité! » (*Sur le Trafic de la vérité.*)

Si l'on veut un exemple, curieux à plus d'un titre, de la discrétion de Saurin quand il s'agit d'affirmer la vérité, si l'on veut savoir combien il apporte de tempérament à choisir ses preuves et à rester dans les limites de la raison la plus sévère, il faut lire le sermon qu'il prononça sur *l'Accord de la politique et de la religion*, l'année 1706, après la bataille de Ramillies.

Il ne prétend pas que la véritable religion soit si nécessaire dans tous ses dogmes et dans toute l'étendue de ses préceptes, qu'il n'y ait jamais eu de sociétés florissantes qui ne l'aient eue pour guide; il reconnaît que des peuples imparfaitement dirigés par les maximes de la justice ont joué des rôles longs et glorieux sur le théâtre du monde; mais il soutient que la voie la plus sûre que puisse suivre

une nation pour se maintenir et pour s'élever, c'est de
suivre les lois de la justice et l'esprit de la religion. Il ne
prétend pas que, dans tous les cas particuliers, la religion
soit plus utile pour parvenir à quelque prospérité tempo-
relle que la violation de la justice ; il avoue que certains
crimes d'État ont été heureux et ont servi à certains peuples pour parvenir à la gloire, tandis que la vertu a porté
quelquefois des obstacles à la grandeur. L'utile et l'honnête ne peuvent pas à ses yeux se confondre, et les brillants sophismes de Platon et de Cicéron ne sont pas adoptés
par sa raison toujours si droite. Il se borne à soutenir qu'*à
tout prendre, on trouvera en général que, plus une société
suivra la vertu, plus elle aura de prospérité ; plus elle
s'abandonnera au vice, plus elle aura de misères à essuyer ;
en sorte que ce vice qui avait d'abord contribué à son élévation produira son abaissement, et que cette vertu qui
semblait l'avoir abaissée l'élèvera à la gloire.* Il n'entend
pas d'ailleurs par l'élévation celle à laquelle aspirent les
héros, les tyrans du siècle : l'avidité, l'ambition, la con-
quête ; l'élévation est pour lui *celle d'un peuple qui se
maintient avec douceur, qui négocie avec succès, qui attaque avec courage, qui se défend avec fermeté ; celle qui fait
le bonheur du peuple.* Enfin il n'entend pas que la prospérité d'une nation ne soit mêlée d'aucune traverse ; en un
mot il n'exagère rien.

Rien en même temps n'est plus élevé, plus intéressant
et plus oratoire que sa peinture des sociétés et des gouvernements. Ce genre d'idées que Bossuet n'a pas abordé
dans ses sermons fait un mérite de plus à Saurin. Il serait
curieux de comparer avec certains passages du *Discours*

sur l'histoire universelle le passage où Saurin examine d'un coup d'œil rapide la fortune des grands empires de l'univers. Tout ce développement qui a pour autorités Diodore de Sicile, Hérodote, Platon, Quinte-Curce, Montaigne, Cicéron, Tite-Live, Florus, Salluste, Denys d'Halicarnasse, Lucain, est véritablement très-remarquable. Le règne de Louis XIV est jugé avec une vérité et une justice singulières.

Si Saurin ne veut que des arguments honnêtes, il ne veut aussi que des arguments sérieux.

Nous appelons arguments sérieux les arguments *propres*, par opposition aux arguments généraux ou lieux communs.

Nous l'avons déjà dit, Saurin a horreur des lieux communs ; il évite avec un soin scrupuleux toute amplification banale. Ce n'est pas qu'il n'y ait chez lui des idées larges, des exemples, des arguments qui sont vrais dans un grand nombre de cas ou relativement à beaucoup de personnes, comme la mort du pécheur, la félicité des justes et d'autres morceaux qui, pour avoir été trop imités, n'en sont pas moins originaux et propres à Saurin. Mais, quand il rencontre une idée claire, un développement facile, il s'en remet volontiers à l'intelligence de ses auditeurs.

La propriété des arguments produit nécessairement une argumentation précise, claire et forte. Cependant, pour arriver à de pareils résultats, il ne suffit pas d'un esprit supérieur, il faut encore une méthode.

Quelle méthode Saurin a-t-il suivie ?

La méthode de Descartes.

Nous avons dit que la philosophie cartésienne avait été accueillie dès l'abord avec faveur à Genève et en Hollande. C'est à Genève que Saurin, alors étudiant en théologie, la connut d'abord, et il se faisait déjà remarquer par son goût pour la philosophie; il retrouva en Hollande, et comme à leur berceau, les doctrines du maître qu'il était si digne de comprendre.

Bossuet, qui est aussi un disciple de Descartes, n'a pas osé transporter dans la chaire la philosophie qu'il a si bien exprimée dans le *Traité de la connaissance de Dieu et de soi-même*. Le pouvait-il, et jusqu'à quel point la philosophie peut-elle se mêler au catholicisme, c'est une question que nous ne voulons pas traiter; constatons les faits et citons un exemple.

Dans le *Sermon sur la Providence*, qui est un des plus philosophiques par la nature du sujet et par la volonté de l'auteur, Bossuet s'adresse aux libres penseurs de son temps qu'il appelle *libertins*, et que, dans le cas dont il s'agit, nous appellerions *déistes*. Il veut leur prouver que la Providence divine s'exerce sur le monde malgré les maux dont nous sommes témoins.

Le développement philosophique de cette thèse était celui-ci : L'idée de création implique chez Dieu l'idée de Providence; car celui qui a fait le monde, logiquement, raisonnablement, nécessairement ne peut pas l'oublier ou l'abandonner; d'autre part, elle implique chez l'homme l'idée d'imperfection; car tout ce qui commence doit finir, ou pour mieux dire est toujours fini, borné, imparfait, condamné essentiellement à la douleur, à l'erreur et à la mort. Dieu même, quelle que soit sa bonté, ne pouvait faire qu'il en fût autrement. Donc, la philosophie est d'accord avec la religion.

Quelle est l'argumentation de Bossuet?

Elle repose sur deux idées :

1° Les libertins ne peuvent condamner Dieu; car ils ne peuvent voir qu'une partie de son œuvre. Or, ne voyant qu'une partie, ils ne peuvent juger de rien avec la certitude que donne seule une connaissance complète.

2° L'Écriture nous enseigne qu'il y a une vie future; alors cessera toute apparence de désordre.

On pourrait se demander si l'apparence du désordre n'implique pas le désordre et n'est pas déjà un désordre, si nos douleurs et nos péchés ne sont pas des désordres, enfin si la vie future peut rétablir un ordre qui, dit-on, existe déjà.

Mais des objections plus graves peuvent se produire.

En effet, le premier argument n'est pas concluant : les libertins peuvent dire à Bossuet : « Nous avons la vue courte; mais avez-vous la vue plus longue? Pouvez-vous voir mieux que nous l'ensemble des choses et affirmer contre nous l'ordre du monde? »

Bossuet a pressenti lui-même cette objection; aussi répond-il que l'Écriture lui prête ses lumières; ce qui est une inconséquence. Il ne peut pas réfuter les incrédules en alléguant ses croyances, ni prouver la religion par elle-même. C'est ce que Saurin n'a jamais fait : « Avoir recours à la puissance de Dieu, disait-il, cela est sage, j'en conviens, si l'on se sert de cette réponse pour avouer son ignorance; mais si l'on s'en sert pour la couvrir, si l'on prétend avoir beaucoup expliqué quand on a dit que c'est

Dieu qui sait toutes ces choses, on se trompe sans doute ; c'est dire : Je n'en sais rien, en termes philosophiques et lorsqu'il semble que l'on va dire : Je le sais. »

Enfin, pour notre propre compte, nous ajouterons : « S'il faut tout connaître pour connaître quelque chose, il s'ensuit que nous ne connaissons rien ; Bossuet nous mène au scepticisme par la même route que Pascal (1). »

Saurin a osé admettre la philosophie dans la chaire, innovation qui est considérable, et qui, à elle seule, suffirait à sa gloire. Mais tout le monde, à son époque, n'en sentait pas les avantages ; on redoutait le contact de la critique et de la foi. Il a prouvé que le protestantisme n'y perdait pas.

« La supériorité de la religion révélée sur la religion naturelle inspire à quelques-uns un mépris odieux pour tous les soins qu'on se donne de cultiver sa raison et de se rendre l'esprit juste. On s'est imaginé que, pour avoir une saine théologie, il fallait négliger une logique exacte ; que, pour être bon chrétien, il fallait être mauvais philosophe ; que, cultiver sa raison, c'était s'opposer au dessein de la religion. Rien n'est plus contraire aux vues de saint Paul et au but de ce discours qu'une conséquence si extravagante ;

_____

(1) « Qu'est-ce que l'homme dans la nature ? Un néant à l'égard de l'infini, un tout à l'égard du néant, un milieu entre rien et tout..... Que fera-t-il donc, sinon d'apercevoir quelque apparence du milieu des choses, dans un désespoir éternel de connaître ni leur principe, ni leur fin.... Ce que nous avons d'être nous dérobe la connaissance des premiers principes qui naissent du néant, et le peu que nous avons d'être nous cache la vue de l'infini.... Voilà notre état véritable. C'est ce qui nous rend incapables de savoir certainement et d'ignorer absolument. Nous voguons sur un milieu vaste, toujours incertains et flottants, poussés d'un bout vers l'autre..... Ne cherchons donc point d'assurance et de fermeté. Notre raison est toujours déçue par l'inconstance des apparences ; rien ne peut fixer le fini entre les deux infinis qui l'enferment et le fuient. » (Pascal, _Pensées_.)

rien ne serait plus propre à décrier la doctrine de l'Évangile et à donner gain de cause aux athées et aux incrédules. Au contraire, pour avoir une saine théologie, il faut avoir une logique exacte; pour bien connaître les caractères de grandeur qui sont dans la religion, il faut avoir cultivé sa raison, et, plus on est philosophe, plus on est disposé à devenir bon chrétien. » (*Sur les avantages de la révélation.*)

Tel fut le but que se proposa Saurin et auquel il est arrivé.

On connaît les quatre principes qui composent la *Méthode* de Descartes; voici les propres termes du philosophe :

« Le premier était de ne recevoir jamais aucune chose pour vraie que je ne la connusse évidemment être telle, c'est-à-dire d'éviter soigneusement la précipitation et la prévention, et de ne comprendre rien de plus en mes jugements que ce qui se présenterait si clairement et si distinctement à mon esprit que je n'eusse aucune occasion de le mettre en doute.

» Le second, de diviser chacune des difficultés que j'examinerais en autant de parcelles qu'il se pourrait et qu'il serait requis pour les mieux résoudre.

» Le troisième, de conduire par ordre mes pensées en commençant par les objets les plus simples et les plus aisés à connaître pour monter peu à peu comme par degrés jusques à la connaissance des plus composés...

» Et le dernier, de faire partout des dénombrements si entiers et des revues si générales, que je fusse assuré de ne rien omettre. »

La première règle de cette méthode est la formule expresse de la révolution cartésienne. C'est la proclamation de l'indépendance de la raison. L'évidence et la démonstration par l'évidence deviennent les seules marques de la vérité philosophique : il n'y a point d'autorité étrangère qui puisse désormais prévaloir contre elles.

« Si l'évidence n'est pas le caractère de la vérité, dit Saurin, vous n'avez plus de marques à quoi vous puissiez reconnaître si une religion est divine. » (*Sur les difficultés de la religion chrétienne.*)

Dans quelques autres passages, Saurin a parlé encore de l'évidence et de sa valeur philosophique. Mais c'est surtout l'ensemble de son argumentation qui montre à quel point il est fidèle à la grande idée cartésienne.

Descartes n'aurait eu rien à reprendre à la division suivante :

« Pour connaître la nature des passions, il faut faire quelques réflexions préliminaires qui démêlent les équivoques dont ce sujet est susceptible.

» Un être intelligent doit aimer tout ce qui l'élève, tout ce qui le perpétue, tout ce qui le rend heureux; un être intelligent doit haïr tout ce qui l'abaisse, tout ce qui le borne, tout ce qui peut le rendre misérable.

» Un être intelligent uni à un corps avec la loi du plaisir et de la douleur, doit aimer naturellement à exciter au dedans de lui les sensations de plaisir et à prévenir les autres.

» Un être composé de deux substances dont l'une est plus excellente que l'autre, un être placé entre deux intérêts dont l'un est plus grand que l'autre, doit, lorsque ces deux intérêts se trouvent en concurrence, préférer ce qui est plus noble à ce qui l'est moins, ce qui est plus grand à ce qui l'est moins...

» Voilà une idée générale des passions; mais cela est encore trop vague et trop enveloppé; il faut en donner des notions plus particulières et plus distinctes. Pour cela, il faut vous montrer ce que les passions sont dans l'esprit, ce qu'elles sont dans les sens, ce qu'elles sont dans l'imagination, ce qu'elles sont dans le cœur. » (*Sur les Passions.*)

Il est difficile d'observer plus exactement la division méthodique des difficultés. Citons enfin un passage qui se rapporte au troisième précepte, celui de conduire par ordre les idées et de les subordonner les unes aux autres :

« Un des principaux écueils qu'il faut éviter dans les controverses, et principalement dans celle-ci, c'est de se persuader que les arguments ont tous une force égale. Il faut bien prendre garde de marquer à chacun ses véritables limites et dire : Cet argument prouve jusque-là; cet autre prouve jusque-là. Il faut aller ainsi de degré en degré jusqu'à la vérité et faire de ces arguments réunis une démonstration d'autant plus forte qu'on aura accordé à ceux qui la contestent tout ce qu'ils pouvaient avoir quelque droit de demander. » (*Sur les frayeurs de la Mort.*)

Quant aux dénombrements exacts, les récapitulations que l'on trouve parfois à la fin des sermons de Saurin peuvent être considérées aussi bien comme une habitude commune à tous les orateurs, que comme une application spéciale de la méthode de Descartes.

Outre l'usage que Saurin fait de la *Méthode*, plusieurs

aveux de Saurin lui-même confirment son admiration pour
Descartes. Quelquefois il parle de « cette matière subtile
dans les tourbillons de laquelle nous sommes environnés »,
quelquefois de « ces esprits qui s'échauffent sans que les
sens prêtent leur concours ».

On connaît le mot de la Fontaine :

> Descartes, ce mortel dont on eût fait un Dieu
> Chez les anciens ;

Saurin n'est pas moins enthousiaste :

« En quoi consiste l'immensité de Dieu et sa toute-
présence? Si jamais question eut besoin qu'on la développe, c'est celle-ci, non-seulement parce qu'elle présente
à l'esprit un sujet abstrait et qui ne tombe point sous les
sens, mais aussi parce que plusieurs de ceux qui ont traité
cette matière (pardonnez-moi un aveu qui ne vient point
du désir d'attaquer qui que ce puisse être, mais uniforme-
ment de proposer la vérité) ont plus contribué à la confondre qu'à l'éclaircir. En général, on ne peut, sans être
fort étranger à l'histoire des sciences, ne pas reconnaître
que toutes les questions touchant la nature des esprits,
toutes celles qui ont quelque rapport à cette discipline (1)
qu'on nomme métaphysique étaient peu entendues avant ce
philosophe célèbre que Dieu semble avoir donné à la terre
pour épurer la raison, comme il avait suscité quelque
temps auparavant d'autres hommes pour épurer la religion. » (*Sur l'immensité de Dieu.*)

Comparer Descartes à Luther et à Calvin, quel éloge

____

(1) Le mot *discipline* est pris ici dans son sens primitif, méthode, étude
philosophique.

dans la bouche d'un protestant! Le croire envoyé par Dieu même, quel éloge dans la bouche d'un philosophe!

Mais aussi avec quel bonheur Saurin ne sait-il pas rivaliser avec le maître audacieux qu'il avait choisi! Il faut l'entendre exposer les preuves de l'existence de Dieu, déterminer les notions primitives de la raison, démontrer l'immortalité de l'âme :

« Je me vois placé dans un monde où tout publie les perfections de son Auteur. Plus j'en considère toutes les parties, plus j'admire combien elles répondent au but de Celui qui les a formées. Au milieu de tant de productions si correspondantes à leur destination, j'en trouve une seule qui me paraît ne pas assortir cet ordre merveilleux que j'avais rencontré dans les autres. Cette créature, c'est mon âme. Et qu'est-ce que cette âme? Est-ce un feu? est-ce un vent (1)? est-ce une matière éthérée? Sous quelque idée que je me la représente, j'ai de la peine à en fournir une définition exacte. Malgré cette obscurité pourtant, j'en connais assez pour être frappé de cette disposition que je trouve entre l'état où est mon âme et celui pour lequel elle me paraît avoir été formée. Cette âme, je le sais, je le sens (et de toutes les preuves, il n'y en a point de plus forte que celle du sentiment), cette âme est un sujet avide d'un bonheur infini dans sa durée. Si quelqu'un m'offrait un bonheur parfait qui ne dût durer que dix mille ans, un composé de grandeurs et de richesses, de crédit et de majesté, peut-être qu'ébloui de son éclat, je cèderais mes prétentions à ce prix. Mais, après tout, je sens bien que

____

(1) Nous disons aujourd'hui un *souffle.*

cette félicité, quelque longue et quelque parfaite qu'elle
pût être, serait incapable de me satisfaire. Dix mille ans
sont des bornes trop étroites à mes désirs; mes désirs
franchissent les barrières du temps. Tout ce qui n'est
point éternel est au-dessous de mes désirs et il n'y a que
l'éternité qui puisse les remplir.

» Telle est mon âme. Mais où est-elle logée? C'est là
précisément ce qui est la cause de mon étonnement. Cette
âme, ce sujet de tant de désirs, est placée au milieu de la
vanité et du néant. Toujours dans la recherche et toujours
dans l'indigence, je ne trouve partout que des objets
incapables de remplir ma capacité. Je monte sur le trône
des souverains, je descends jusqu'à la poussière des misérables, j'entre dans le palais des rois; je me loge dans les
cabanes des bergers; je me concentre dans le cabinet, ou je
prends le parti de l'ignorance et je grossis la foule des
idiots; je vis dans la solitude ou je me jette dans la société.
Vide partout! néant partout! Plus rongé partout du désir
de voir des objets nouveaux, que satisfait de jouir de ceux
que je possède, je ne trouve tout au plus dans tous ces
plaisirs où ma cupidité se diversifie qu'un moyen de rendre
ma condition supportable, mais non pas de la rendre
heureuse.

» Comment concilierai-je ces choses? Comment ferai-je
pour accorder Dieu avec lui-même? Il y a une voie pour y
parvenir, voie unique, mais voie certaine, voie qui résout
toutes les difficultés et qui confond l'incrédulité, voie qui
m'apprend ce que je suis, d'où je viens, ce que je dois devenir. Si Dieu m'a mis dans ce monde, ce n'est pas pour
m'y borner; s'il m'a mêlé avec les animaux, ce n'est pas

pour m'y confondre ; s'il m'a logé dans un corps vain et périssable, ce n'est pas pour m'envelopper dans ses ruines. Sans cela, ce qui fait la grandeur de l'homme ferait sa misère ; ces désirs éternels, cette faculté de penser et de réfléchir, de se perpétuer et de s'étendre, cette supériorité de son âme qui semblait l'élever au-dessus de la bête, mettent la bête au-dessus de l'homme et sont des sources d'amertume au dedans de lui. Et vous, insectes rampants, animaux de nos campagnes, êtres destitués de raison et d'intelligence, si mon âme n'est pas immortelle, j'envie votre condition ; satisfaits des organes qui vous animent, des champs que vous habitez, de l'herbe que vous broutez, vous n'avez ni désir à modérer, ni besoin que vous ne puissiez satisfaire, tandis que moi, insatiable d'un côté, et logé de l'autre au milieu du vide et du néant, je suis misérable par cela même. » (*Sur le prix de l'âme.*)

Le respect de Saurin pour Descartes n'est pas d'ailleurs exclusif. Il révère en lui le plus grand des philosophes modernes ; mais il ne fait pas tort à ceux qui l'ont précédé ou suivi ; il les associe dans la même gloire, et se félicite par exemple d'être né « dans ce siècle de lumière, dans le siècle des Descartes, des Pascal et des Malebranche ».

Pascal devait lui plaire par les nobles aspirations de son âme et par ce dégoût des choses humaines qui est un caractère du chrétien. Mais son scepticisme n'était pas pour fournir beaucoup de secours à l'éloquence solide et convaincue de Saurin. Il a, au contraire, cité Malebranche plusieurs fois, même en le nommant.

« Qu'il me soit permis d'emprunter ici les paroles d'un

philosophe moderne qui a exprimé si noblement ce mouvement que les passions excitent dans notre corps.

» Avant la vue de l'objet de la passion (1), les esprits étaient répandus dans tout le corps pour en conserver généralement toutes les parties. Mais à la présence du nouvel objet, toute l'économie se trouble; la plupart des esprits sont poussés dans toutes les parties extérieures du corps afin de les mettre dans la disposition propre à lui donner la contenance et le mouvement nécessaires pour l'acquisition du bien ou pour la fuite du mal qui se présente. Que si les forces de l'homme ne lui suffisent pas dans les besoins qu'il en a, ces mêmes esprits sont distribués de telle manière qu'ils lui font proférer machinalement certaines paroles et certains cris, et qu'ils répandent sur son visage et sur le reste de son corps un air capable d'agiter les autres de la même passion dont il est ému. Car, comme les hommes et les animaux tiennent ensemble par les yeux et par les oreilles, lorsque quelqu'un est agité, il ébranle nécessairement tous ceux qui le regardent et qui l'entendent, et il fait naturellement sur leur imagination une impression qui les trouble et qui les intéresse à sa conservation. Pour le reste des esprits, il descend avec violence dans le cœur, dans les poumons, dans le foie et dans les autres viscères, afin de tirer contribution de toutes ces parties et de les hâter de fournir en peu de temps les esprits nécessaires pour conserver le corps dans l'action extraordinaire où il doit être. » (*Sur les passions.*)

A vrai dire, Saurin est trop indulgent pour ce passage

____

(1) Malebranche, *Recherche de la vérité*, livre V, chapitre III.

de Malebranche, et il aurait beaucoup mieux fait de ne pas reproduire cette théorie subtile et obscure qui fait disparate au milieu de la netteté, de la précision et de la simplicité de son sermon.

Comme philosophe d'ailleurs, Saurin sut garder son indépendance.

Il y a dans la doctrine de Descartes bien des hypothèses que ni Descartes, ni Malebranche, ni Leibnitz n'ont jamais pu rendre raisonnables.

Voici du reste la pensée de Saurin sur cette matière :

« Nos philosophes en savent plus que tous ceux de la Grèce ; mais leur science, qui est d'un si grand usage quand elle se contient dans de justes bornes, est une source d'égarements lorsqu'elle est portée au delà.

» Supposons d'un côté un philosophe qui ne suit que les lumières naturelles ; d'un autre côté, un disciple de Jésus-Christ qui suit le flambeau de la révélation ; à l'un et à l'autre nous donnons quatre sujets à examiner : les attributs du Créateur, la nature de l'homme, les moyens d'apaiser les remords de la conscience, l'économie qui suit le temps (1). De la manière dont ils jugeront l'un et l'autre sur ces quatre sujets paraîtra le prix que nous devons donner à la révélation. »

L orateur démontre alors sur ces quatre questions l'impuissance de la philosophie. Le passage le plus intéressant peut-être est celui où, parlant de la nature de l'homme, Saurin relève à ce propos les défauts de Descartes :

« Première difficulté : connaissez-vous assez bien la ma-

____

(1) Manière de parler biblique pour dire l'éternité.

tière, en avez-vous des idées assez complètes pour dire avec certitude : Elle n'est susceptible que de cela? et, par conséquent, pouvez-vous bien démontrer que l'essence de la matière est incompatible avec la pensée?

» Seconde difficulté : de ce que vous ne pouvez voir la liaison qui est entre deux attributs, vous concluez incontinent que ces deux attributs, qui vous paraissent ne pouvoir être liés ensemble, supposent deux différents sujets; de ce que vous ne pouvez voir la liaison naturelle entre l'étendue et la pensée, vous concluez que l'étendue et la pensée supposent deux sujets différents, le corps et l'âme. Si donc je découvre un troisième attribut qui me paraisse ne pouvoir se lier ni avec l'étendue, ni avec la pensée, j'aurai droit, à mon tour, d'admettre trois sujets en l'homme : le corps, qui est le sujet de l'étendue; l'âme, qui est le sujet de la pensée ; et un troisième sujet qui sera celui de cet attribut qui ne me paraît avoir aucune liaison ni avec le corps, ni avec l'âme. Or je connais un tel attribut; je ne sais auquel de ces sujets que vous avez distingués je dois rapporter la faculté de sentir que je trouve dans ma nature et dont je fais tant d'expériences. »

Pour mieux comprendre la profonde justesse de cette remarque, il suffit de rappeler ici le passage suivant du *Discours de la méthode* :

« Examinant avec attention ce que j'étais, et voyant que je pouvais feindre que je n'avais aucun corps et qu'il n'y avait aucun monde, ni aucun lieu où je fusse, mais que je ne pouvais pas feindre pour cela que je n'étais point... je connus de là que j'étais une substance dont toute l'essence ou la nature n'est que de penser, et qui pour être n'a besoin d'aucun lieu, ni ne dépend d'aucune chose matérielle ; en sorte que ce moi, c'est-à-dire l'âme par laquelle je suis ce que je suis, est entièrement distincte du corps, et même qu'elle est plus aisée à connaître que lui, et qu'encore qu'il ne fût point, elle ne laisserait pas d'être tout ce qu'elle est. »

Saurin n'a relevé dans ce passage fameux qu'une erreur, parce qu'il n'avait pas besoin d'en relever d'autres. Mais il est bien certain que sa raison si droite et si ferme ne pouvait se payer de tant d'hypothèses contraires à la vérité et fécondes en conséquences dangereuses. En effet, puis-je feindre ou supposer que je n'ai aucun corps ? Non, personne ne l'a jamais fait, personne ne l'a jamais pu, même Descartes. On a plus souvent douté de l'âme que du corps. D'ailleurs un pur esprit ne peut être contenu dans aucun lieu ; il a donc l'ubiquité. Pouvons-nous supposer que nous avons l'ubiquité ?

Toute notre essence n'est pas de penser. Saurin fait très-justement remarquer que nous avons aussi la faculté de sentir ; on pourrait ajouter que nous avons aussi celle de vouloir, et que si l'on confond la volonté avec l'intelligence, on anéantit la liberté.

L'âme enfin est-elle entièrement distincte du corps ? Oui, dans un certain sens ; non, dans un autre. Elle en est distincte, mais elle n'en est pas séparable. La preuve, c'est que nous ne pouvons pas comprendre l'immortalité de l'âme sans la persistance d'une forme extérieure, et le christianisme, qui a fait de l'immortalité de l'âme un dogme essentiel, y a joint celui de la résurrection des corps.

Nous croyons avoir déjà fait assez connaître l'esprit (1) de Saurin et le caractère de son enseignement, pour qu'il soit à peine besoin d'ajouter qu'il n'est pas mystique. Entre la doctrine cartésienne qui déifie presque la raison et qui la fait au moins indépendante de la volonté de Dieu, et la devise des mystiques : *Credo quia absurdum : « Je crois parce que c'est absurde, »* il y a un abîme qu'il est impossible de combler. Dans ses spéculations les plus hardies, alors même qu'il traite de *la plus sublime dévotion* ou de *la vision béatifique de la Divinité*, Saurin ne se laisse jamais entraîner dans la rêverie ; il est toujours logique et toujours raisonnable.

« S'il fut jamais dans le monde un système erroné et extravagant, c'est sans doute celui de ces dévots fameux depuis longtemps dans l'Église sous le nom de mystiques. Quelle idée peut-on se former de cette *vie unitive, purgative, illuminative*, de ces *oraisons passives*, de ces *dernières épreuves*, de cette *déification*, qui occupent une si

______

(1) Nous ne pouvons parler dans cet ouvrage de l'enseignement dogmatique de Saurin que dans la chaire. Mais qu'il eût été intéressant de l'examiner quand il s'adressait aux enfants. Citons du moins un passage bien caractéristique du sermon *sur la manière d'étudier la religion :*

« J'enseignerai d'abord à l'enfant, mais d'une manière historique seulement et sans exiger avec tyrannie qu'il croie aveuglément tout ce que je vais lui proposer, je lui enseignerai les principaux points de la religion. Je lui dirai : la religion chrétienne contient tels et tels articles ; la communion dans laquelle vous êtes né se distingue par tel et tel dogme de cette autre communion ; mais je lui proposerai ces choses, non pas comme des vérités qu'il doit croire sans autre examen et sans autre discussion, mais comme des propositions à la discussion desquelles une partie de ses jours doit être destinée, et qu'il doit examiner avec application, à mesure que son esprit viendra à se développer et que ses talents augmenteront. »

Quel beau programme pour un catéchisme et qu'il est honorable de l'avoir ainsi tracé !

éminente place dans leur système? » (*Sur la plus sublime dévotion.*)

Comment Saurin peut-il concilier l'idée de la révélation divine avec l'autorité de la raison? Les deux passages suivants vont nous l'apprendre :

« La religion chrétienne nous enseigne deux sortes de vérités; les unes qui sont conformes à nos idées naturelles et que l'esprit de l'homme peut découvrir par sa propre méditation, mais qui étaient enveloppées de tant de ténèbres et de tant de préjugés, lorsque Jésus-Christ vint au monde, qu'il fallait des efforts presque au-dessus de l'homme pour les découvrir. Tels étaient les dogmes d'une Providence, de l'immortalité de l'âme, d'un jugement, d'une vie à venir et quelques autres. Le but de la religion chrétienne à cet égard a été de faire *suppléer* la voie de l'autorité à celle de la discussion...

» La seconde classe de ces vérités, ce sont celles qui sont entièrement au-dessus de la sphère de notre raison et que notre raison n'aurait jamais pu découvrir quand même elle aurait été absolument exempte d'erreur et de préjugé. Telles sont surtout celles qui concernent le moyen que Dieu avait choisi pour la rédemption du genre humain; il n'y avait que Dieu qui pût nous le découvrir, parce qu'il n'y avait que Dieu qui pût connaître qu'il l'avait choisi. Le but de l'Évangile à cet égard était encore de faire *suppléer* la voie de l'autorité à celle de la raison. » (*Sur la régénération.*)

Voici le second passage, qui est plus important encore, et qui concilie si bien et d'une manière si originale les idées philosophiques d'un cartésien et les idées religieuses d'un protestant :

« La grandeur de Dieu justifie tous ces mystères ténébreux que notre faible raison ne saurait comprendre. Nous ne voulons pas nous servir de cette réflexion pour donner carrière à l'imagination des hommes et pour autoriser ce qui se présentera à nous sous l'idée du merveilleux; tout ce qui est incompréhensible n'est pas divin, et par cela seul qu'une idée nous passe, on ne doit pas nous engager à la recevoir; mais quand une religion a d'ailleurs de bons garants de sa divinité, quand nous avons des arguments qu'une telle révélation vient du ciel, quand nous savons certainement que c'est Dieu qui a parlé, devons-nous être surpris si les idées de Dieu qui viennent de si bon lieu, nous confondent et nous absorbent? J'avoue que, quand je consulte ma propre raison, je n'y saurais découvrir certains mystères de l'Évangile; mais aussi quand je pense à la grandeur de Dieu, quand je veux porter mes regards sur ce vaste océan, quand j'envisage cet immense Tout, rien ne m'étonne, rien ne m'arrête, rien ne me paraît devoir être rejeté, quelque incompréhensible qu'il puisse être; lorsqu'il s'agit de Dieu, je suis prêt à tout croire, à tout admettre, à tout recevoir, pourvu que je voie que c'est Dieu lui-même qui parle ou qu'on me parle de sa part. Après cela, je ne m'étonne plus qu'il y ait en Dieu une essence unique en trois personnes distinctes, un seul Dieu, et cependant un Père, un Fils et un Saint-Esprit. Après cela, je ne m'étonne plus que Dieu puisse prévoir tout sans contraindre rien, permettre le péché sans forcer le pécheur, destiner les êtres libres et intelligents à telle et telle fin sans leur ôter pourtant leur intelligence et leur liberté. Après cela, je ne m'étonne plus que la justice de ce Dieu ait demandé une réparation proportionnée à sa grandeur, que sa bonté ait donné cette réparation, et que Dieu ait puisé dans le sein de ses miséricordes un dessein impénétrable, le mystère d'un Dieu incarné, mystère qui fait l'admiration des anges, l'aheurtement des esprits forts, la matière des louanges des bienheureux, mystère qui est le grand mystère par excellence, mais dont la grandeur n'a rien qui nous le doive faire rejeter, puisque la religion nous le propose comme le grand effort des vertus du Dieu incompréhensible, et que c'est sur la foi du Dieu incompréhensible qu'on nous appelle à le croire. Il fallait, ou que la religion ne nous dît rien de Dieu, ou qu'elle nous en dît des choses au-dessus de notre portée, et que même en ne nous montrant que le rivage de cet immense océan, elle nous fît découvrir une étendue où nos faibles yeux seraient absorbés ; mais ce qui m'étonne, mais ce qui me passe, mais ce qui m'effraye, c'est de voir une petite créature, c'est de voir un petit homme, c'est de voir un petit rayon de lumière reluisant au milieu de quelques organes faibles, disputer de raison avec l'Être suprême, tenir tête à cette intelligence qui tient le timon du monde, contester lorsqu'elle parle, argumenter lorsqu'elle prononce, appeler de ses décisions et rejeter, même après son témoignage, des dogmes qu'elle ne peut mettre au niveau de ses idées. Rentre dans ton néant, créature mortelle ! quelle est la fureur qui t'anime ? et comment prétends-tu que ce point, que cet atome qui fait ton essence, se mesure avec l'Être suprême, avec celui qui remplit le ciel et la terre, avec *celui que les cieux, même les cieux des cieux ne sauraient contenir.* Trouveras-tu le fond de Dieu en le sondant ? Ce sont les hauteurs des cieux :

qu'y feras-tu? Ce sont les profondeurs de l'abîme : qu'y connaîtras-tu?... Ceins maintenant tes reins comme un vaillant homme, et je t'interrogerai : tu m'instruiras. Où étais-tu quand je fondais la terre? dis-le-moi, si tu as de l'intelligence. Qui en a réglé les mesures? Qui a appliqué le niveau sur elle? Sur quoi ses bases sont-elles affermies? Qui a posé la pierre angulaire pour la soutenir, alors que les étoiles du matin poussèrent ensemble des cris de joie et que les enfants de Dieu chantèrent en triomphe? Que celui qui dispute avec Dieu réponde à ceci! »

TITRE II

DE LA MANIÈRE DE PRÉSENTER LES ARGUMENTS

Quand il s'agit de présenter un argument, Saurin montre une étonnante habileté.

Ce que nous avons dit précédemment de son honnêteté nous dispense de prouver ici que son habileté n'allait pas jusqu'à l'adresse; il n'a jamais voulu faire illusion aux autres, pas plus qu'il ne voulait se faire illusion à lui-même.

Dans cet article, nous ferons donc seulement remarquer les qualités littéraires et logiques de son argumentation.

On y trouve d'abord une force, une fécondité, une chaleur admirables :

« Mon Dieu! une seule nuit passée dans les tourments, dans les ardeurs d'une fièvre, au milieu des flots de la mer entre la vie et la mort, paraît d'une longueur immense. Il semble à celui qui y est exposé que le soleil a oublié de reprendre son cours et que la nature est bouleversée. Quel sera donc l'état de ces malheureux lorsque après avoir roulé dans les espaces que nous venons de dépeindre, ils feront cette accablante réflexion que ce n'est là qu'un atome de leur misère? Quel sera leur désespoir lorsqu'ils se diront à eux-mêmes qu'il faut parcourir encore une fois ces périodes énormes ! encore cette privation du bonheur céleste ! encore ces flammes dévorantes ! encore ces cruels remords ! encore ces crimes et ces blasphèmes ! Pour jamais ! Ah ! mes frères, mes frères ! que cette parole est rude même dans la vie ! Qu'un malheur est grand quand il est sans ressource, quand on se dit à soi-même : Pour jamais ! pour jamais dans les fers ! pour jamais dans les chaînes ! pour jamais dans une prison ! pour jamais ma réputation ! pour jamais ma famille ! Pauvres mortels ! que vous avez la vue courte d'appeler ainsi, pour jamais, un temps qui finit avec votre vie ! Quoi ! cette vie, cette vie qui passe avec la rapidité de la navette d'un tisserand, cette vie qui s'évanouit comme une pensée, appelez-vous cela pour jamais? Mais les périodes absorbantes de l'éternité, mais l'entassement des siècles, ce sont là, si j'ose ainsi dire, le pour jamais des damnés ! » (*Sur les tourments de l'enfer.*)

Un procédé qui rend les arguments de Saurin très-vifs c'est que souvent il fait de ses auditeurs eux-mêmes la base de son raisonnement. Toujours en contact intime avec eux, il mêle leur personne à ses arguments et les prend à la fois pour le sujet et pour l'objet de sa démonstration. C'est ce que l'on appelle souvent argument *ad hominem.*

« Oui, j'ai une preuve de fait et d'expérience, et par conséquent sans réplique, que tous ces motifs d'amour, de crainte, d'horreur réunis, sont encore faibles chez le pé-

cheur. Cette preuve, mes frères, le croiriez-vous? c'est
vous-mêmes. Ne parlez pas de distraction, car vous m'é-
coutez, et je le vois. Nous vous présentons tous ces motifs,
ce Dieu témoin et juge de votre cœur, ces entrailles de miséricorde que Dieu ouvrit en votre faveur, et ce Jésus mourant pour vous, parmi les tourments du plus cruel de tous
les supplices. C'est à vous que nous ouvrons les cieux et
que nous faisons percer ces voiles qui nous dérobent l'a-
venir. C'est à vous, à vous, que nous présentons les démons
avec leur rage, l'enfer avec ses tourments, l'éternité avec
ses horreurs. C'est vous que nous sommons dans ce moment, par la force de ces motifs, de revenir à vous-mêmes.
Encore une fois, vous ne sauriez présenter votre distraction
dans ce moment; vous ne sauriez alléguer que vous ne pensez
pas à ces choses, et vous n'échapperez point aujourd'hui
ou à la gloire de la conversion, ou à la confusion que donne
l'impénitence lorsqu'elle peut résister à des objets si tou-
chants et si pathétiques. » (*Sur la suffisance de la révélation.*)

« Faut-il prouver? faut-il démontrer? C'est vous qui êtes
mes preuves! c'est vous qui êtes mes démonstrations... La
loi de ces exercices m'interdit certains détails, et il ne m'est
pas permis de nommer tels de ceux qui m'écoutent; mais
'en atteste vos consciences, et si vos consciences sont endormies, j'atteste le Dieu immortel. Combien y a-t-il de
personnes parmi vous qui nous ont faits les dépositaires de
leurs résolutions!... Sont-ils convertis? » (*Sur la sévérité
de Dieu.*)

Ce n'est pas avec moins de force que Saurin s'écriait
dans son sermon *sur les dévotions passagères* (prononcé le
premier jour de l'année) :

« A ce premier motif, ajoutez celui de la vanité de la vie, vanité que vous retrace le renouvellement de l'année. Je sais combien ce motif est faible sur le plus grand nombre de vous ; l'idée du passé nous rassure pour l'avenir et, parce qu'on n'a jamais été mort, il semble qu'on ne doit jamais mourir... Mais vous trompait-on, l'année dernière, quand on vous dénonçait que plusieurs de ceux qui en voyaient le premier jour et qui étaient venus dans ce temple, ne fourniraient point l'année entière? L'événement n'a-t-il point vérifié cette triste prédiction? Répondez-moi, veuves désolées, qui avez vu expirer entre vos bras ces époux, objets d'un amour si pur et si tendre? Répondez-moi, tristes enfants, qui avez accompagné vos pères à la sépulture. Combien de Jacobs affligés pleurent encore leur mère ! Combien de Davids qui disent dans l'amertume de leur cœur : Absalon, mon fils ! Absalon, mon fils ! que ne suis-je mort à ta place! Combien de Josephs qui ont à peine achevé ces tristes jours qu'on destine au deuil de celui de qui on a reçu la naissance! Combien de Marthes et de Maries qui arrosent de leurs larmes le tombeau de leur frère enseveli depuis quatre jours et déjà puant ! Combien de voix plaintives retentissent en Rama! Combien de Rachels éplorées qui ne veulent point de consolation, parce que leurs enfants ne sont plus !

» Après avoir envisagé l'année qui vient de s'écouler, jetez les yeux sur celle que nous commençons aujourd'hui. Quels cris n'entendrait-on pas dans cet auditoire, si, au lieu de ces discours vagues que nous vous adressons, Dieu nous donnait en ce moment de pénétrer dans l'avenir, de lire dans ses décrets, d'y voir la destinée des personnes qui

nous écoutent et de vous dire à chacun ce qui vous intéres-
serait dans cette révélation nouvelle? Là vous verriez cet
homme superbe qui s'enfle par le vent de la vanité confondu
dans la même poudre avec le plus vil d'entre les hommes.
Ici cette femme voluptueuse qui ne refuse rien à ses sens,
vous la verriez couchée dans un lit d'infirmité, placée entre
les douleurs d'une maladie mortelle et la juste crainte de
tomber entre les mains d'un Dieu vengeur. Ailleurs cet
homme de guerre qui est couronné de lauriers et qui en
cherche une moisson nouvelle dans la campagne prochaine,
vous le verriez, couvert d'une tragique poussière, baigné
dans son propre sang et trouvant sa sépulture dans ce
même lieu où son imagination lui offrait un champ de victoire. Par tous les endroits de cet auditoire, à droite, à
gauche, devant, derrière, à vos côtés, à votre place! je vous
montrerais des cadavres; et celui qui nous écoute peut-être
avec le plus d'indolence et qui se moque en secret de ceux
que notre voix épouvante, servirait lui-même de preuve
aux vérités que nous prêchons et occuperait la première
place dans cette liste fatale. »

Aucun document historique ne nous apprend quel effet
cette admirable éloquence produisit sur l'auditoire à qui
elle s'adressait. Nous croirions volontiers qu'elle dut causer
une impression aussi profonde que le fameux passage du
sermon de Massillon sur *le Petit nombre des élus*. Il nous
semble qu'il y a chez l'un et chez l'autre prédicateur la
même puissance de logique et de pathétique terreur.

Non moins habile, non moins saisissante est l'argumentation tout entière du sermon *sur la Pénitence de la Pécheresse*, et, en particulier, du passage suivant :

« Jésus-Christ se tourne ensuite vers la pénitente, et, touché des nouvelles larmes qu'elle répand, il lui renouvelle les assurances du pardon qu'il lui avait déjà accordé; il apaise la douleur que le souvenir de ses crimes, dont elle ne craignait plus la punition, entretenait encore dans son âme : Tes péchés te sont pardonnés; va-t'en en paix!

» Directeurs rigides, qui rétrécissez les portes de la vie; vous qui, par vos effrayantes maximes, semez de ronces et d'épines le chemin du paradis; messagers de terreur et de vengeance, semblables à cet ange formidable qui, avec un glaive flamboyant, interdisait à l'homme coupable l'accès au jardin d'Eden, vous qui ne dénoncez qu'enfer et que damnation, venez recevoir ici votre leçon, venez apprendre à prêcher, et à écrire, et à parler dans ces chaires à un auditoire, et à consoler dans un lit de mort un homme qui a son âme sur le bord de ses lèvres. Voyez le Sauveur du monde; voyez avec quelle facilité et avec quelle indulgence il reçoit cette pénitente. A peine a-t-elle versé quelques larmes, à peine a-t-elle répandu sur les pieds de Jésus-Christ quelque parfum, qu'il couronne sa repentance, devient son apologiste, pardonne pour un instant de repentir les excès de toute une vie, et daigne reconnaître pour membre de cette Église pure et sans tache, une femme, quelle femme ! une femme coupable peut-être de prostitution, peut-être d'adultère, certainement d'impureté et de fornication. Après cela, déclamerez-vous avec tant de violence contre la conversion, sous prétexte qu'elle n'arrive pas précisément dans le temps qu'il vous avait plu de lui marquer? Refuserez-vous encore des dénonciations de grâce et d'absolution à ce pécheur qui véritablement a

croupi toute sa vie dans le crime, mais qui, quelques moments avant que d'expirer, revêt tout l'appareil de la
pénitence, se couvre de larmes et de deuil, comme la
pécheresse de l'Évangile, et vous dit qu'il embrasse avec
ferveur les pieds du Rédempteur des hommes.

» Me trompé-je, mes frères? Il me semble que je vois
l'attention redoubler dans cet auditoire. Il me semble que
cette dernière réflexion est du goût de plusieurs de mes
auditeurs. Il me semble que j'en aperçois quelques-uns qui
me tendent la main d'association et qui me félicitent de ce
que j'abjure publiquement aujourd'hui cette morale funeste
et atrabilaire qui est plus propre à désespérer les pécheurs
qu'à les ramener.

» Mais quoi! mes frères, depuis tant d'années que nous
vous portons la parole, serions-nous assez mal connu de
vous pour que vous puissiez nous soupçonner d'avoir proposé ces pensées dans un autre dessein que d'en faire sentir le faible? ou plutôt connaîtriez-vous assez mal votre
religion; connaîtriez-vous assez mal l'esprit de l'Évangile
et de mon texte, pour en tirer des usages si opposés aux
vues du Saint-Esprit qui les a dictés? Et où sont-ils donc,
ces hommes barbares? où sont-ils, ces messagers de vengeance et de terreur? où sont-ils, ces casuistes dont les
maximes ferment tous les chemins de la vie? où sont-ils,
pour exciter de cette manière votre colère et votre indignation? Quoi! cet homme qui creuse depuis cinquante ou
soixante années dans les replis du cœur humain; cet
homme qui vous assure qu'après des recherches exactes,
qu'après mille soins réitérés, il trouve encore dans ce cœur
des profondeurs impénétrables; cet homme qui tire de la

difficulté de ses travaux des arguments pour vous engager à ne pas vous contenter d'un examen léger de votre conscience, à porter le flambeau de l'Évangile jusque dàns les endroits de votre cœur les plus cachés ; cet homme, qui vous avertit, qui vous répète, et qui vous réitère que, si vous vous contentez d'une étude superficielle de vous-mêmes, vous tomberez dans mille et mille illusions, vous prendrez le fantôme de la pénitence pour son véritable corps, vous vous croirez riche et dans l'abondance lorsque vous serez misérable, aveugle, nu ; est-ce là ce casuiste rigide qui vous scandalise et qui vous irrite ? Quoi ! cet homme qui vous dit que, pour être en droit de s'assurer qu'on est en état de grâce, il faut avoir pour Dieu un amour de préférence qui nous fasse mettre son service au-dessus de celui des créatures ; cet homme qui, jugeant par mille et mille présomptions que vous préférez le service des créatures à celui du Créateur, conclut de ce triste phénomène que vous avez lieu de trembler ; quoi ! cet homme qui veut que vous passiez huit jours dans le recueillement et dans la retraite avant que de participer au sacrement de la Sainte-Cène ; cet homme qui veut que vous purifiiez ces mains sanglantes du meurtre de vos frères, et ce cœur brûlant de haine et de vengeance, et mis par cela même dans le catalogue des cœurs meurtriers, selon l'esprit de l'Évangile ; cet homme qui vous interdit l'accès à l'Eucharistie tandis que vos honteux commerces ne sont que suspendus, mais non pas déracinés ; est-ce encore là ce casuiste rigide, qui vous scandalise et qui vous irrite? Quoi ! cet homme qui vous a assisté trois, quatre, six fois au lit de mort, et qui vous a vu alors toujours couvert de larmes, toujours reconnaissant vos crimes, toujours attestant le ciel et la terre du dessein où vous étiez de vous corriger, mais qui vous a vu reprendre incontinent votre premier genre de vie, comme si vous n'aviez point versé de larmes, point formé de vœux, point prêté de serments; cet homme qui conclut de ces funestes phénomènes que les résolutions de ceux qui sont mourants ou qui croient l'être doivent être toujours extrêmement suspectes; cet homme qui vous dit que, depuis qu'il assiste des malades, il n'en a presque pas vu un seul qui se soit converti par la maladie (et pour nous, mes frères, nous sommes garants de ce triste fait); cet homme, que ces exemples affreux épouvantent et qui est ¦moins empressé à annoncer la grâce de Dieu à des mourants d'un certain genre; est-ce là encore ce casuiste rigide qui vous scandalise et qui vous irrite? Quoi! cet homme qui voit écrite sur votre visage la sentence de mort, cette maison d'argile près de crouler sur ses fondements; cet homme, à qui vous paraissez plus un squelette qu'un corps vivant; cet homme, qui craint que, dans trois, que dans quatre jours, on ne vienne lui dire qu'on vous a trouvé mort dans votre lit, et sans avoir eu d'autre maladie que celle que vous nourrissiez déjà dans vos entrailles, que dis-je? que celle qui est peinte sur votre visage, celle qui afflige vos amis, celle qui consterne votre famille; cet homme, qui est effrayé de ce que tout cela ne fait aucune impression sur vous et de ce que vous vivez dans une distraction et dans une sécurité qui ne serait pas même pardonnable à celui dont les forces et la santé sembleraient lui promettre une longue vie; cet homme, qui vous crie : Réveille-toi, toi qui dors, et te relève d'entre les morts et Christ t'éclairera; mets à profit ce reste de vie qui t'anime ; est-ce là ce casuiste rigide qui vous scandalise et qui vous irrite ? Ces maximes, ces discours, ces livres, ces sermons, sont-ce là ces systèmes de morale qui confondent et qui désespèrent ? Et où sont-ils donc les pécheurs que ces casuistes ont désespérés ? Où sont-elles ces consciences bourrelées, tourmentées ?

» Pour moi, je ne vois presque partout qu'un sommeil funeste ; je ne vois que sécurité, que léthargie, qu'endurcissement. Eh quoi ! est-ce donc l'histoire de notre texte ? »

Si nos souvenirs ne nous trompent pas, il n'y a pas dans les fastes de l'éloquence rien de plus brillant et de plus solide. L'ampleur et l'aisance du style ne le cèdent pas à l'adroite vigueur de l'idée ; seul, peut-être, l'exorde de l'oraison funèbre d'Henriette de France fournit l'exemple d'une période aussi large et aussi sonore.

Mais, si l'on veut un exemple vraiment grandiose de la manière dont Saurin présente ses arguments, il faut lire le sermon prononcé pour le jeûne de 1706. Nul orateur dans le monde n'a présenté à l'esprit humain une idée si étonnante :

« Écoutez ce que dit l'Éternel : Montagnes, collines, fondements de la terre, écoutez !

» C'est l'Éternel qui parle par la bouche de ses serviteurs ; il leur a confié ses trésors ; il a mis en eux le ministère de réconciliation. Il est vrai que ces trésors sont dans des vaisseaux de terre ; mais ce sont les trésors du salut, et tout ce qui regarde le salut nous intéresse... Écoutez avec respect, écoutez avec attention : Nous sommes les ambassadeurs de Christ. L'Éternel a parlé !

» Lève-toi ! plaide par-devant les montagnes et que les

collines entendent ta voix ! Écoutez ce que dit l'Éternel !
Quand l'Éternel parle, tout doit faire silence. Il sait faire
entendre sa voix aux créatures les plus insensibles. La voix
de l'Éternel est forte ! La voix de l'Éternel est magnifique !
La voix de l'Éternel brise les cèdres du Liban ; elle fait
sauter Scirjon comme un faon de licorne ; elle jette des
éclats de flamme et de feu ; elle fait trembler le désert ; elle
prosterne les forêts. Écoutez la voix de l'Éternel !

» L'Éternel a un procès avec son peuple. Quel procès !
mes frères. Jamais cause pareille ne fut plaidée devant des
juges ; jamais tribunal ne fut instruit d'une affaire si importante ; et les parties de ce procès, et la manière dont il
se plaide, et la matière dont il s'agit, tout y est digne
d'attention.

» D'abord, les parties de ce procès ; d'un côté, c'est le
Maître du monde ; c'est celui devant qui toutes les nations
du monde ne sont qu'une goutte d'eau ; c'est celui qui est
assis sur le globe de la terre, qui voit ses habitants comme
des sauterelles, qui pèse les montagnes au crochet et les
coteaux à la balance ; d'un autre côté, c'est le peuple, c'est
Israël, c'est l'Église. Ainsi c'est un époux qui plaide avec
son épouse ; c'est un père qui plaide avec ses enfants, c'est
le Créateur qui plaide avec sa créature. Qui vit jamais un
procès où les parties fussent plus dignes de considération ?

» La manière dont se plaide cette cause est plus remarquable encore. L'Éternel a un procès avec son peuple ! A ces
mots la conscience est bouleversée ; le pécheur va chercher
les fentes des rochers et demande la chute des montagnes
pour se dérober au courroux de Dieu. Chacun va s'écrier
avec un prophète : Qui est-ce qui subsistera devant le feu

dévorant? Qui est-ce qui séjournera avec les flammes éternelles? et comme les anciens Israélites : Que le Seigneur ne
parle point à nous de peur que nous ne mourions! Comment l'homme mortel se justifierait-il devant le Dieu fort?
Mais que vos consciences s'apaisent ; Dieu ne vient point
ici avec l'appareil redoutable de sa vengeance. S'il a pour
but de confondre son peuple, ce n'est pas par les effets de
sa colère, c'est par les reproches de son amour. Mon peuple, que t'ai-je fait? en quoi t'ai-je travaillé? Réponds-moi !
Ainsi, que tous ceux qui ont besoin de foudres et de ton-
nerres, que tous ceux à qui il faut ouvrir l'enfer sous les
pieds, que tous ceux dont l'âme est inaccessible aux motifs
d'équité et de justice, sortent de ce temple! Ce n'est point
à eux que nous prêchons aujourd'hui, c'est au peuple de
Dieu.

» Enfin la matière de ce procès est remarquable : c'est
toute la conduite de l'homme à l'égard de Dieu; c'est toute
la conduite de Dieu à l'égard de l'homme. Dieu veut bien
porter sa patience jusqu'à écouter les plaintes de son peuple ; mais il veut aussi que le peuple entende les siennes.

» Il faut instruire à fond ce procès; il faut écouter ces
parties si peu proportionnées et si peu propres en apparence à être confrontées ensemble ; il faut examiner qui a
tort, si c'est Dieu, si c'est l'homme. Pardonne, ô Dieu! si
des vers de terre osent agiter cette téméraire question et
plaider ainsi en ta présence. Ta condescendance ne servira
qu'à relever ta gloire. Tu seras trouvé juste dans tes discours et pur dans tes jugements! »

Tout le reste du discours est aussi beau et, si nous ne
le citons pas, c'est que la place nous manque.

La variété que Saurin sait jeter avec tant d'art sur ses raisonnements se remarque surtout dans celui de ses arguments qu'il a présenté le plus souvent.

« J'aime à finir mes discours par les idées de la mort : rien n'est plus propre à soutenir ceux qui essuient les travaux dont la carrière de la vertu est parsemée, que la pensée de ce période qui va bientôt les terminer et les couronner ; rien n'est plus propre à toucher les autres que la pensée de ce même période qui va bientôt empoisonner leurs malheureuses délices. » (*Sur le trafic de la vérité.*)

Voici comment il s'exprime sur le même sujet à la fin du beau sermon *sur le cantique de Siméon.*

« Ce n'est pas surtout durant le cours de votre vie que vous pouvez connaître le plaisir qu'il y a d'être chrétien. Non, ce n'est ni dans le silence du cabinet, ni à la table sacrée, ni dans vos fêtes solennelles que vous pouvez sentir les douceurs qu'il y a de croire en Jésus-Christ ; c'est dans les derniers moments de la vie, c'est dans un lit de mort. Jusque-là, vos passions vous feront quelquefois mettre en question si les gens du monde ne sont pas actuellement plus heureux que le chrétien ; si les sociétés mondaines, si les spectacles, si le jeu, si la cour, ne procurent pas des plaisirs plus réels que ceux que nous goûtons dans la communion de Jésus-Christ. Mais quand vous vous trouverez dans un abandon universel, mais quand vous ne verrez autour de vous que soins inutiles, que remèdes sans succès, que larmes impuissantes ; c'est alors que vous connaîtrez la religion chrétienne ; c'est alors que vous saurez, mes chers frères, le plaisir qu'il y a d'être chrétien ; c'est alors que vous sentirez tous les attraits de cette paix dont il est parlé dans mon texte : Seigneur, tu laisses maintenant aller ton serviteur en paix, car mes yeux ont vu ton salut.

» Que ces idées de la religion chrétienne nous attachent constamment à elle. Embrassons Jésus-Christ, comme Siméon ; offrons-lui, comme les Mages, notre or, notre encens, notre myrrhe ; ou plutôt offrons-lui des cœurs pénétrés de foi, de reconnaissance et d'amour. Oui, divin enfant, désir des nations, gloire d'Israël, salut du monde, que tant d'oracles ont prédit, que tant de prophètes ont annoncé, dont tant de rois ont désiré de voir la brillante journée, ma foi perce tous les voiles qui te cachent et qui te couvrent ; je vois en la personne d'une créature infirme et humiliée mon Dieu et mon Rédempteur ; je te contemple, non-seulement né depuis quelques jours à Bethléem, mais subsistant avant que les montagnes fussent nées, avant que la terre fût formée, d'éternité en éternité ! je te vois, non-seulement dans une crèche, couvert de langes ; mais je te vois sur un trône de gloire, souverainement élevé, ayant un nom au-dessus de tout nom, adoré par les anges et par les séraphins, tout entouré des rayons de la divinité. Je veux mettre désormais mon application à te connaître, mon devoir à te plaire, ma joie à te posséder, et mon ambition la plus noble à me prosterner un jour devant ton trône et à te crier avec ces multitudes innombrables de rachetés de toutes les nations, de tous les peuples et de toutes les langues : A celui qui est assis sur le trône et à l'agneau, soit honneur, gloire, force, aux siècles des siècles ! »

De cet attendrissement religieux, rapprochons l'enthousiasme, pour ainsi dire éclatant, que l'on trouve dans le sermon *sur le Ravissement de saint Paul* :

« Mes frères, le silence de saint Paul sur la félicité
céleste n'allume-t-il pas dans vos cœurs un désir ardent
d'arriver à cette félicité? Ame de l'homme, susceptible de
tant d'idées, de tant de connaissances, de tant de lumières,
peux-tu séjourner sans peine dans un corps qui resserre ta
sphère et qui y met des limites si étroites? Philosophe, qui
te débats et qui t'agites pour arriver à un degré de savoir
incompatible avec la qualité d'homme; géomètre, qui, après
avoir bien pensé, bien médité, bien réfléchi, peux parvenir
tout au plus à connaître les relations d'un cercle ou d'un
triangle; théologien, qui, après tant de veilles, expliques
à peine quelque passage de la Révélation, corriges à peine
quelques préjugés; pauvres mortels! que vous êtes dignes
de pitié, et que tous les efforts que vous faites pour parvenir à une véritable science sont impuissants et inutiles! Il
me semble que je vois un de ces animaux (1) que l'épaisseur de leur sang, la grossièreté de leurs humeurs, le fardeau de cette maison dont la nature les charge, empêche
de se mouvoir avec facilité; il me semble que je vois quelqu'un de ces animaux vouloir parcourir dans une heure de
vastes espaces; il se débat, il s'efforce, il s'agite, il se félicite d'avoir avancé quelques pas; il se flatte d'arriver au
but qu'il se propose; l'heure s'écoule et il n'a parcouru
encore qu'un espace qui n'est rien à côté de celui qui lui
restait encore à parcourir. Ainsi, chargés d'un corps, en-
chaînés dans la matière, nous ne pouvons dans la vie avoir

(1) Saurin veut désigner la tortue. Pourquoi ne l'a-t-il pas nommée? On
se tromperait en croyant que, par un scrupule de *noblesse*, il a reculé devant
ce mot. Il a craint sans doute de faire sourire quelqu'un de ses auditeurs,
et un sourire à l'église lui eût semblé au moins inconvenant. — C'est du
reste la seule périphrase que nous ayons remarquée dans ses œuvres.

que des connaissances imparfaites. Il faut que ce corps tombe ; il faut que cette âme se dégage, pour pouvoir se donner l'essor, pour pénétrer dans l'avenir et pour arriver à ce haut degré de connaissance que possèdent les bienheureux. Et cela me fait souvenir d'un beau mot d'un anachorète ; exténué, infirme, accablé d'années, près d'expirer, il entonne des cantiques ; on lui fait cette question : Pourquoi chantes-tu ? — Ah ! je chante, dit-il, parce que je vois tomber le mur qui m'empêche de voir Dieu. Tombe, tombe, mur importun, mur impénétrable ! alors nous verrons Dieu ! »

La péroraison de l'admirable sermon *sur la vie des courtisans* réunit les deux qualités que nous présentent séparément les deux fragments précédents : l'attendrissement et la joie triomphante du croyant.

« Quand on envisage la mort comme tant d'hommes, hélas ! ont raison de l'envisager et telle qu'ils se la préparent par un déréglement continuel, il n'est pas étonnant qu'on en éloigne la méditation. Mais quand on envisage la mort comme quelques-uns de vous, mes frères, qui avez effacé par les larmes de la repentance et réparé par la vérité de la conversion les fautes de votre vie, quand on envisage la mort de cette manière, on en aime la méditation. Alors cette parole si triste et si humiliante : Il faut que je meure, est une source féconde en délices.

» Que je meure afin d'être délivré de tant d'infirmités, de tant de maladies, de tant de tourments, auxquels mon frêle corps est exposé !

» Que je meure ! afin d'être affranchi de tant de revers, de tant de trahisons, de tant de perfidies, de tant de complots

auxquels je me trouve en butte dans la société des hommes !
Que je meure ! afin que je ne voie plus l'innocence im-
molée, la vérité persécutée ! Que je meure ! et que je voie
s'évanouir tant de ténèbres qui me couvrent, tant de
difficultés qui m'arrêtent, tant de nuages qui me cachent
les objets les plus intéressants ! Que je dépouille ce corps
de péché ! Que je sorte d'un monde dans lequel il implique contradiction que je puisse vivre sans offenser Dieu !
Que je puisse allumer le feu de mon amour au feu de
l'amour divin ! Que je meure ! et que je sorte de cette
sinistre compagnie d'hommes qui semblent presque tous
avoir conspiré contre l'Éternel pour renverser son trône
et pour lui ôter, s'il était possible, l'empire du monde !
Que je meure ! et que je forme des relations étroites
avec les esprits bienheureux ! Que je puisse avoir avec
eux ces douces liaisons, cette communication de pensées,
cette conformité de sentiments qui rendent le séjour du
ciel si délicieux ! Que je meure ! et que j'aille voir ces
patriarches, ces prophètes qui se sont acquis un si grand
nom dans l'Église et sur la tête desquels Dieu a déjà mis
la couronne qu'il avait promise à leur foi et à leur persévérance ! Que je meure et que je communique avec le Dieu
bienheureux ! Je sens au-dedans de moi de ces vides qu'il est
seul capable de remplir ; je sens des désirs qui m'élèvent
jusqu'à son trône ; je sens des tressaillements de joie quand
je pense que je me présenterai devant lui. Mon cœur me
dit de chercher ta face ; je chercherai ta face, ô Éternel ! et,
comme elle m'est toujours cachée dans ce séjour de misère,
je la chercherai dans une autre économie.

» La méditation de la mort envisagée de cette manière

a des charmes inconnus aux hommes du monde, mais qui ne vous sont pas étrangers, mes frères ; l'idée de la mort, à Barzilaï, comme à vous, est plus douce que les plaisirs de la cour ; l'image du tombeau vous flatte plus agréablement que celle d'un palais royal. Que je m'en aille ! que je meure ! que je sois mis au sépulcre de mes pères !

» Puissions-nous, par une sainte vie, nous préparer tous à ce genre de mort ! Dieu nous en fasse la grâce ! A lui soit honneur et gloire à jamais ! Amen ! »

TITRE III

DE LA MANÈIRE D'ENCHAÎNER LES ARGUMENTS

La manière dont Saurin enchaîne ses arguments est remarquablement simple et naturelle.

Ses transitions sont faciles et il a une grande souplesse pour passer d'un raisonnement abstrait à une exhortation passionnée, d'un ton grave à un ton doux. Il a enfin une liaison, une cohésion, une logique toute cartésienne. « Quelques-uns, dit un de ses apologistes, se plaignent de ne pouvoir le suivre parce qu'il est trop suivi. »

Il a beaucoup d'art aussi pour disposer ses idées suivant la loi de la progression. Elles s'engendrent les unes les autres d'une manière si naturelle qu'il ne paraît pas possible de les intervertir.

C'est dans le vaste enchaînement de preuves et de conséquences qui font le tissu d'un sermon tout entier, c'est là qu'il faut étudier la logique facile et puissante du grand orateur protestant. Il faut lire d'un bout à l'autre, par exemple, les sermons sur la Résurrection de Jésus-Christ, sur sa

Divinité, sur les Profondeurs divines, etc., etc., pour se faire une idée juste et complète du mérite qu'ils renferment.

Il n'est guère possible de donner en quelques mots la preuve de ce que nous avançons. Nous essayerons cependant, dans les exemples suivants, de montrer la précision et la vigueur de sa dialectique, serrée, pressante, étouffante, pour ainsi dire ; tandis qu'elle est revêtue d'une richesse et d'un éclat singuliers.

« Non-seulement vous allez bientôt être étendus dans le tombeau et perdre l'usage de ces maisons, de ces campagnes, de ces palais que vous habitez ; mais ces maisons, ces palais, ces campagnes vont être consumés, et la mémoire de tout ce qui est attaché au monde va s'évanouir avec le monde. Puis donc que c'est la condition des choses sensibles, puisque toutes les choses sensibles doivent périr, homme immortel, esprit infini, âme éternelle, t'attacherais-tu à la vanité et à l'inconstance ? Ne rechercherais-tu pas des biens plus sortables à ta nature et à ta durée ? »

C'est dans la force de l'argument lui-même que Saurin trouve l'éloquence de son discours ; ses conséquences sont tellement évidentes qu'elles saisissent l'imagination plus que ne pourraient faire tous les artifices d'un style plus travaillé. Ainsi, dans la péroraison du sermon *sur l'Immensité de Dieu* :

« Mes frères, ne remporterons-nous de ce discours que des spéculations ? Ne ferons-nous que croire, qu'admirer, que nous récrier ? Ah ! je voudrais sortir de cette idée de Dieu toutes les vertus que la religion nous prescrit.

» Si telle est la grandeur du Dieu que j'adore, misérable !

quelle doit être ma pénitence ! Vermisseau que je suis et que Dieu foule sous ses pieds, qu'il peut écraser et réduire en poudre par un seul acte de sa volonté, je me suis rebellé contre le grand Dieu ; j'ai voulu l'émouvoir à jalousie, comme si j'étais plus fort que lui ; j'ai outragé cette majesté que les anges adorent ; je l'ai attaquée avec audace et avec fureur sur son trône et dans son empire. Y a-t-il de trop cuisants remords pour réparer des péchés que la grandeur de l'offensé et la petitesse de l'offenseur doivent faire paraître si atroces ?

» Si telle est la grandeur de Dieu, quelle doit être notre humilité ! Grands du monde, divinités mortelles, qui vous enorgueillissez devant Dieu, opposez-vous au Dieu immense. Voyez ces idées éternelles, cette science infinie, cette influence générale, cette direction universelle ; entrez dans cette mer immense de vertus et de perfections : qu'êtes-vous ? un grain de poudre, un point, un atome, un rien !

» Si telle est la grandeur de Dieu, quelle doit être notre confiance ! Qui est-ce qui sera contre nous, si Dieu est pour nous ? Pauvre créature battue dans le monde, comme par autant de vents, par la faim, par la maladie, par le mépris, par la misère, par la nudité, par l'exil, ne crains point dans un vaisseau dont Dieu lui-même est le pilote.

» Mais surtout si telle est la grandeur de Dieu, si Dieu est partout, quelle doit être notre vigilance ! Et, pour ramener ce discours à l'idée que nous avions en le commençant, quelle impression doit faire sur des âmes raisonnables cette pensée : Dieu me voit !

» Hypocrite ! lorsque, revêtu d'un voile de religion, paré d'un extérieur pieux, tu cachais un cœur impie et tu prétendais imposer à Dieu et aux hommes, je te voyais ! je développais tous ces replis, j'éclairais toutes ces profondeurs !

» Enfant du siècle ! qui parais ne pas haïr ton prochain parce que tu ne l'attaques pas à main levée, ne pas fausser ton serment parce que tu as l'art de l'éluder, ne pas fouler le pupille parce que tu sais lui imposer silence, je te voyais ! quand tu portais ces coups déguisés, quand tu recevais ces présents, quand tu accumulais ces richesses iniques qui crient contre toi !

» Voluptueux ! qui avais honte de produire tes excès à la lumière du soleil, je te voyais ! lorsque avec le secours de ces barres, de ces verrous, de cette obscurité, de ces ténèbres et de ces précautions compliquées, tu te dérobais à la vue des hommes, tu violais le temple du Saint-Esprit !

» Mes frères, les discours que l'on vous adresse pour l'ordinaire vous absorbent peut-être par leur nombre ; cet amas d'idées morales vous confond peut-être au lieu de vous éclairer, et, pour être engagés à trop de réflexions, vous n'entrez véritablement dans aucune. Voici une religion abrégée ; voici une morale en trois mots : allez dans vos maisons, portez partout cette réflexion : Dieu me voit ! »

Cette véhémente, cette implacable logique poursuit le pécheur jusque dans le fond de sa conscience et de sa raison. Où trouver un abri contre ces arguments qui tombent comme une grêle de traits aigus, lancés sans cesse d'une main infatigable ? Comment résister à ces attaques toujours répétées, et qui se suivent d'instant en instant avec une invincible vivacité ?

CHAPITRE VI

RÉFUTATION

Nous allons maintenant étudier dans Saurin les caractères moraux et logiques de sa Réfutation.

Les caractères moraux sont la modération et la loyauté ; les caractères logiques sont l'exactitude, la vigueur et la rapidité.

Saurin avait affaire à trois sortes d'adversaires : l'Église catholique, les sectes protestantes qui différaient du calvinisme, et les philosophes.

A l'égard de l'Église catholique, quelle fut sa conduite ? Il en condamne les doctrines, mais il n'en calomnie jamais les membres ; il en discute l'autorité, il n'accuse jamais le clergé ; et, s'il s'élève contre le principe de la papauté, il n'a jamais attaqué ceux qui en furent les représentants.

De la papauté même, il n'a parlé qu'une fois, dans le sermon *sur la Foi obscure :*

« La vraie foi doit être distinguée de la foi extorquée par les tyrans. Nous n'entendons pas ici celle que l'on veut faire naître par la crainte des supplices ; jamais les bûchers, les tortures, n'ont produit dans une âme aucune sorte de conviction... Mais il y a une autre sorte de tyrannie qui a fait des croyants et même en très-grand nombre. A force d'attester des fables, on les fait recevoir ; à force de dire qu'on est infaillible, on parvient quelquefois à le persuader aux simples, et les simples sont ordinairement la multitude. Nous appelons donc foi extorquée par les tyrans celle que l'on accorde aux insolentes décisions d'un docteur qui se dit infaillible sans le prouver, ou à des récits fabuleux qui ne sont appuyés sur aucun témoignage respectable... Si vous voulez que je croie les faits que vous me proposez, alléguez-moi des preuves en leur faveur ; et, si vous voulez que je vous tienne pour infaillible, donnez-moi des preuves de votre infaillibilité. »

Il y a dans ce passage beaucoup de vivacité contre le principe de la souveraineté des papes, mais rien contre la personne de ceux qui ont occupé la chaire du Vatican. L'occasion eût été belle pourtant de rappeler le nom des Borgia et de retracer tant de pages qu'il est impossible d'arracher à l'histoire.

On peut même dire que, si quelquefois Saurin a combattu les principes du catholicisme, c'est moins par le désir de se livrer à la polémique que pour obéir aux nécessités des sujets où il s'était engagé. Nulle part on ne trouve le parti pris de la controverse ; il semble au contraire l'avoir évitée, et, plutôt que de traiter à fond les questions en litige, il se borne à des allusions.

Voici un passage sur la confession où le ton est plus spirituel qu'il n'est méchant :

« Ce qui doit le plus nous étonner, c'est qu'on fait ce ridicule raisonnement non-seulement sur son sujet propre, on le fait même à l'égard d'autrui. Un directeur relâché demande à son pénitent : *Vous repentez-vous de vos pé-*

chés? Le pénitent répond qu'il s'en repent. *Avez-vous recours à la clémence divine?* Le pénitent répond qu'il y a recours. *Vous cramponnez-vous à la croix de Christ?* Le pénitent répond qu'il s'y cramponne. Là-dessus les dénonciations de grâce se prodiguent, les sources de miséricorde vont sourdre avec abondance, et le pécheur, à son choix, peut prendre sa place dans les cieux. Mon Dieu ! de quelle manière entre-t-on dans l'esprit de ton Evangile ! » (*Sur l'assurance du salut.*)

D'autres fois, Saurin répond d'un mot à l'exposition d'une doctrine catholique et passe son chemin.

« Quelque éloignement que nous ayons pour le ton décisif, nous osons bien soutenir que ceux qui parlent ainsi de Dieu n'ont pas même l'idée de ce qu'ils avancent. » (*Sur l'immensité de Dieu.*)

Le passage de controverse le plus long que nous puissions citer est tiré du sermon *sur les travers de l'esprit humain.*

« La droite raison dicte à chacun des hommes qui connaissent l'extravagance du déisme (1) que leur devoir est d'examiner la Révélation pour savoir ce que Dieu a décidé sur cette matière. Car, quand l'Ecriture serait un livre obscur, quand le privilége de pénétrer dans le sens de ses dogmes les plus capitaux serait réservé à un certain nombre de personnes, quand le devoir de chaque particulier serait de s'en rapporter à une église, à un pontife, à une autorité humaine, il faut du moins que je sois assuré de

____

(1) On appelle *déisme*, le système de certains philosophes qui admettent l'existence de Dieu, mais non sa Providence. Il s'ensuit qu'ils nient la Révélation.

cela même que l'Ecriture est un livre obscur, que le privilége de pénétrer dans le sens de ses dogmes a été réservé à un certain ordre de personnes et que je dois m'en rapporter à cette église, à ce pontife, à cette communion. Il faut que je décide ces choses par ce que je trouverai dans ce livre où Dieu s'est expliqué; par conséquent, il faut que je consulte la Révélation, du moins sur cet article, sauf à m'en remettre, par rapport à tous les autres, aux décisions de cette autorité à laquelle elle me renvoie, supposé qu'elle m'y renvoie en effet.

» Suivez ce raisonnement, mes frères, et voyez l'idée que vous devez vous former de cette société dans laquelle on parle de l'Ecriture sainte comme d'un livre non-seulement obscur, mais dangereux; comme d'un livre interdit à la plupart des chrétiens et dans lequel aucun particulier ne doit s'ingérer de jeter les yeux sans l'aveu de ses supérieurs. Je sais que le ciel commence à dissiper en partie ce nuage qui couvrait le monde chrétien. Je sais que ce flambeau de l'Ecriture qu'une communion entière avait tenu *sous le boisseau* est mis par quelques-uns de ses membres *sur le chandelier*, et qu'il éclaire déjà des villes, des provinces, des royaumes entiers. Mais, après tout, voulez-vous savoir si c'est par esprit de parti ou par esprit de vérité que nous déclamons contre l'Eglise romaine, jetez les yeux sur une partie des nations qu'elle asservit; voyez l'Italie, l'Espagne, le Portugal, où les peuples, un grand nombre d'ecclésiastiques même, savent à peine qu'il y a un livre qui s'appelle l'Ecriture sainte. Consultez les décisions de quelques conciles, et, pour tout dire en un mot, lisez l'insolente bulle *Unigenitus.* »

Les controverses que Saurin soutient, **quand il y est obligé**, contre certaines sectes protestantes ne sont pas moins modérées.

« Ici nous versons notre douleur dans le sein de nos frères de la confession d'Augsbourg, dont quelques docteurs nous dépeignent avec de noires couleurs, trempent leur plume dans le fiel lorsqu'ils écrivent contre nous, et nous taxent de faire de la Divinité un Dieu cruel et barbare, un Dieu qui est l'auteur du péché et qui autorise lui-même par ses décrets le relâchement et la corruption des hommes. Vous le voyez, si c'est là notre doctrine... Mais, disent-ils, vous avez des docteurs parmi vous qui empoisonnent eux-mêmes les controverses, qui réfutent avec aigreur, qui excommunient ceux qui ne sont pas de leur sentiment sur la prédestination et qui voudraient pouvoir tout mettre à feu et à sang. — Avons-nous de ces docteurs?.... Ah! Dieu veuille nous en délivrer! Mais ils suivent leur propre esprit et non celui de nos églises.

» Nos églises n'ont jamais séparé personne de leur communion pour ce seul fait qu'on n'était pas de leur sentiment sur la prédestination. Vous le savez par expérience. Ne vous ouvrons-nous pas notre sein? (1) Ne vous recevons-nous pas à notre communion? N'avons-nous pas un

(1) Le désir de l'union se manifesta chez les protestants dès les premiers jours de la Réformation; les diverses sectes, nées d'un même esprit, en divers lieux et en divers temps auraient voulu ne former qu'un même corps. Calvin enviait l'unité de l'Église catholique. Théodore de Bèze poursuivit ce rêve; quelques docteurs réformés auraient même voulu réunir le protestantisme au catholicisme, par amour de l'unité. Tous ces projets étaient vains; le catholicisme est l'autorité; le protestantisme est la liberté; il en résulte que le protestantisme ne peut pas se confondre avec le catholicisme, et aussi qu'il aura toujours un grand nombre de sectes. *L'Histoire des variations des Églises protestantes* n'a donc pas sa raison d'être.

désir sincère, ardent, de nous réunir avec vous? Oh! si
Dieu voulait exaucer nos vœux! O épouse de Jésus-Christ!
si Dieu voulait terminer ces guerres intestines qui te dé-
chirent! O enfants de la Réformation, si vous saviez unir
vos efforts contre le vrai ennemi de la Réformation et des
réformés! C'est la matière de nos souhaits. Ce sera sans
cesse la matière de nos prières. »

A l'égard des philosophes qui pullulaient en Hollande à
cette époque et dont les doctrines, souvent très-audacieuses,
contredisaient plus d'une fois l'enseignement calviniste,
Saurin se montra aussi modéré; mais il est obligé de les
combattre plus souvent; et, comme il les rencontre, pour
ainsi dire à chaque pas, il leur fait plus souvent la guerre.

Autant que possible, il évite les personnalités. On serait
embarrassé de dire si le trait suivant du sermon *sur les dévotions passagères* est général ou particulier.

« Les Jonas se promènent dans Ninive et font retentir
ses murs de ces sons lugubres : Encore quarante jours et
Ninive sera détruite! ou, pour laisser les noms empruntés
et pour rapprocher nos portraits des originaux qui nous
en ont fourni la matière, vos pasteurs vous font entendre
leurs voix, affranchis enfin de leur timidité ou de leur
lâcheté naturelle, méprisant ces petits tyrans, dirai-je? ou
ces vermisseaux qui voudraient qu'au milieu d'un peuple
tout libre nous fussions les seuls esclaves; que, tandis
qu'on voit les vices courir déchaînés, la Parole de Dieu fût
liée, et que, dans l'exercice d'un ministère de réformation,
nous fussions plus lâches que des évêques de cour ou des
prédicateurs de princes. »

L'allusion est si discrète qu'il n'est pas possible aujourd'hui de savoir quels étaient les petits tyrans dont Saurin veut parler ici ; mais, si l'on ne connaît pas leurs noms, on devine aisément qu'il s'agissait de certains philosophes qui voulaient la liberté pour eux et en refusaient l'exercice aux autres. Leurs livres, souvent très-violents, couraient sous le voile de l'anonyme et répandaient dans le public les injures et les calomnies. Aussi les églises irritées demandaient-elles parfois une punition de ces excès. Saurin lui-même, dans un discours, témoigne ce désir et regrette que des mesures ne soient pas prises contre les mauvais livres. Quelles mesures voulait-il ? Il ne le dit pas, et la modération habituelle de son caractère nous fait supposer qu'il eût été fort embarrassé de le dire.

Du moins, avec ceux de ses adversaires qui se respectent, il use toujours d'une grande douceur. Jamais, dès qu'il peut discuter avec un auteur sérieux, il n'oublie une sorte de courtoisie, rare en tous temps, mais surtout à cette époque de pamphlets.

Quelquefois même on est presque étonné des éloges qu'il accorde à ses adversaires, à ceux-là même qu'il attaque le plus vivement, Bayle par exemple.

« Je finirai cet article par les paroles d'un philosophe moderne. On est contraint tant de fois de le citer et de le réfuter, parce qu'il emploie toute la pointe et toute la supériorité de son esprit à saper les vérités fondamentales de la religion, que nous embrassons avec avidité l'occasion de le citer quand il les établit, quelque sinistre que soit la fin qu'il se propose en les établissant... (*Deuxième sermon sur les travers de l'esprit humain.*)

Dans un autre passage du sermon sur l'*Accord de la politique et de la religion*, Saurin juge librement le sceptique réfugié ; il le pouvait, puisque Bayle était mort et qu'il appartenait à l'histoire :

« C'était un homme contradictoire, que la plus grande pénétration ne saurait concilier avec lui-même et dont les qualités opposées nous laissent toujours en suspens, si nous devons le placer ou dans une extrémité ou dans l'extrémité opposée. D'un côté, grand philosophe, sachant démêler le vrai d'avec le faux, voir l'enchaînure d'un principe et suivre une conséquence ; d'un autre côté, grand sophiste, prenant à tâche de confondre le faux avec le vrai, de tordre un principe, de renverser une conséquence. D'un côté, plein d'érudition et de lumière, et ayant puisé dans son propre fonds plus encore que dans des fonds étrangers ; d'un autre côté, ignorant, ou du moins feignant d'ignorer les choses les plus communes, avançant des difficultés qu'on a mille fois réfutées, proposant des objections que les plus novices de l'École n'oseraient alléguer sans rougir. D'un côté, exempt, du moins en apparence, de toute passion contraire à l'esprit de l'Évangile, chaste dans ses mœurs, grave dans ses discours, sobre dans ses aliments, austère dans son genre de vie ; d'un autre côté, employant toute la pointe de son génie à combattre les bonnes mœurs, à attaquer la chasteté, la modestie, toutes les vertus chrétiennes. D'un côté, appelant au tribunal de l'orthodoxie la plus sévère, puisant dans les sources les plus pures, empruntant les arguments des docteurs les moins suspects ; d'un autre côté, suivant la route des hérétiques, ramenant les objections des anciens hérésiarques, leur prêtant des armes nouvelles et réunissant dans notre siècle toutes les erreurs des siècles passés. Puisse cet homme qui fut doué de tant de talents avoir été absous devant Dieu du mauvais usage qu'on lui en vit faire! Puisse ce Jésus qu'il attaqua tant de fois avoir expié ses crimes! Mais, si la charité nous ordonne de faire des vœux pour son salut, l'honneur de notre sainte religion nous oblige de publier l'abus qu'il fit de ses lumières, de protester à la face du ciel et de la terre que nous ne l'avouerons jamais pour un vrai membre de notre réformation et que nous regarderons toujours une partie de ses écrits comme le scandale des gens de bien et comme la peste de l'Église. »

Ce langage est plus sévère que ne le comportent les habitudes de Saurin. Mais l'orateur chrétien s'est cru *obligé pour l'honneur de la religion* à rompre ouvertement avec Bayle et à le renier *pour un vrai membre de la réformation*, par cette raison que plusieurs écrivains catholiques du temps avaient accusé souvent le protestantisme d'être au fond une philosophie dangereuse et qu'ils affectaient de considérer le sceptique Bayle comme un bon protestant. C'était une erreur, sinon une perfidie.

A la modération, Saurin, avons-nous dit, joignait la loyauté.

« Ce qu'on peut, dit M. Vinet, louer sans réserve dans sa discussion, c'est son esprit libéral, rationnel, et surtout son admirable loyauté. Saurin a l'air de chercher la vérité pour son propre compte et d'être disposé à l'accueillir, quelle qu'elle soit. Dans l'exposé des objections et dans les réfutations, il montre une intégrité pleine de courage. »

Il ne dissimule jamais les difficultés :

« Vous trouvez que l'idée de l'enfer répugne aux attributs de Dieu; vous ne pouvez comprendre comment un Dieu juste punira des péchés finis par des supplices qui n'auront point de fin; comment un Dieu miséricordieux pourra abandonner sa créature à des misères éternelles. Vos difficultés ont de la couleur, j'en conviens; vos raisons paraissent fondées, je l'avoue. Mais souvenez-vous que les attributs de Dieu sont infinis et que vos lumières sont bornées. »

Quand il ne peut pas répondre, il l'avoue lui-même :

« Quand vous en appellerez à votre conscience pour savoir si vos propres réponses sont capables de nous satisfaire pleinement; si l'on ne peut pas se servir de nos propres armes pour nous combattre; si les objections que nous avons opposées aux autres ne semblent pas conclure contre nous, et si tout ce système que nous venons de vous proposer nous paraît sans difficulté; à cela nous répondrons en mettant le doigt sur la bouche; nous reconnaîtrons notre ignorance; nous ne déchirerons point le voile dont Dieu a couvert les mystères; nous avouerons que notre but, en choisissant cette matière, a été moins de l'éclaircir que d'en presser les difficultés et de faire sentir pour cela même le besoin de la tolérance que les chrétiens se doivent mutuellement sur cet article; nous nous récrierons sur cet abîme du créateur, comme sur les autres : *O profondeur des richesses, de la sagesse et de la connaissance de Dieu! Que ses jugements sont impénétrables et ses voies impossibles à trouver!* »

Remarquons ensuite que Saurin accepte toujours le

terrain choisi par ses adversaires. A une objection philosophique il ne répond pas par un texte de l'Évangile, et à une
objection religieuse par une citation philosophique.

Au contraire, il excelle à renvoyer à l'adversaire le trait
même qui lui avait été lancé.

Se plaint-on que les besoins des pauvres sont toujours
plus nombreux? il y voit précisément là une raison pour
être plus charitable. Veut-il prouver qu'il n'y a pas contradiction entre l'idée de l'unité de Dieu et celle de la trinité?
Il distingue en Dieu l'*essence*, qui est l'unité, et les *personnes*,
qui forment la trinité. Dès lors il n'y a plus de contradiction dans ces dogmes, pas plus qu'il n'y en a entre l'idée
de l'*essence* d'un triangle et celle de ses trois *côtés*. Mais il
ne s'arrête point là; il montre qu'il serait contradictoire
qu'il y eût une contradiction : « Qu'est-ce que la contradiction par rapport à nous? C'est une claire opposition
entre deux idées connues. Or je n'ai que des idées confuses
de cette essence et de ces personnes divines; je fais profession d'ignorer parfaitement l'une et l'autre; il est donc
impossible que j'y trouve de la contradiction. »

Le passage suivant, tiré du sermon sur *la plus sublime
dévotion*, est intéressant au point de vue de l'habileté de la
réfutation en général, et aussi à ce point de vue particulier
qu'il est la réponse à une thèse célèbre de Fénelon et de
Bossuet :

« C'est sur ce sacrifice du salut que les dévots mystiques
ont débité tant de contradictions et que, sous prétexte de
porter l'amour divin à son plus haut période, ils en ont
renversé l'idée. De là ces indiscrètes propositions : Le bon
plaisir de Dieu est le souverain objet de l'âme indifférente,

en sorte qu'elle aimerait mieux l'enfer avec la volonté de Dieu que le paradis sans la volonté de Dieu. Elle préférerait même l'enfer au paradis si elle savait qu'il y ait un peu plus du bon plaisir de Dieu (1).

» Nous sommes très-éloignés du dessein de vous inspirer des mouvements si mal dirigés. Cette proposition est, selon nous, non-seulement impossible, mais contradictoire. Or, en bonne logique, il est bien permis de faire des suppositions impossibles, mais il n'est pas permis d'en faire de contradictoires. Il est bien permis de poser un faux principe pour savoir quelle conséquence il en suivrait nécessairement ; mais il n'est pas permis d'en poser un qui détruirait la conséquence même qu'on en veut tirer. Il n'est pas permis de supposer que Dieu atteste une contradiction et de soutenir qu'en ce cas il faudrait ajouter foi à sa parole, parce que Dieu est souverainement véritable. Car, supposer que Dieu atteste une contradiction, c'est établir qu'il n'est pas souverainement véritable, et cette supposition détruit la conclusion qu'on en voulait tirer. Or, que le devoir de sacrifier son salut, supposé que la gloire de Dieu le demandât, soit une de ces conditions non-seulement impossibles mais contradictoires, je le prouve. Pourquoi, selon la pensée de ceux que nous combattons, Dieu est-il digne que la créature intelligente lui fasse un si grand sacrifice ? c'est parce que Dieu est souverainement aimable. Mais, si Dieu demandait un tel sacrifice, ce ne serait plus ce Dieu souverainement aimable ; ce serait un Dieu dont la gloire bizarre demanderait ce qu'il y a de moins glorieux

____

(1) Catéchisme de Meaux, instruct. p. 331.

à un être parfait, c'est de damner éternellement une créature qui lui serait entièrement dévouée ; ce serait un Dieu cruel et barbare qui prendrait plaisir à voir souffrir éternellement des hommes capables de se résoudre à souffrir éternellement pour sa gloire. »

Même exactitude, même force, même rapidité dans le passage suivant, tiré du deuxième sermon *sur les travers de l'esprit humain.* C'est la réfutation indirecte d'un mot célèbre de Pascal : Vérité en deçà des Pyrénées ; erreur au delà.

« On a traité de chimère la différence que nous mettons entre le juste et l'injuste ; on a cru que la vertu n'a point d'excellence qui lui soit propre, que tout le respect que nous avons pour elle vient des préjugés de l'éducation, de l'autorité du législateur, tout au plus de notre propre intérêt. Pour justifier cette prétention, on est allé chercher des arguments dans les climats les plus éloignés et chez les peuples les plus barbares. On a pressé cette objection et on l'a revêtue de mille formes différentes : Ce qui est regardé comme un crime par une nation est regardé comme une vertu par une autre nation ; donc les notions de la vertu et du crime sont arbitraires ; donc l'éducation est la seule cause de la différence que mettent les hommes entre le vice et la vertu.

» Nous rétorquons cette pensée, et nous en faisons un argument pour notre proposition. En effet, de ce qu'une nation respecte comme une vertu ce qu'une autre nation déteste comme un crime, je tire cette conséquence, c'est qu'elles conviennent l'une et l'autre dans cette proposition générale que la vertu est préférable au vice, la justice à l'iniquité. Une nation soutient que l'amour d'un enfant envers son père doit porter l'enfant à secourir son père jusqu'aux dernières extrémités de la vie et à ménager précieusement tous les moments qui restent à une personne si chère; une autre nation soutient que l'amour d'un enfant envers son père engage l'enfant à manger son père à un certain âge, afin de le dérober aux infirmités de la vieillesse, aux angoisses d'une mort lente, et de donner dans nos propres entrailles un refuge à ceux qui nous ont portés dans leurs entrailles; mais l'une et l'autre de ces nations conviennent que les enfants doivent de l'amour à leurs pères. L'amour des enfants envers leurs pères est donc regardé unanimement comme une vertu; donc, si le consentement unanime est un argument, il conclut en notre faveur.

» Suivez ce raisonnement, mes frères; appliquez-le à d'autres exemples; vous verrez que, si le préjugé, si les passions ont pu empêcher les hommes de discerner en certains cas ce qui est juste d'avec ce qui est injuste, rien n'a pu les empêcher de reconnaître que ce qui est juste est plus estimable que ce qui est injuste. »

CHAPITRE VII

Il est admis généralement que la péroraison d'un discours en est l'endroit le plus beau ; c'est celui où d'habitude
les orateurs cherchent à faire briller les richesses de leur
style et de leur imagination. Il n'en est pas ainsi chez Saurin.

Comme nous l'avons dit, au contraire, tous ses efforts,
tout son travail, toute sa passion se portent sur l'argumentation. Quand il a su trouver, classer, enchaîner les preuves, il lui suffit en général d'en indiquer brièvement les
conséquences. Mais, alors même qu'il développe un peu
plus ses conclusions, il n'a jamais prétendu y mettre plus
que partout ailleurs du feu et de l'éclat.

Souvent donc la péroraison tient en deux lignes :

« Dieu veuille, mes chers auditeurs, que vous soyez remplis de ces idées et pénétrés de ces sentiments ! Amen. A
Dieu soit gloire à jamais ! Amen ! »

D'autres fois, la péroraison est une courte prière :

« Puissent tous ceux qui nous écoutent goûter ces consolations ! Puisse ce précieux sacrifice que Jésus-Christ a
offert pour nous à son Père, en purifiant tous nos crimes,
calmer toutes nos frayeurs ! Puisse ce grand sacrificateur

de la Nouvelle Alliance, porter, gravés sur sa poitrine, tous ces Israélites mystiques, aujourd'hui qu'il est entré dans les lieux saints ! Et quand ces fondements de poussière sur lesquels notre maison d'argile est appuyée viendront à crouler sous nos pieds, puissions-nous tous élever nos âmes sur les ruines du monde et les placer dans le séjour de l'immortalité ! Heureux ! heureux mille fois de mourir dans ces sentiments ! Dieu nous en fasse la grâce ! A lui soit honneur et gloire à jamais ! Amen ! »

« Dieu veuille nous rendre sensibles à un amour aussi noble, aussi tendre que celui qu'il a pour nous ! Dieu veuille vous faire connaître la religion par ces délices qu'on éprouve quand on fait de son amour pour Dieu le fondement de toutes les vertus ! Ce sont les vœux que nous faisons pour vous. Amen. »

Malgré toutes les magnificences du sermon *sur la Pénitence de la pécheresse*, la fin n'en est pas beaucoup plus développée.

« C'est par là, mes frères, que l'Évangéliste finit l'histoire de la pécheresse et que nous devons finir ce discours. Il y a pourtant une circonstance que saint Luc a supprimée et, si j'ose le dire, que je voudrais qu'il eût racontée avec tout le détail le plus exact et le plus sévère. Quels mouvements fit naître dans l'âme de cette femme l'absolution qu'elle reçut ? Quels effets produisit dans sa conscience cette voix du Sauveur du monde : Femme, tes péchés te sont pardonnés ! Femme, ta foi t'a sauvée ! Va-t'en en paix !... Mais non ! ce silence n'a rien qui doive nous surprendre ! Non ! cette joie n'était pas une de ces circonstances de l'histoire qui dût entrer dans la narration de l'historien ! C'est dans le

cœur de cette pécheresse, mais de cette pécheresse récon-
ciliée, que le mystère devait demeurer enfermé. C'est là
cette paix de Dieu qui surpasse tout entendement; c'est là
cette joie ineffable et glorieuse que nul ne connaît, sinon
celui qui l'a reçue ! Puissiez-vous la recevoir, mes frères,
afin de la connaître ! Puisse la douleur d'une repentance
vive et amère déchirer vos cœurs, afin que la miséricorde
les guérisse, les console , les comble de joie et d'allégresse.
Dieu nous en fasse la grâce ! A lui soit honneur et gloire à
jamais ! Amen. »

Quelquefois cependant, quand il est spécialement nécessaire d'insister sur l'application des principes exposés auparavant; quand il faut, au prix d'un dernier effort, achever
la défaite d'un pécheur ébranlé ou raffermir le courage d'un
chrétien chancelant, Saurin n'est plus aussi sévère envers
lui-même, et l'on peut citer de lui quelques péroraisons.

Encore semble-t-il plus jaloux de se contenir que disposé
à s'épancher : ainsi, quand il a médité sur les profondeurs
divines, il s'écrie avec une sorte de joie concentrée :

« Dans le ciel, nous connaîtrons toutes choses ! Dans le
ciel, nous connaîtrons la nature, la Providence, la Grâce,
la Gloire! Dans le ciel, Jésus-Christ résoudra nos difficultés
et nos objections ! Dans le ciel, nous verrons Dieu face à
face ! Oh ! que cette connaissance remplira nos esprits de joie !
Oh ! qu'il sera doux de puiser ainsi la lumière et la vérité
dans leur source ! Mon âme, sors de ta poussière ! Anticipe
sur ces périodes de félicité, et dis comme Moïse : *Seigneur,
fais-moi voir ta gloire !* Seigneur, dissipe la nuée et l'obscurité qui sont autour de ton trône ! Seigneur, comble
l'abîme qui nous sépare ! — *Mais l'homme mortel ne sau-*

rait me voir et vivre. — Hé bien ! mourons donc ! mourons pour devenir immortels ! mourons pour connaître Dieu ! mourons pour être *participants de la nature divine!* Heureux de former de si nobles vœux ! heureux de les voir accomplis! »

Il est rare que Saurin termine par des menaces; s'il s'adresse aux pécheurs, ses paroles sont plutôt sévères qu'effrayantes. Ainsi, dans le sermon *sur la Vision béatifique de la Divinité :*

« La question est peut-être déjà décidée par rapport à quelques-uns de ceux qui nous écoutent. Quelle idée doit-on se former du salut de cet homme qui se sert des talents de son esprit pour énerver la vérité, pour attaquer la religion, pour mettre en problème s'il y a un Dieu au ciel ou si le monde doit son existence à un hasard brute et aveugle, s'il y a un enfer et un paradis ou si le paradis et l'enfer sont des chimères? Quelle idée doit-on se former du salut de cet homme qui s'emploie uniquement à avancer sa fortune et à établir sa famille, quelque injustes que soient les moyens qui peuvent le conduire à cette funeste fin, fallût-il piller la veuve et l'orphelin, fallût-il mettre le feu à l'État, fallût-il élever aux postes les plus éminents des hommes qui méritent à peine de se produire dans la société des vivants, fallût-il bouleverser les fondements de cette République et se faire un trône de ses ruines? Quelle idée doit-on se former du salut de cet homme qui vomit des blasphèmes contre le Ciel, qui ne cesse de s'exhaler en murmures contre l'Arbitre de cet univers? Quelle idée doit-on se former du salut de cet homme qui se vautre dans la débauche; qui, malgré les peines de son péché qu'il remporte

dans son propre corps, malgré l'infection et la pourriture
que ses infâmes débordements lui ont causée, se dédom-
mage de ses tortures présentes par le souvenir de ses plaisirs passés et cherche encore dans les débris de son corps
quelque portion qui soit échappée aux peines de ses crimes
et puisse servir encore à son effrénée cupidité? Quand ces
hommes descendraient de ce qu'il y a de plus illustre parmi
les humains; quand, tels que Lucifer même, ils auraient
une origine céleste; quand la grandeur de leur puissance
les égalerait au prince de l'air; quand ils auraient autant
d'anges et de satellites que cet esprit malheureux ; quand,
par leurs forces et par leurs richesses, ils exciteraient des
vents et des tempêtes capables de renverser le monde entier; quand, portant entre leurs mains le glaive de la justice,
ils seraient regardés comme des dieux de la terre et comme
des enfants du Souverain ; je ne crains point de le dire,
tandis qu'ils s'abandonnent à ces excès, je les déteste et je
les abhorre comme des démons. »

Plus souvent, Saurin termine par les accents les plus
sympathiques de la tendresse et de la douceur. Il semble
qu'il veuille faire entendre la voix des anges, et ouvrir aux
pécheurs ce ciel qui les attend :

« Il y a quarante, cinquante, soixante années que je suis
au monde. A quoi les ai-je employées? Quel compte puis-je
rendre d'un temps si précieux? Quelles vertus ai-je acquises ? Quels mauvais penchants ai-je corrigés? Quel progrès
ai-je fait dans la charité, dans l'humilité, dans toutes ces
vertus pour lesquelles Dieu m'avait fait naître? Mille passions différentes ne se sont-elles pas partagé l'empire de
mon cœur? Ne m'asservissent-elles pas en esclave? Misé-

rable ! peut-être ai-je épuisé le temps de la patience ! Peut-être désormais je frapperai en vain à la porte de la Grâce ! Peut-être serai-je de ceux dont parlait Jésus-Christ, qui voudront se sauver et qui ne le pourront pas ! Peut-être que cette insensibilité que j'éprouve et que ces résistances que mon malheureux cœur forme encore sont de ces effets de la vengeance du Seigneur ! Peut-être que les jours de ma visitation sont expirés ! Peut-être que Dieu ne me conserve la vie que pour faire de moi un exemple effrayant du malheur de ceux qui diffèrent de se convertir ! Peut-être que c'est à moi que s'adresse cette voix : Que celui qui est injuste soit injuste encore ! que celui qui est impur, soit impur encore ! Mais aussi, peut-être ai-je du temps encore ! Peut-être que Dieu ne me laisse au monde que pour me fournir des occasions de réparer mes fautes passées ! Peut-être ne m'a-t-il fait venir aujourd'hui dans cette église que pour me toucher et pour m'arracher à mes misères ! Peut-être que ces mouvements de mon âme et ces larmes qui coulent de mes yeux sont des productions de la Grâce ! Peut-être que ces attendrissements, que cette componction, que ces craintes, sont des voix qui me disent de la part de Dieu de chercher sa face ! Peut-être que c'est ici *l'année de la bienveillance, le temps agréable, le jour du salut* ! Peut-être que, si je ne diffère plus et que si je travaille à mon salut sans délai, j'aurai encore du succès dans mes travaux et je verrai mes peines couronnées !

» Charité de mon Sauveur ! entrailles miséricordieuses ! abîmes des compassions divines ! *longueur, largeur, hauteur, profondeur de la dilection de Dieu, qui surpassez toute connaissance*, résolvez cette importante question ;

calmez l'agitation de mon esprit, rassurez mon âme flottante ! Oui, mon Dieu ! puisque tu me laisses la vie, je me flatte que c'est pour me sauver ! Puisque tu me cherches encore, je me flatte que c'est pour me corriger ! Ainsi je prends de nouveaux engagements ; je ratifie de nouveau l'alliance que j'ai tant de fois violée ; je te prête de nouveau ces serments que j'ai tant de fois rompus ! »

Voilà l'idéal de l'éloquence chrétienne, et, en finissant cette rapide étude, nous pouvons répéter le mot fameux :

Beau ! admirable ! sublime !

CONCLUSION

Nous avons analysé en détail tous les éléments de l'éloquence de Saurin. Mais était-il possible de donner à ces membres épars l'unité et la vie ? Comment rendre dignement cet ensemble harmonieux de douceur et de force, de logique et de passion, de sincérité et de modération, d'art et de génie ?

Du moins on a pu deviner tant de grandes qualités dans le peu que nous avons cité ; ayant pris soin surtout de nous effacer, peut-être a-t-on d'autant mieux vu revivre ce grand cœur et ce grand esprit.

FIN

PRINCIPAUX AUTEURS CONSULTÉS

DANS CET OUVRAGE

Histoire des réfugiés protestants de France, par Ch. Weiss, 1853.

Histoire de la littérature française à l'étranger, par A. Sayous, 1853.

Études littéraires sur les écrivains français de la Réformation, par A. Sayous, 1854.

Histoire de la prédication parmi les réformés de France au XVIIᵉ siècle, par A. Vinet, 1860.

Vies des protestants illustres, par Haag.

Vie de Saurin, par Gaberel, 1864.

Lettres de Saurin, publiées par Deshours Farel, 1864.

Trois lettres inédites de Saurin, publiées par J. Bonnet, 1866.

Jacques Saurin. — Une page de l'histoire de l'éloquence sacrée au XVIIᵉ siècle, par Van Osterzée.

Étude historique et critique sur Saurin, par Melon.

Thèse de théologie sur Saurin, par Roman.

Thèse de théologie sur Saurin, par Mathieu.

Thèse de théologie sur Saurin, par Mériot.

Thèse de théologie sur Saurin, par Jordan.

Essai sur l'éloquence de la chaire, par Maury.

Étude sur Bourdaloue, Massillon et Bossuet, par D. Nisard, de l'Académie française. (*Revue des deux mondes.*)

Des prédicateurs du XVIIᵉ siècle avant Bossuet, par J. Jacquinet, directeur des études littéraires à l'École Normale supérieure.

Histoire de Port-Royal, par Lancelot.

Histoire des protestants de France, par M. de Félice.

Démocratie de la Ligue, par Labitte.

DES ŒUVRES COMPLÈTES DE SAURIN

—

1° *Sermons sur divers textes de l'Écriture sainte.*

Le premier volume parut à La Haye en 1708, le second en 1712, le troisième en 1717, le quatrième en 1720, le cinquième en 1725. De 1721 à 1725 Husson réimprima à La Haye les 5 volumes in-8, contrefaits à Genève en 1725, in-12. Saurin avait sans doute préparé un sixième volume qu'il ne put faire paraître.

Aux cinq volumes ci-dessus indiqués, Philippe Saurin, fils du grand prédicateur, en ajouta d'abord deux autres qui parurent à la Haye en 1732, in-8. La même année à Amsterdam furent publiés 2 volumes in-8, sous le titre de *Nouveaux sermons de Saurin, sur l'histoire de la Passion de Jésus-Christ.* Les deux volumes furent publiés l'année suivante à Genève, in-12. Les sept volumes furent traduits en allemand à Leipzig, 1734, in-8.

Plus tard Philippe Saurin publia 5 autres volumes de sermons, ce qui porta la collection complète à 12 volumes. On en connaît plusieurs éditions, entr'autres celle de La Haye, 1749, in-8, qui passe pour la meilleure; celle de Lausanne 1759-1761, in-8; celle de Paris 1829-1835 en 9 volumes in-8; dans cette édition, les textes cités par Saurin ont été remplacés par les textes correspondants de la traduction d'Ostervald, dont le style est moins suranné; on trouve en tête une notice sur la vie et les écrits de l'illustre orateur.

En 1768, l'abbé Pichon a publié *Principes de la religion et de la morale*, extraits des ouvrages de Saurin. Paris, 2 volumes in-12. Cet ouvrage n'est qu'une traduction modifiée de l'ouvrage de J.-F. Durand.

L'année suivante, l'abbé Gauchet fit d'autres extraits des sermons de Saurin, 1769, 2 volumes in-12.

En 1824, Chennevière publia à Genève *les Chefs-d'œuvre* ou *Sermons choisis de Saurin*, en 4 volumes in-8.

En 1854, M. Weiss a publié à Paris les *Sermons choisis de Saurin* avec une notice sur sa vie et des notes, in-12.

En Angleterre, parut à Cambridge 1775-1796 une traduction anglaise de sermons choisis, 6 volumes in-8.

En Allemagne, Rosemberg traduisit la collection presque complète et la fit imprimer à Leipzig, 10 volumes in-8.

2° *Discours historiques, critiques, théologiques et moraux sur les événements les plus mémorables du Vieux et du Nouveau Testament.*

Cet ouvrage parut à Amsterdam en 1720, in-folio. (658 pages y compris la dédicace, la préface et les index.) Il fut traduit en allemand, Goslar, 1722, in-4, et en anglais, Londres, 1723, in-folio. Il fut réédité à Amsterdam, 1728, en 2 volumes in-folio.

La mort enleva Saurin tandis qu'il travaillait au troisième volume; mais les matériaux en furent recueillis par Beausobre et Roques, et réunis aux autres sous le titre de *Bible de Saurin*.

3° *Abrégé de la théologie et de la morale chrétienne en forme de catéchisme.*

Cet ouvrage parut à Amsterdam en 1722, in-8, et fut traduit en allemand à Chemnitz, 1723, in-8°.

4° *Catéchisme.*

Le catéchisme de Saurin fut publié d'abord à Amsterdam en 1722, in-8; puis à Genève 1725, in-8; puis à Amsterdam et à Leipzig, 1778, in-8.

5° *État du christianisme en France.*

Cet ouvrage a été publié à La Haye, 1725-1727, in-8.

6° *Réponse au factum du sieur Vincent Lambert.*

Il en a paru deux éditions à Rotterdam, 1726; à La Haye, 1727.

7° *Traité sur l'éducation des princes.*

Cet opuscule resté inédit est probablement perdu.

TABLE DES SERMONS DE SAURIN

Cinquième volume. — Sermons pour le dimanche avant Noël;
— sur le cantique de Siméon; — sur les derniers discours de
Jésus-Christ à ses apôtres; — sur la prière sacerdotale de
Jésus-Christ; — sur la Passion; — sur la Résurrection de
Jésus-Christ; — sur la foi obscure; — sur la participation
des chrétiens à l'exaltation de Jésus-Christ; — sur le premier
discours de saint Pierre; — pour le jeûne du 13 novembre
1720; — sur l'Éternité de Dieu.

Sixième volume. — Sermons sur l'affliction que cause la mort
des personnes qu'on aime; — sur la famine de la Parole de
Dieu; — sur l'incompréhensibilité des miséricordes divines;
— sur la sévérité de Dieu; — sur l'impeccabilité du fidèle;
— sur la décadence de la piété; — sur la famille de Jésus-
Christ; — sur l'égalité des hommes; — sur la véritable liberté; — sur les abus généraux; — sur les avantages de la
piété; — pour la consécration du temple de Voorburg en
1726; — sur la douleur que cause aux gens de bien l'égarement des pécheurs; — sur la tranquillité qui naît de la parfaite charité.

Septième volume. — Sermons sur la tristesse selon Dieu, sur
la grandeur des conseils de Dieu et sur l'abondance de ses
moyens; — sur les compassions de Dieu; — sur les res-
sources du chrétien; — sur l'attention que chacun doit apporter à ses démarches; — sur les projets chimériques; —
sur la variété des opinions; — sur l'uniformité de Dieu dans
sa conduite; — sur le mauvais usage des richesses; — sur le
support de Dieu pour les Amorrhéens; — sur la régénération
(trois sermons); — sur la présence de Dieu; — sur le délai
que Dieu accorde aux pécheurs.

Huitième volume. — Sermons sur la manière de louer Dieu;
— sur l'empire de Jésus-Christ dans l'Église; — sur la différence entre les citoyens du ciel et les citoyens du monde; —
sur le ministère des anges; — sur la charité; — sur le rachat
du temps (deux sermons); — contre les jugements préci-
pités; — sur la conduite de Dieu; — sur les plaisirs; — sur

les fêtes solennelles et en particulier sur le jour du repos ; —
(trois sermons) sur les dispositions qu'on doit apporter au
culte public ; — sur l'insuffisance du culte extérieur.

NEUVIÈME VOLUME. — Sermons sur la persévérance ; — sur
les exemples des saints (deux sermons) ; — sur la vanité des
moyens que la cupidité oppose à la Divinité ; — sur le véritable héroïsme ; — sur la conduite de Dieu à l'égard de l'homme
et sur la conduite de l'homme à l'égard de Dieu ; — sur la
vie du juste ; — sur la transformation du chrétien ; — sur les
ennemis et sur les armes du chrétien ; — sur le tribut ; —
sur la cause de la perte des pécheurs ; — sur les exemples
des gens de bien.

DIXIÈME VOLUME. — Sermon sur les suites funestes d'une mauvaise éducation ; — sur la communion de Pâques ; — sur la
sublimité des connaissances auxquelles les chrétiens sont
appelés ; — sur les différentes méthodes des prédicateurs ; —
sur une prière de saint Paul aux Éphésiens ; — sur le discours de saint Paul à Félix et à Drusille ; — pour le jeûne
célébré le 7 mars 1714 ; — sur la grandeur de Dieu ; — sur
le renouvellement du monde ; — sur les grands devoirs de la
religion ; — sur la destinée des bons et des mauvais ; — sur
la sagesse de Salomon.

ONZIÈME VOLUME (Ce volume fait le premier des sermons de
la Passion de Notre-Seigneur). — Sermons sur le premier
texte de la Passion ; — sur la sentence de Jésus-Christ contre
Judas ; — sur la Passion ; — sur l'abnégation de saint Pierre ;
— pour le matin du troisième dimanche de la Passion ; —
sur la confession de Jésus-Christ à Pilate ; — sur la Passion ;
— sur le désespoir de Judas ; — sur les malheurs des Juifs ;
— sur la prière de Jésus-Christ pour ses bourreaux ; — sur
les deux brigands ; — sur les dernières paroles de Jésus-Christ
à Marie et à saint Jean.

DOUZIÈME VOLUME (Ce volume fait le second des sermons
sur l'histoire de la Passion). — Sermons sur la substitution

de Jésus-Christ aux anciennes victimes; — sur la véritable
gloire du chrétien; — pour le jour de la Pentecôte; — sur
l'alliance de Dieu avec les Israélites; — pour le jeûne du
5 avril 1724; — actions de grâces pour la communion; —
sur les nouveaux malheurs de l'Église; — sur le martyre de
la morale; — sur le dégoût du monde et le mépris pour la
vie; — sur le peu de succès du ministère de Jésus-Christ;
— sur les libertins et les incrédules; — sur le compte des
jours; — sur le dernier jugement.

Seigneur notre Dieu et notre Père, tu nous vois prosternés en ta présence pour rendre à ta majesté l'hommage que nous lui devons, pour te confesser nos péchés et pour implorer ta grâce; si nous suivions les premiers mouvements de nos consciences, nous n'oserions lever les yeux au ciel et nous fuirions arrière de ta face; nous sommes des créatures viles et infirmes, plus indignes mille fois par notre corruption que par notre bassesse naturelle de paraître devant tes yeux; mais, Seigneur, si la pensée de nos péchés et de notre misère nous abat, ta grâce nous relève. Tu es un Dieu miséricordieux, pitoyable, tardif à la colère, abondant en gratuité; tu ne veux pas que le pécheur meure, tu veux qu'il se repente et qu'il vive, et tu as donné ton Fils au monde afin que ceux qui croiront en lui aient la vie éternelle. Tant de bienfaits, tant de promesses rassurent nos consciences tremblantes et nous inspirent la liberté que nous prenons maintenant d'aller au trône de ta miséricorde et d'implorer le secours puissant de ta grâce; nous en avons toujours besoin : mais aujourd'hui, Seigneur, nous sentons qu'il nous est extraordinairement nécessaire. Nous sommes dans ta maison pour apprendre les mystères de notre salut et les règles de notre conduite; mais, ô Dieu, notre dessein surpasse nos forces; nous ne saurions y réussir sans ton saint Esprit. Donne-nous en une double portion, à nous qui devons porter ta parole; fais qu'après avoir compris le sens de tes oracles, nous soyons touchés les premiers des vérités qu'ils renferment, avant que de les proposer aux autres, et que nous les communiquions d'une manière qui réponde à leur excellence; mais ne souffre pas que nous travaillions inutilement; dispose ceux qui nous écoutent à recevoir tes ordres avec soumission et à les pratiquer avec exactitude, afin que tous ensemble, animés d'un même esprit et tendant à un même but, nous sanctifiions notre conduite et nous vivions d'une manière conforme à la grandeur de notre vocation, au nom de ton fils bien-aimé, Jésus-Christ, Notre-Seigneur.

Notre Père, etc.

A Monsieur Jean Henri, comte de Wassenaer d'Obdam, che-
valier de l'ordre de Saint-Jean de Jérusalem, député du corps
des nobles de Hollande aux États Généraux, etc., etc.

Monsieur,

En prenant la liberté de vous offrir ce volume de sermons, je
m'impose une loi qui m'empêche de vous adresser une dédicace
dans les formes. Ce serait une espèce de contradiction de relever
les grandeurs humaines à la tête d'un livre de religion destiné
à les décrier. Ce n'est pas comme à un de mes plus puissants
protecteurs que j'ai l'honneur de parler; c'est comme à une
personne à laquelle je suis uni par des liens plus forts et plus
aimables; c'est principalement comme à un chrétien, pénétré de
respect pour ses vertus que je voudrais inspirer à tous les autres.

Il est doux, dans un ministère si souvent employé à déclamer
contre le vice, de rendre hommage à ceux que la Grâce a affranchis et qu'elle a marqués de son sceau. Et ceux auxquels le
désir sincère que j'ai de me rendre utile à l'Église fera naître
quelques sentiments de bienveillance pour moi, aimeront à m'entendre raconter que j'ai trouvé le bien du monde le plus rare et
le plus précieux : un ami, dont la générosité a fait évanouir la
distance qu'il y avait naturellement entre lui et moi et dont la
société est la plus grande douceur de ma vie.

Pour relever le prix de ce bonheur, pour parler dignement

de celui qui me le procure, il faudrait trahir en quelque sorte ces confidences de compassion pour les malheureux, de tendresse pour l'Église, d'amour pour la justice, de zèle pour la vérité, desquelles vous m'avez quelquefois honoré ; il faudrait dépeindre l'état d'une âme toujours occupée à mortifier ses passions dans l'âge de leur empire et parmi toutes les occasions de les satisfaire.

Mais les vertus des chrétiens doivent servir de matière à la louange de Celui qui leur donne le pouvoir de les pratiquer, plutôt qu'aux éloges de ceux qui les pratiquent et qui ne les portent jamais à un degré si éminent qu'ils n'aient lieu de s'humilier de ce qu'ils ne les portent pas à un degré beaucoup plus éminent encore.

Redoublez en jetant les yeux sur ces sermons, cette indulgence et ce support que vous ne m'avez jamais refusés. Ce n'est ni à votre délicatesse, ni à votre génie que j'en appelle, ni à ce désir naturel que nous avons de voir des objets nouveaux ou de n'envisager les anciens que sous des faces nouvelles ; c'est à votre bonté, c'est à votre condescendance, c'est à votre amitié, tribunaux devant lesquels je suis en droit de me tout promettre. Surtout, en acceptant mon livre, acceptez mon cœur, mon dévouement, ma tendresse la plus respectueuse, et soyez bien convaincu qu'en vous faisant ici ces protestations, je ne supprime pas moins de sentiments, je n'en renferme pas moins au fond de mon âme, que j'ai passé sous silence de vertus, dans l'idée que j'ai voulu donner de votre caractère.

Je suis, monsieur, votre très-humble et très-obéissant serviteur,

Saurin.

DÉDICACE DU TOME III.

Au roi de la Grande-Bretagne.

Sire,

Le repos dont jouissent les ministres de Jésus-Christ, et qu'ils consacrent à l'étude et à la publication de ses oracles, est un

fruit de cette paix que votre règne procure à l'Église. Mais s
rien ne nous doit être plus précieux et plus vénérable que l'autorité de ces princes qui sont les défenseurs de la religion, rien
n'est plus puissant aussi que la religion pour maintenir cette autorité. On dispute avec chaleur si les lois de Jésus-Christ sont
avantageuses aux souverains ou si elles leur sont funestes. Le
règne de Votre Majesté, les prospérités éclatantes dont il a été
accompagné, les secousses mêmes qui l'ont agité, serviront à
terminer cette controverse. Elles fournissent de nouvelles preuves
à ceux qui soutiennent que le fondement le plus solide du pouvoir des rois, c'est le maintien des maximes de l'Évangile. Que
ne sont-elles suivies de tous ceux qui font profession de les
recevoir! La prospérité de votre règne et de cette auguste famille
sur laquelle tous les chrétiens fixent leurs regards serait l'objet
de tous les vœux. Plus la vérité et la justice se feraient des disciples, plus Votre Majesté aurait de sujets zélés et d'amis fidèles.

Sire, je serais au comble de mes désirs, si je pouvais me flatter de répandre quelque jour sur des vérités qui sont l'appui de
ce trône que vous occupez avec tant de gloire. Mais Votre Majesté
est à la source de la lumière; elle règne sur des peuples qui
munissent aujourd'hui le monde chrétien des armes les plus
formidables à l'irréligion et à l'impiété.

Ce n'est donc que pour donner à Votre Majesté une preuve de
ma profonde vénération que je lui présente ce volume, et, si
j'ose le dire aussi, pour lui ouvrir un cœur pénétré d'un tendre
dévouement. Grâces au ciel, je ne porte pas la parole à un de
ces potentats dont l'élévation est un spectacle de terreur. Les
rois comme vous, sire, veulent qu'on les aime. Ils prennent pour
leur modèle cet Être suprême, qui non-seulement donne à ses
créatures la liberté de l'aimer, mais qui fait même de l'amour le
grand but et la substance de ses lois.

Mais je sens que je fais paraître trop hardiment ces pensées
qu'il faudrait couvrir d'un respectueux silence. Je serai pourtant
plus supportable aux yeux de Votre Majesté que si j'entreprenais
de raconter les mouvements d'admiration que ses actions éclatantes excitent dans tout l'univers. Et daigne le ciel éloigner ce
fatal période où il sera permis de les publier! Je me fais violence
à moi-même et l'on verra du moins une chose singulière à la

tête de mon livre : une dédicace sans louanges, et le nom d'un
héros digne de toutes les louanges qui font la matière ordinaire
des dédicaces.

Je suis avec toute la soumission et tout le respect imaginables,
Sire, de Votre Majesté, le très-humble, très-obéissant et très-
zélé serviteur.

DÉDICACE DU TOME V.

A Son Altesse Royale, la princesse de Galles.

Madame,

La matière de cet ouvrage justifie la liberté que je prends de
l'offrir à Votre Altesse Royale. Les génies les plus favorisés de
la nature et les plus experts dans l'art de joindre à la solidité
des pensées la finesse du tour et de l'expression, ne paraissent
à vos yeux qu'en tremblant; ils osent à peine exposer à votre
jugement les productions les plus achevées. Mais tout ce qui
roule sur les mystères de la religion attire vos regards; un auteur
qui les médite et qui les publie peut toujours se promettre votre
indulgence et attendre de votre piété ce qu'il ne saurait espérer
de votre goût et de votre délicatesse.

Votre piété vous a fait dédaigner les grades les plus éminents
lorsqu'ils étaient incompatibles avec elle, et elle vous les fait
remplir avec modération lorsque la Providence vous y élève. Je
rappelle ici à ma mémoire un des plus beaux jours qu'ait vus la
Hollande : c'est celui où elle vous reçut dans ses villes peu de
temps après que Sa Majesté eut pris possession des royaumes
pour lesquels nous avions eu tant d'alarmes. Tous les habitants
de ces Provinces accouraient sur votre passage et entouraient
votre palais. Ceux qui ne pouvaient aspirer au bonheur de vous
entendre voulaient avoir celui de vous envisager. Vous daignâtes
me démêler dans la foule, et j'avoue qu'en m'approchant de
Votre Altesse Royale, en voyant tant de grandeur réunie autour
de sa personne, je crus devoir me munir contre les impressions
que font sur nos faibles esprits les pompes mondaines. Mais

quelle ne fut pas ma surprise lorsque vous m'adressâtes ces paroles : « Ne pensez pas qu'ébloui de tant de prospérités que la révolution semble me promettre, je perde de vue ce Dieu de qui elle émane. Il a pris soin de la marquer de tant de traits surnaturels que je ne saurais y méconnaître sa divine main, et comme c'est de lui immédiatement que je vois partir cette longue suite de faveurs, c'est à lui seul que je les consacre. »

Qu'il est doux de voir de si grands sentiments dans une princesse pour laquelle l'Église a tant de raisons de s'intéresser. Ils sont les plus fidèles, ils sont même les uniques garants de la solidité de votre bonheur. Plus le rang qu'on occupe parmi les mortels est éminent, plus est déplorable l'idée du tombeau. Les personnes qui vivent dans l'obscurité et dans l'indigence ont une raison de moins que les grands du monde pour redouter ce formidable moment qui tire le rideau sur tout ce qu'on y possède. Mais entendre son nom porté jusqu'aux extrémités de l'univers, se voir mère d'une famille sur laquelle reposent les yeux de tout Israël, dans une condition où les nœuds les plus sacrés n'ont pour l'ordinaire d'autre ciment que la politique, être l'objet de la tendresse la plus vive et la plus pure, ce sont des avantages, Madame, qui font redouter la loi qui met de si étroites limites à la vie et qui range les conditions les plus brillantes dans la classe dn néant et des vanités.

La piété donne de la consistance à la vanité et au néant mêmes. Elle perpétue en quelque sorte la durée la plus courte et la plus rapide. Ne vouloir entendre retentir son nom dans le monde que pour y faire respecter Celui de qui l'on tient les éclatantes qualités dont on est distingué du reste des humains ; n'avoir la noble ambition de placer ses enfants sur les trônes de la terre que pour y faire monter avec eux les lois du Roi des rois ; en formant ici-bas les nœuds les plus tendres, conserver à Dieu dans son cœur la première place, c'est unir les félicités éternelles aux temporelles et se faire de ces dernières un titre pour s'assurer les autres.

Que pourrai-je craindre en présentant à une princesse, que des mouvements si chrétiens animent, des discours qui roulent sur les sujets les plus intéressants du christianisme, sur les fêtes de l'Église, sur la naissance, sur la mort, sur la résurrection, et sur les autres parties de l'abaissement et de l'exaltation du Sauveur des hommes.

Puisse Votre Altesse Royale faire sans cesse des progrès nouveaux dans la carrière des vertus chrétiennes et les voir toujours couronnés de nouvelles grâces. Puissiez-vous voir atteindre jusqu'aux dernières bornes prescrites à la vie des hommes, le monarque que Dieu a placé sur le trône de la Grande-Bretagne! Puissiez-vous avec l'héritier de ses États et de ses vertus briller un jour de la même gloire! Et quand le suprême Arbitre des événements voudra rappeler à lui des âmes qu'il n'a faites que pour lui, puissiez-vous transmettre à vos descendants les couronnes que vous laissez sur la terre.

Ce sont des vœux dont je ne puis exprimer qu'une partie. Je renferme l'autre dans mon âme avec mille et mille sentiments de zèle, d'admiration, de dévouement, pour les augustes personnes en faveur desquelles je les ai formés.

J'ai l'honneur d'être avec tout le respect imaginable,
Madame,
de Votre Altesse Royale, le très-humble et très-obéissant serviteur.

On connaît diverses approbations d'Églises qui témoignent que les sermons de Saurin ne contiennent rien que de conforme aux doctrines reçues.

Voici celle de l'église wallonne de Dordrecht, qui parut après la mort du grand orateur :

« Nous n'avons rien trouvé en tout cela qui soit contraire à la doctrine reçue parmi nous. Nous y avons remarqué partout une éloquence mâle, un raisonnement exact, une imagination vive et féconde; le tout dirigé par un génie supérieur et propre à l'établissement des vérités de notre sainte religion et à l'explication nette et solide des devoirs de la morale. Aussi ne doutons-nous pas que ces écrits posthumes ne contribuent efficacement à l'édification de l'Église et ne rendent de plus en plus vénérable la mémoire de ce digne serviteur de Dieu dont nous avons eu occasion de pleurer de nouveau la mort en examinant ces ouvrages, auxquels nous donnons notre approbation. C'est ce que nous témoignons au vénérable synode qui va se tenir à Utrecht en lui rendant compte de notre commission, et c'est dans ces mêmes sentiments que nous envoyons l'attestation présente à notre très-cher frère, M. Dumont, pasteur et professeur à Rotterdam, auquel feu M. Saurin a laissé dans son testament le soin de publier ceux de ses ouvrages qui seraient en état de voir le jour.

Fait dans le consistoire de l'église Wallonne de Dordrecht, le 20 de mai 1731, et pour tous

> H. G. Certon, pasteur; J. Comperat, pasteur; Adrien Braets Jacobz, ancien; Jean Backvis, ancien; Jean Van Breda, diacre; Simon Taag Van Campen, diacre.

MADAME DE MONTESPAN A LA COUR.

Madame de Caylus, qui fut exilée deux fois de la cour pour sa
sincérité, a laissé le charmant témoignage de sa franchise et
de sa naïveté dans les mémoires qu'elle a écrits. « Elle n'a
point tâché », comme disait le duc d'Antin. « Tout ce que raconte madame la marquise de Caylus, dit Voltaire, est vrai ; on
voit une femme qui parle toujours avec candeur. Nièce de madame
de Maintenon, elle parle de ce qu'elle a entendu dire et de ce
qu'elle a vu avec une vérité qui doit détruire à jamais toutes les
impostures imprimées... »

Tous ces détails étaient nécessaires pour l'exposition du fait
suivant que raconte ainsi madame de Caylus :

« Le roi avait un fond de religion qui paraissait même dans
ses plus grands désordres avec les femmes. Les grandes fêtes lui
causaient des remords, également troublé de ne pas faire ses
dévotions ou de les faire mal. Madame de Montespan avait les
mêmes sentiments ; elle les fit voir, comme le roi, dans tous les
temps, et elle jeûnait si austèrement dans les carêmes qu'elle
faisait peser son pain. Ces deux amants, pressés par leur conscience, se séparèrent de bonne foi, ou du moins ils le crurent.
Le jubilé fini (gagné ou non gagné), il fut question de savoir si
madame de Montespan reviendrait à la cour : Pourquoi non ?
disaient ses parents et ses amis, même les plus vertueux. *Madame de Montespan, par sa naissance et par sa charge, doit y
être ; elle peut y vivre aussi chrétiennement qu'ailleurs.* M. l'évêque de Meaux fut de cet avis. »

TABLE

—

TROISIÈME PARTIE

FIN DE LA TABLE

PARIS. — IMPRIMERIE DE É. MARTINET, RUE MIGNON 2.

PARIS. — IMPRIMERIE DE E. MARTINET, RUE MIGNON, 2

www.ingramcontent.com/pod-product-compliance
Lightning Source LLC
LaVergne TN
LVHW050307060726
842525LV00002B/450